中国教育三十人论坛丛书

Books of China Education 30 Forum

新常态：教育有什么新前沿

朱永新　程介明　马国川｜主编

XINCHANGTAI JIAOYU YOUSHENME XINQIANYAN

山西出版传媒集团　山西教育出版社

图书在版编目（CIP）数据

新常态 ：教育有什么新前沿？/ 朱永新主编. —
太原 ：山西教育出版社，2023. 8
ISBN 978-7-5703-3479-7

Ⅰ. ①新… Ⅱ. ①朱… Ⅲ. ①教育研究—中国—文集
Ⅳ. ①G52-53

中国国家版本馆 CIP 数据核字（2023）第 138141 号

新常态：教育有什么新前沿？
XIN CHANGTAI：JIAOYU YOU SHENME XIN QIANYAN？

出 版 人 刘立平
出版统筹 潘 峰
责任编辑 康 健
复 审 任小明
终 审 彭琼梅
装帧设计 王耀斌
印装监制 蔡 洁

出版发行 山西出版传媒集团·山西教育出版社
（太原市水西门街馒头巷 7 号 电话：0351-4729801 邮编：030002）
印 装 山西万佳印业有限公司
开 本 720 mm×1020 mm 1/16
印 张 19. 75
字 数 317 千字
版 次 2023 年 8 月第 1 版 2023 年 8 月山西第 1 次印刷
书 号 ISBN 978-7-5703-3479-7
定 价 65. 00 元

前言

2021年11月6日—7日，第四届世界教育前沿论坛（线上）成功举办。本届论坛由中国教育三十人论坛、深圳市神经科学研究院、香港大学教育学院联合主办，上海学习素养研究所、广州大学教育学院协办，来自国内外近六十位相关领域的专家，围绕“新常态：教育有什么新前沿?”的主题进行了精彩分享。

“世界教育前沿论坛”是中国教育三十人论坛创办的一个跨领域国际教育交流平台，以“引领趋势，开创未来”为宗旨，自2018年成立以来，始终坚持推动最新教育思想和最新教育模式的国际间交流，推动最新教育科技的应用，促进未来教育的全面发展。在过去的三届，论坛分别被誉为“中国教育的一次启蒙大会”“教育与科技的跨界盛会”“探索学习新常态的盛会”。

本届论坛具有国际视野和前瞻性，内容详细丰富。11月6日上午的主论坛，中国教育三十人论坛成员朱永新、程介明、杨东平与中国科学院院士苏国辉、北京师范大学校长董奇、香港大学脑与认知科学国家重点实验室主任李湄珍、《人是如何学习的Ⅱ》（*How People Learn Ⅱ*）主要作者芭芭拉·敏思、经济合作与发展组织（OECD）教育研究和创新中心高级分析师特蕾西·伯恩斯、伦敦政治经济学院媒体与传播系社会心理学教授索尼娅·利文斯通等九位嘉宾发表了主旨演讲。

下午的五场专题论坛，分别围绕新时代的素质教育、未来学校、非智力学习、学习条件、面向未来的学校创新等主题展开了广泛交流，意义重大而深远。11 月 7 日上午，来自香港嘉宾分享的“情意学习——培养为未来做好准备的学习者的关键”精彩纷呈，来自不同学校的校长、老师及教育工作者向我们展示了香港教育生活中进行的新探索。

本次活动受到了社会的高度关注。20 多家主流媒体对论坛盛况进行了及时全面的报道。网易教育、搜狐教育和巨浪视线等三大平台直播，收看网络直播的观众达 219 万人次。

作为中国教育三十人论坛的合作单位，自论坛成立以来，山西教育出版社一直给予大力支持，已精心编辑、连续出版了 16 本“中国教育三十人论坛丛书”，完整记录了论坛各位嘉宾对教育问题的深思熟虑和真知灼见。在此向山西教育出版社表示衷心感谢。

中国教育三十人论坛愿同所有关注中国教育的朋友们一道，为推动中国教育的改革发展勠力同心。

中国教育三十人论坛学术委员会

2022 年 2 月 15 日

目　录

论坛致辞

主旨演讲

分论坛一　新时代的素质教育

分论坛二　未来学校

分论坛三　非智力学习

分论坛四　学习创新的条件与可能

分论坛五　面向未来的学校创新

分论坛六　情意学习与照顾学生学习的多样性

分论坛七　社会各界的参与

分论坛八　教师与校长专业协作和领导

附录　论坛总结

论坛致辞

谭力海

深圳市神经科学研究院院长

学习科学引领国际教与学模式的变革

尊敬的各位领导、各位专家，以及观看直播的朋友们：

大家上午好！

很高兴和大家相聚在线上，通过视频直播的形式，共同分享第四届世界教育前沿论坛为我们带来的思想盛宴。

在论坛开幕之际，我谨代表主办单位向参加本届论坛的各位专家、各位嘉宾、观众和媒体朋友们表示热烈的欢迎和衷心的感谢！

过去的三届论坛，分别被誉为：中国教育的一次启蒙大会、教育与科技的跨界盛会、探索学习新常态的盛会。今年的世界教育前沿论坛，主题是“新常态：教育有什么新前沿?”，由中国教育三十人论坛、深圳市神经科学研究院和香港大学教育学院联合主办，全程线上直播。我们邀请到了国内外50多位相关领域的专家、嘉宾们，将围绕教育前沿中的未来学校、学习条件、非智力学习、数码素养等主题进行深入探讨、广泛交流，意义重大而深远。

过去几十年，科技进步给教育带来了巨大变化。人类对自己的大脑已经有了比较深入的了解，由教育科学、神经科学、心理学、认知科学等学科交叉而形成的前沿学科“学习科学”应运而生。自问世以来，学习科学就备受全球教育界关注，引领着国际教与学模式的变革。

世界教育前沿论坛自成立以来，一直把学习科学作为大主题，坚持推动最新教育思想和最新教育模式的国际交流，推动最新教育科技的应用，促进未来教育的全面发展。我相信，本届论坛也一定会为我们带来新的视野和新的思想，为教育学科的发展提供新思路。

最后，再次向关心支持参与本届论坛的领导嘉宾、支持单位以及新闻媒体表示诚挚的谢意，衷心预祝第四届教育前沿论坛取得圆满成功。谢谢大家！

朱永新

中国教育三十人论坛成员
中国陶行知研究会会长
新教育实验发起人

看清未来的方向

尊敬的程介明主席、谭力海院长：

各位教育界的同仁：

大家上午好！非常高兴参加2021年度的“世界教育前沿论坛”。

由于疫情尚未完全过去，我们采用了线上会议的方式举行。虽然不能够像以往那样面对面直接交流，但是，不妨碍我们有着直接的讨论和分享。同时，相信有更多的朋友能够因为网络的便利，了解会议的情况和专家们的精彩观点。

这次会议没有像以往那样，聚焦某一个重要问题，而是围绕着“新常态：教育有什么新前沿?”提出四个前沿的热点问题—— 一是关于未来学校的问题，二是关于学习生态的问题，三是关于非智力因素的问题，四是关于网络素养的问题。

每个领域，程介明和谭力海先生都邀请了顶级的专家和核心人物来分享他们的研究与发现。

下面就这些问题谈谈我个人的一些看法。

人类的教育正处在一个大变革的前夜。这是摆在我们面前越来越清晰的事实。新世纪以来，尤其是最近几年，世界上发生了史无前例的剧变。

第一，全球疫情的新情况。变异的“德尔塔”毒株导致新冠肺炎疫情在全球持续蔓延，严重影响社会经济的发展，并对教育造成诸多改变。

疫情实时大数据报告显示，全球疫情死亡人数累计已经超过500万人，全球累计确诊超2.2亿例。

疫情迫使许多学校采取网络教学。近两年来疫情下的教育实践也表明，对于大部分学生来说，在线学习是可以做到的。据了解，疫情期间香港停课18个月，是全球最长的，但却萌发出很多新的技术、理念甚至是一些远景规划。香港大学的陆慧英教授做了一个涉及6 000多名学生、几十所学校的研究，在国际上广为传播。

第二，世界格局的新变化。毫无疑问，世界正在进入大发展、大变革、大调整时代，是“百年未有之大变局”。这对世界教育格局和中国教育的未来发展战略，无疑会产生重要影响。

第三，元宇宙的新概念。2021年3月10日，沙盒游戏平台罗布乐思（Roblox）作为第一个将“元宇宙”概念写进招股书的公司，成功登陆纽交所，上市首日市值就突破400亿美元，引爆了科技和资本圈。不久前，脸书（Facebook）变脸，改名“元宇宙”，引发思想界、科技界、资本界、企业界、文化界，甚至是政府部门的普遍关注。

“元宇宙”横空出世，这样一个平行于现实世界，又独立于现实世界的虚拟空间，究竟会对我们的教育产生什么影响？也给了我们很大的想象空间。

第四，脑科学的新进展。2020年8月，埃隆·马斯克为新创立的脑机接口公司（Neuralink）举行发布会，并用三只小猪演示了可实际运作的脑机接口芯片和自动植入手术设备。通过被植入芯片的实验猪，向全世界展示了神经信号的读取和写入——研究人员可以通过芯片传导出来的信息看到猪的脑电图。目前，美国、日本、欧盟、中国等都在脑科学研究方面投入巨资，谋篇布局，以图通过绘制大脑工作状态下的神经细胞及神经网络的活动图谱，揭示脑的工作原理和脑疾病发生机制与人的学习机制。

这些脑科学的研究，无疑会给教育带来一些革命性的挑战。这一次我们专门邀请了北京师范大学校长董奇教授介绍“中国脑计划”，他会为我们讲述国家在脑科学研究方面的最新进展。

第五，“双减”政策的新影响。2021 年 7 月 24 日，中共中央办公厅、国务院办公厅印发《关于进一步减轻义务教育阶段学生作业负担和校外培训负担的意见》，对学科类培训机构的上市融资、机构属性、收费、内容以及上课时长均作出明确规定。

根据教育部统计，仅仅 100 天的时间，培训市场的虚火已经大幅降温，广告基本绝迹，资本大幅撤离，野蛮生长现象得到有效遏制。学科类培训机构大幅压减，在 12.8 万个线下学科类培训机构中，压减率超过 40%；263 个线上学科类培训机构中，压减率近 50%。“双减”政策下的“三限”（限制机构数量、限制培训时间、限制收费价格）和“三严”（严管内容行为、严禁随意资本化、严控广告宣传）对于整个教育生态和学习格局，显然将持续产生深刻的变化。

如此重要而密集的变化，对于教育的挑战与变革，无疑将产生令我们难以想象的影响。这一次的论坛，就是在以上大背景之下进行的。

论坛的第一个主题是未来学校。

我们知道，2020 年 9 月 15 日，经济合作与发展组织（OECD），简称经合组织，发布了《回到教育的未来：经合组织关于学校教育的四种图景》（Back to the Future of Education：Four OECD Scenarios for Schooling）报告。这四种未来学校的教育图景具体为：1. 学校教育扩展（SCHOOLING EXTENDED）；2. 教育外包（EDUCATION OUTSOURCED）；3. 学校作为学习中心（SCHOOLS AS LEARNING HUBS）；4. 无边界学习（LEARN-AS-YOU-GO）。

比经合组织早一年多，我在 2019 年 6 月出版的《未来学校》一书中，就曾经预测过包括这四方面内容在内的许多可能出现的变化，如打破学校的围墙，从学校走向学习中心；减少学习的科目，整合现有课程体系；吸引社会优秀人才进入教育，实现“能者为师”；取消传统课堂，进行项目学习；发展在线教育，建立国家教育资源平台；建设学分银行，改革一次定终身的评价方法等。而且，我最早提出这些变化的讲演是在 2016 年。这一切不仅仅是预测，其实也是我对于中国教育改革的建议和构想。

这一次，我们邀请到了上面提到的经合组织报告的主要作者特蕾西·伯恩斯（Tracey Burns），来讲述她关于未来学校的构想，应该能令我们得到许多新的启发。同时，在王素和杨东平主持的分论坛中，我们还可以听到一些学校领导人讲述他们探索未来学校模式的故事。未来学校正从理念走向实践，让我们领略到什么叫未来已来。

论坛的第二个主题是学习的条件。

学习问题，是我们前沿论坛一直关注的领域。2021 年是学习科学诞生 30 周年，我们的论坛把“学习的条件”作为主题之一，有着特别的纪念意义。

1991 年，召开了第一届学习科学国际会议，同时《学习科学杂志》（Journal of the Learning Sciences）正式创刊。

1996 年开始，受美国教育部教育与改进办公室的委托，由 16 位美国心理学家、人类学家、教育学家以及计算机科学、数学、物理、历史、视觉与表演艺术家等组成的学习科学发展委员会，对人类学习的科学知识基础及其在教育中的应用进行了深入研究，出版了《人是如何学习的：大脑、心理、经验及学校》。

此后，美国国家研究院成立了学习研究与教育实践委员会，进一步对人类的学习进行多维研究，得出了若干重要的结论并且出版了《人是如何学习的》一书。书中强调了三个重要的发现：第一，学生是带着有关世界如何运作的前概念来到课堂的；第二，为了发展学生的探究能力，必须让他们拥有事实性知识和理解性学习的机会；第三，教学的“元认知”方法可以帮助学生通过定义学习目标和监控达到目标的学习过程，来学会控制他们自己的学习。

这次论坛，我们邀请到了最新出版的《人是如何学习的Ⅱ》（*How People Learn* Ⅱ）的主要作者芭芭拉·敏思（Barbara Means）为我们分享她关于学习生态环境的精彩观点。

论坛的第三个主题是情意学习。

情意学习，在国际上大致可以被称为社会情感学习（Social emotional learning）。在一定意义上可以认为，这个主题是对第二个主题的补充或者“反动”。

因为，学习条件的研究主要聚焦在与学习“知识”相关的认知领域，虽然里面也涉及情意的发展，但很少关注社会情感学习。社会情感学习则是指学生在成长和发展过程中为了更好地适应社会环境、建立社会关系、履行社会义务、完成社会工作而进行的情感领域的学习活动。社会与情感能力研究借鉴“大五”人格模型（Big Five Model），建构社会与情感能力的测评框架。此框架主要分为五大维度：任务能力（尽责性）、情绪调节（情绪稳定性）、协作能力（宜人性）、开放能力（开放性）、交往能力（外向性）。

2018 年 4 月，经济合作与发展组织（OECD）发布了最新的“教育 2030：未来的教育与技能”项目立场文件《经济合作与发展组织（OECD）学习框架 2030》，明确把社会和情感方面的能力作为三大“技能”之一。同时，它启动了一项由九个国家十个城市参与、历时三年的大规模国际测评项目，最终形成了一份研究报告。

报告显示，社会与情感能力对教育、健康与生活质量（幸福感、生活满意度、考试焦虑）均产生影响，而影响社会与情感能力的重要因素包含学校归属感、师生关系、校园欺凌等。

经济合作与发展组织教育技能司司长安德烈亚斯·施莱克尔（Andreas Schleicher）先生在全球报告中介绍了若干重要发现：如进入青春期后，年轻人的社会与情感能力下降。平均而言，男孩表现出更高的情绪调节、社交能力和活力水平，而女孩则表现出更高的责任感、同理心和与他人的合作水平。社会经济地位前25%家庭的学生的社会与情感能力高于社会经济地位后25%家庭的学生。社会与情感能力是不同背景、年龄学生的学业成绩的有利预测因素。生活满意度和心理幸福感水平随着年龄下降，而考试焦虑随着年龄增加，尤其是女孩。15 岁学生的创造力和好奇心水平明显低于10 岁学生，这表明随着儿童进入青春期，创造力有所下降。参加课外艺术活动的学生，特别是15 岁的学生，创造力水平更高。学校归属感与更高的学习成绩密切相关等。

我国以华东师范大学袁振国教授为首的研究团队参与了经济合作与发展组织的比较研究。他在中国的发布会上表示，一个人的发展、成功和幸福，是认知能力和社会与情感能力共同作用的结果。

顺便提一下，我国关于社会情感学习的研究探索，在20 世纪80 年代就已经开始。上海师范大学燕国材教授最早在《光明日报》提出了非智力因素的概念。1987 年，燕国材教授与袁振国和我共同撰写出版了《非智力因素与学习》一书。这说明中国的教育学者对于教育问题的敏锐性，并不一定输给国外学者。

当然，如何把中国的教育声音、中国的教育故事传播出去，我们还有很长的路要走。这一次我们邀请到了香港大学、脑与认知科学国家重点实验室主任李湄珍教授，她的“情绪与学习”正好讲述了情绪和认知之间的关联，把这两个议题很好地整合起来了。而这两者的结合，恰恰体现了我们国家提出的“立德树人”与核心素养的目标。

在某种意义上可以说，情意学习是我们这次论坛的真正主题。

一方面，在北京师范大学认知神经科学与学习国家重点实验室陶沙教授主持的分论坛中，山东师范大学张文新教授的《中小学生学业成绩与心理健康间的动态关系及其教育启示》，天津师范大学白学军教授的学生耐挫心理及促进研究，首都师范大学罗劲教授的学生创造能力的非认知促进策略，北京师范大学秦绍正教授的情绪脑科学对教育的启示，都是从不同的侧面介绍关于情意学习实证研究的成果。

另一方面，在香港大学教育学院罗陆慧英教授和陈嘉琪教授共同主持的板块《情意学习——培养为未来做好准备的学习者的关键》中，我们还要详细展示香港的教育界同仁在这个领域的探索与研究，集中呈现一个区域的教育样本。从中我们会看到许多共同的教育话题。

论坛的第四个主题是网络素养。

我们必须正视这样一个事实：“00 后”“10 后”“20 后”的儿童一代，已经是真正意义上的数字原住民。

中国新闻出版研究院第十八次全国国民阅读调查报告显示，2020 年，我国 0—17 周岁未成年人数字化阅读方式接触率为 72. 3%，其中 0—8 周岁儿童数字化阅读方式接触率为 69. 1%，9—13 周岁少年儿童数字化阅读方式接触率为 76. 2%，14—17 周岁青少年数字化阅读方式接触率为 74. 3%。中国网民每天花在移动互联网上的时长接近 6 个小时，短视频用户达到了 8. 09 亿。

因此，在互联网信息量超大的情况下，学校教育需要提供更多特定的课程，如教学生学习搜索、筛选、判断、反思，培养他们的网络素养；教他们具备网络自我保护能力与抵抗力，让他们远离恐怖、犯罪、网络暴力、诈骗等不良内容。

全美英语教师协会（National Council of Teachers of English，NCTE）和国际阅读协会（International Reading Association，IRA）2013 年发出倡议书，提出“要想全面参与和融入 21 世纪全球化社会，孩子需要更复杂的读写技巧和能力”。他们认为，在 21 世纪，成为一个有读写能力的人，意味着需要掌握多种读写技能，意味着要能够理解通过多种形式呈现的信息，能够创造、批判和分析通过多种媒介呈现的文本。学生需要理解视频、数据库或者计算机网络中的信息，也需要更好地了解世界其他地区、其他语言和文化。这是经济全球化提出的新的挑战。青少年需要学会通过竞争和合作去创造一个共享的未来。他们把这种技能称为“21 世纪读写技能”。

这次我们很荣幸邀请到伦敦政治经济学院媒体与传播系社会心理学教授索尼娅·利文斯通（Sonia Livingstone）为我们带来有关“数码素养”的讲演。中国学界对于利文斯通女士可能并不陌生，她的《儿童上网之机会与风险》和《理解电视——受众解读的心理学》都是深受欢迎的传播学经典著作。同时，我们邀请到谦润认知科技董事长王乐京和北京复数健康科技有限公司联合创始人等业内人士，分别介绍“用认知科技，探索教育前沿”和“人工智能视觉技术下儿童成长发育大数据研究与未来应用”。

与上述主题相关，这次论坛的联合主办方深圳市神经科学研究院的谭力海院长将特别介绍他们在《语言能力提升与矫正》方面的研究，暨南大学粤港澳中枢神经再生研究院院长苏国辉院士也会为我们讲述生活方式的变化对心理健康的影响等。可谓精彩纷呈，值得期待。

思路决定出路。我一直认为，面对信息时代的教育和挑战，中国教育的改革与发展需要顶层设计，需要看清未来的方向。

世界教育前沿论坛，给我们打开了一扇小小的窗口。从这扇窗口，让我们能够看到外面的教育世界，看到各个国家的教育探索，看到教育学者和实践者在思考什么。适应工业化的传统学校需要让位于以学习者为中心的未来学校，以知识为本位的传统教学需要让位于以人为目标的个性化学习，以教室、教材、教师为中心的教学模式需要让位于基于新的互联网、人工智能、元宇宙等技术的全时空学习。中国在这个大变革的时代，如何在教育上自我超越、不断提升，有着诸多的优势和可能性，需要我们以更加开放、更加多元的心态和更加智慧、更加卓越的方法去构架和探索。从这扇窗口，我们也让其他国家的同仁看到我们的努力，在互相交流中，碰撞出更多的智慧火花。

让我们一起努力，为教育的美好明天添砖加瓦、做出新的贡献！

谢谢各位。

主旨演讲

董奇

北京师范大学校长

中国“脑研究”对教育的影响

各位专家、各位同仁，大家上午好！

很高兴参加本届“世界教育前沿论坛”，今天我想谈一谈关于“加强儿童青少年脑智发育研究，推动我国基础教育高质量发展”的问题。大家都知道，我们国家的基础教育在新的时代面临一系列新的任务，这些年中共中央、国务院、教育部发布了《中国教育现代化2035》《健康中国2030规划纲要》《关于深化教育教学改革全面提高义务教育质量的意见》《关于进一步减轻义务教育阶段学生作业负担和校外培训负担的意见》等文件，这些文件的发布意味着我国在新时代教育质量的提升成为一个新的主题。

经过改革开放40多年的发展，我们国家解决了孩子“有学上”的问题，现在老百姓主要的诉求就是要“上好学”，促进基础教育高质量发展成为我国新时代基础教育发展的重要任务。另外，新时代基础教育发展的主题就是促进教育公平和均衡，现在我们国家教育还存在着区域之间、城乡之间、学校之间的差异，怎么促进基础教育的优质均衡发展也是我们面临的另外一个重要问题。

这些年国家、地方对教育的投入很多，怎么样通过加强教育管理，通过改进教与学的方式，通过提高对学生服务的水平，切实提高教育效益，也是今天特别值得关注的一个问题。

同样，今天社会的发展也对中小学生的素质提出了更高的要求，无论是增强德育的实效性，还是进一步提升学生的综合能力，增强学生体质，以及加强学生的体育、劳动教育等，也都为教育教学提出了新的要求。我们知道，智能社会即将到来，未来社会对学生的综合素养提出了更高的要求，包括社会责任感、信息素养、高阶思维、创新能力、终身学习能力等。

与此同时，今天的学生学习效率也有待提高，学习负担比较沉重，学生在能力方面、认知方面、学习方面还存在着很多困难。今天的学生在心理健康、情绪、行为问题等方面也存在很多需引起社会高度关注的问题。

以上这些问题的解决需要我们更好地遵循孩子身心发展的规律，遵循孩子学习的规律，也就是我们说的要遵循教与学的规律，对这些规律的理解成为新时代、新常态下教育者、理论工作者、科学研究者、实践工作者要共同探讨的新的问题，尤其是要对这些问题进行持续深入系统的研究。在这些问题的研究中，青少年脑智发育的规律是特别值得引起高度重视的。

我想，在今天这样一个时代，只有加强对儿童青少年脑智发育的研究，我们才能更好地提升基础教育的质量。

孩子的认知、学习、情感、态度、价值观，都和孩子的大脑密切相关。我们的语言、数学、推理等都是脑的功能，所以只有对孩子大脑的认知功能、心理功能及其和神经系统的关系有了更深刻的理解，我们才能更好地掌握儿童成长的规律，理解孩子学习的规律，才能更好地帮助老师掌握教的规律。

在这方面，我们需要研究不同年龄段孩子神经系统的发展变化与规律，要描述孩子在不同发展阶段大脑的正常值是什么，大脑的分区图谱是怎么样的，在这方面学生和学生之间是有个体差异的，所以还要描述脑智发育的个体化图谱。

大家都知道，学生在各领域的学习有赖于记忆能力、注意能力、执行功能等能力，这些能力的发展也是因为人脑的发育而逐步发展的，这些能力的发展又构成了语言、数学、音乐、运动技能等学习的基础，同样也影响着情绪信息的加工、社会技能的获得。所以，这方面规律的描述、研究，尤其是个体的分化能力研究可以帮助我们更好地理解学生的学习能力和个体差异特点。

另外，我们需要了解学生当前的发展水平，需要了解学习进度和潜力，需要了解他们存在的认知困难、行为障碍以及学习困难。为了做到这一点，我们就要对孩子成长发育变化的正常值、卓越的发展以及延迟的状态进行有效的评估，要基于这些研究进行有效分型，只有这样我们才能够建立更科学的脑智发育的综合评估体系。所以说，这方面的研究也是极其重要的。

我们还知道，孩子的学习，无论是语言学习还是数学学习，无论是认知层面的学习还是社会层面行为的价值观获得，都受环境的影响。环境对孩子的发展有着非常重要的影响，当然孩子的身心发展也受到基因等其他因素的作用，对孩子成长中的危险因素与保护因素的探索，对于我们更好地理解孩子、帮助孩子健康成长极为重要，而这些问题的解决需要我们对孩子的成长发展过程进行长期大样本的追踪研究，这样才能更好地理解孩子成长的不同轨迹。

同样，孩子的学习需要提高效率，我们需要开发研究更有效的学习方法、教学方法，这些都有赖于对孩子大脑学习活动的理解与孩子的大脑和老师的大脑相互作用规律的研究。当一个孩子在学习上，无论是语言的学习、数学的学习、运动技能的学习，还是音乐类学习出现困难的时候，我们都需要理解造成这些困难的原因，需要针对这些原因提供相应的更精准的干预和训练，那么这些也有赖于我们对孩子大脑存在问题的原因探索。

基于这些研究，我们能够对孩子存在的问题进行更精准的评估，对孩子存在的单方面的问题或者综合性共患的问题进行更精准的分型，哪些孩子的学习问题、行为问题具有共同的原因，哪些问题具有特异性的原因，这些都需要深入系统的研究。

我们之所以可以以更有效的教育公共服务体系来帮助老师、帮助孩子、帮助家长更好地促进孩子的健康发展。概括来讲，就是只有通过对儿童脑智发育的研究，有了很好的儿童脑智发育规律的认知，我们才能更好地帮助老师真正读懂学习，读懂孩子的心理特点，真正做到知心育人。只有我们更好地把握了孩子的发展规律、特点以及个体差异，我们才能真正发挥每个孩子的潜力，使孩子乐学、会学，增强他们的学习动力；才能更好地知道每一个孩子有什么样的发展区，帮助每个孩子设立符合他的发展目标。同样，我们也能够更好地关注每个孩子存在的困难和需要帮助的地方，更精准地帮助孩子提高学习效率，更精准地帮助孩子更好地解决自己存在的突出问题。所有这方面的知识，我们不仅可以用于提高学校的教学，还可以用于教师的培养和培训系统的完善，为未来培养卓越的好老师提供有力的知识课程，为在岗的数以万计老师的专业发展提供更有针对性的有效方案。同样，这些知识也可以帮助家长更好地读懂自己的孩子，更好地了解什么教育方法才是最有效的，什么样的孩子、什么样的问题应该有什么样不同的有效策略。

所有这些知识同样也有利于我们开发更适合孩子发展的各种学习产品，包括适合不同年龄段孩子的读物，包括社会各界为孩子提供的更有效地促进孩子素质全面提升的培训，比如说有多动症的孩子，有自闭症的孩子，有网络成瘾的孩子，我们该怎么用更有效的方法去干预帮助他们，这些科学的知识为社会各个行业提供了有效的技术支撑，提升了相关行业的科学服务水平，提高了对学生帮助的有效性。

总的来讲，儿童脑智发育方面的科学知识有助于我们通过对孩子大脑的理解，来发展有效的教育学习方案，并通过这些教育方案更好地保护孩子的大脑，更有效地帮助对大脑出现各种问题的孩子的康复。同样我相信，这些脑智发育的成果也有助于帮助我们建立新的业态，建立新的为儿童脑智开发的行业，共同和学校、家庭一起推动儿童健康问题的解决。

今天，我就这方面的初步想法跟大家做了一个交流。祝此次论坛圆满成功，谢谢大家！

苏国辉

中国科学院院士、暨南大学粤港澳中枢神经再生研究院院长
香港大学医学院讲座教授

心理健康与生活方式干预

大家好！

今天很高兴跟大家分享我最近这几年非常关心的一个题目，就是心理健康与生活方式的干预，主要讲一讲这个方面：运动、光疗、枸杞与脑健康。

当前我们面临一个快速发展的社会，竞争很厉害。同时，我们的寿命也在增长，现在我们非常关注，能不能推动从治疗医学到预防医学的战略转移。最近《柳叶刀》（*Lancet*）有篇文章讲到，1990—2016 年的统计数据显示，精神健康的负担越来越严重。另外，我特别关注的是青少年，现在青少年中大约每三个就有一个有某种程度上的精神障碍，比如抑郁、双相、焦虑等，有问题的占 28. 35%，但即使他们有问题也不愿意服用传统的精神药物，认为副作用比较大，所以我就希望开发一些非药物的治疗方法。

第一个方法是运动。运动为什么管用呢？世界卫生组织（WHO）前几年的研究报道，运动量不够，是很多慢性病的原因，比如什么慢性病呢？癌症、心血管病，另外还有代谢病、神经退化病。运动明显对这些病有效果。2018 年《柳叶刀》（*Lancet*）一篇文章，追踪了 120 万人，发现做完运动精神明显好了，你可能问什么运动，很多运动都可以，比如打球、骑自行车、走路、跑步都行。

你可能问了，为什么运动这么管用？原来，我们的肌肉不单单是一个运动器官，它还是非常重要的内分泌器官，我们运动以后，它分泌出来好多东西，叫作运动因子，有三类：第一种是神经营养因子，很多，包括脑源性神经营养因子（BDNF）。这些东西分泌出来以后会进入大脑，对大脑的可塑性、神经保护起到很重要的作用；第二，运动以后肌肉也能分泌出来抗炎症因子，大家都知道，很多疾病都是和炎症有关的，运动以后能分泌出抗炎症因子，对抵抗这些疾病是非常有用的；第三种物质是激素样因子，比如成纤维细胞生长因子 21（FGF-21）等，这对我们处理代谢病是非常有用的。

上述这些因子，统称为运动因子。除了肌肉以外，还有我们身体其他地方，运动以后也能分泌出运动因子，比如脂肪细胞分泌出脂联素（Adiponectin）。最近我们发现，肝里面也能分泌出其他运动因子。

现在，我讲一讲脂联素对我们脑健康有什么用。经研究发现，脂联素和抑郁症有一定的关系，比如低水平的脂联素可以增加患抑郁症的风险，抑郁症病人的脂联素浓度有下降，而得到成功治疗的抑郁症病人的脂联素水平有上升，当然这需要进一步证实。所以，我跟香港大学的徐爱民共同做了这样一个研究，就是把相关脂联素的基因去掉，去掉以后要是它真的这么有作用，运动的功效就没了，结果验证了我们的想法。另外，我们要一个动物在笼里面跑步，它一天可以跑 5—6 公里，脂肪细胞会分泌出来脂联素，脂联素通过血管到大脑里面的海马体，抑郁动物的海马体内源性肝细胞增生是会降低的，所以这个动物的抑郁行为也会改善。我们觉得这是可以提升内源性脂联素水平的一个办法。

那人的方面怎么样呢？我们在香港就做了一个八段锦运动的研究，约 150 位长期疲劳的病人参与，分成两组，一组做八段锦，一组对照。通过观察，发现八段锦对罹患抑郁的分数有降低效果。

另外，对罹患焦虑的分数也有降低效果，同时我们看人的脂联素水平，跟对照组相比，运动组是明显多的。所以，这个研究说明，脂联素是一个很好的生物标志，也可以知道它跟抑郁的关系。这个是跟香港大学的陈教授、何教授、陈博士，还有李昂等完成。

第二，跟大家讲讲光疗对抗抑郁也是有效的。大家都知道北欧冬天的白天很短，所以他们都用光疗来治疗抑郁症，可是一直都不知道它的神经网络原理，所以，我就跟暨南大学的任超然合作，用了一些最新的神经科学手段，比如转基因动物、光遗传、化学遗传等，终于把这个通路搞清楚了。他是从视网膜里面的谷氨酸能细胞通过与外侧膝状体细胞连接，投射到外侧缰核，现在知道这个核团和抑郁症非常有关。

通过对这个核团光疗，我们发现这有益于动物，那作用于人会怎么样呢？我跟暨南大学的陶倩做了一个这样的研究，研究阈下抑郁的人群，阈下抑郁是什么意思呢？就是这些人没有达到正常标准，会出现两种或者多种抑郁症状。我们把这群 18—25 岁的大学生分为三组：一组是强光（5 000lux）、一组是弱光（500lux），一组没有做光疗——我们做动物研究知道最少用 3 000lux 的光才有用。经过光疗后，这三组用抑郁症指标衡量发现，强光基本上很有用，然后是弱光，或者用另外一个贝克指标衡量也是有用的，对焦虑也有用，所以这个结果非常好。

最后我跟大家讲一讲，枸杞糖肽是怎么对抗抑郁的，这是和任超然做的项目。我做枸杞研究做了很多年，最近知道抑郁也跟神经炎症有关，而枸杞对降低炎症是有用的，所以就开展了这个研究。

枸杞清肝明目。虽然它是一个单方，可是枸杞里面的成分很多，比如我们关注的是枸杞多糖，约有 30 多种，中科院田教授把其中五种提炼出来，把它命名为枸杞糖肽，枸杞糖肽的活性很高。

对此，我们做了一个简单的动物模型。动物有抑郁的行为，比如用糖水，或者用强迫性游泳实验都能表现出来；另外，在外侧缰核里有不正常的放电和炎症的表现。我们提前让这些动物服用枸杞糖肽，就没有抑郁的行为出现，在外侧缰核里也发现不正常放电有改善，炎症也有改善。用于动物效果这么好，如果用于人群会怎么样呢？所以，我们跟广州医科大学林康广教授做了另一项针对青少年的研究，也是针对阈下抑郁症症状。刚才说到，特别是这些青少年不愿意服用传统的精神科药物。实验对象共 29 个人，分成两组，一组吃枸杞糖肽，一组吃安慰剂，追踪了六个星期，主要的结果有两个：一是安全，二是有效。怎么有效呢？它也能改善抑郁的某些症状，比如无助感、阻滞等，这个马上会在《中国神经再生研究（英文版）》发表。

所以，最后希望大家记住这三种办法：第一要做运动，希望大家多做运动；第二要晒太阳，要是有些人群不能出去晒太阳也可以光疗；第三要吃枸杞。以后我们会做多中心临床实验，把这三种东西加起来，看怎样能对某一些特定人群更有用。

2021 年《自然》杂志（*Nature*）也对我们做了一个访问，是关于枸杞多糖和枸杞糖肽对抑郁症的帮助作用。

另外，跟大家讲一下我主编的一个杂志《中国神经再生研究》，2021 年的影响因子是 5. 135，也是中国科技期刊卓越行动计划里面的入选期刊，希望大家以后多支持。

非常感谢大家，我的报告讲完了，谢谢。

芭芭拉·敏思（Barbara Means）

《人是如何学习的Ⅱ》（*How People Learn* Ⅱ）的主要作者

人们如何学习

情感和动机，是学习参与和内在动机的关键，随着时间的推移而发展变化，是在整个生命周期中培养起来的。

健康的大脑不会花时间去学习一些它不关心的东西，所以对于教育者来说，支持这种动机和归属感以及他们设计和实施学习环境的方式十分重要。

疫情期间的经历也让我们看到了关于教育系统的一些重要方面。许多学生的课程学习难以为继的原因就是缺乏技术条件或安静的学习环境。

从疫情期间对学生的采访和调查中得出的另一个关键信息是他们怀念与老师的个人联系，以及与同学一起学习时的社交发展。

正如一个学生所说，在看不到教授或同学的情况下试图理解内容，还要知道如何获得帮助，真的很令人崩溃。

弹性学习系统

从 2020 年秋季开始，美国的许多班级调整了教室布局，让学生彼此保持六英尺（1.83 米）的社交距离。我们发现，新冠肺炎疫情期间，保持学习动机和认知参与对学生来说是最有挑战性的事情，也是他们最常提到的挑战。线上学习需要学生运用技巧，自我调节，保持专注。相较于身处线下课堂，或是参与同辈及老师们组织的社交活动时，他们参与线上学习所需的技能则需要在更高层次发展培育。线下活动建立的社会性联结至关重要，如何在线上学习活动中培养同样强度乃至更为密切的社会关系，这是一个颇受关注的研究领域，也是教育者的关切之所在。这让我想到了弹性学习系统这个概念，我们应当让所有老师都做好准备。教师应当能够提供线上教学，设计教育资源，支持线上学习系统，即便正常线下学习受阻，也能实现线上教学。学生则应当能够继续开展学习，即便个人或所在社区遭遇健康或气候灾害，也应当做到不损失学习时间，在线下学习和线上学习之间切换自如。这就构成了弹性学习系统。

混合学习模式

我们过去谈论的是两种在线学习场景，首先是异步的场景，即学生和老师无法同时在线，但学生可以实现独立学习。学生常对线上的文本材料做出回应，使用的是聊天室讨论板。其次就是同步的在线学习场景，通过如视频会议等方式开展，正如现在的线上教学，师生同时在线。在这里我想提一个新的学习方式，这个方式其实结合了同步和异步学习。

异步学习方法的优点在于其灵活性，学生可以自选时间、地点进行学习。这对于农村地区的学生很有帮助，他们可能要工作或操持家庭事务，无法按照正常学习计划学习，这样一来他们可以灵活选择时间。更多的学生可以因此学习线上内容。如果学生学习进度不同，学习内容略有差异，但都是为了同样的学习目标，那么这种异步学习方式则大有裨益。

现在我们已知晓如何运用人工智能手段，更新学习能力，并运用多媒体技术使异步学习更好地适应个体学生的需求。我们知道，这对于一些学生来说成效显著，但对其他学生来说，异步学习产生了隔离感，也削弱了学习动机。学生缺少合作的机会，也就意味着他们缺少与其他学生通过对话共同学习的机会。而我们发现，对话在课堂中非常有效。学生参与最有效的同步学习活动时，随之产生的同时性和情感能量是异步学习场景无法复刻的。

另一方面，同步学习方法已经存在多年，新冠肺炎疫情又给予了同步学习勃兴的生命力，教师和学生都开始运用视频会议平台展开远程同步学习。有些老师尝试把线下课堂中的教学手段照搬到线上课堂，而非在这一新平台上对教学方式进行调整和适应，因此教学效果不甚理想。但通过同步线上活动，仍可以建立社会联结。尤其是在线上会议的休息室中，更容易发展社会关系。随着课堂规模变大，社交难度也随之增加，但我们可以调整教育系统以更好地适应这一变化。老师也在积极地学习如何通过线上同步来保持学生的参与度。

现在我们可以思考一下“同步异步混合学习”。这是两种方式的结合体，我们可以运用各种方法，把通过电子学习系统开展的独立学习与线上团队合作结合起来。学生可以在自己选定的时间和地点独立完成作业。但这样一来，课程就支离破碎，学生很难继续下去，便想要与全班同学保持同频。这时，线上学习机会介入，学生可以与指导教师和其他学生一道学习，学习者可以针对自己独立学习的材料对教师提问。在学生学习这些材料的过程中，这种方式对于他们的合作学习、形成性评价和建立社会联结来说是更为重要的。所以，如果我们把两种方式结合起来，会发现我们得到的方式同近些年来混合学习的模式有些相似。

我们可以先看一下著名的混合学习模式。在这一模式中，我们有传统的学生参与的线下课堂。学生或是聆听讲座，或是由教师引领发起讨论，或者自己做作业，比如晚上在家完成作业活动。这些都是可以独立完成的。但我们先想一下混合学习模式中的翻转课堂。翻转课堂中，学生晚上先在电脑上独立完成作业。第二天来到课堂，花时间与同学互动完成合作学习活动。

校内学习站循环

这一模式其实可以进一步发展为更加复杂的混合学习方式，比如这种“校内学习站循环”。这一模式中，即便学生身在学校，也会花时间完成独立的在线学习；有些学生则会参与教师引导的讨论或讲座，并参与合作解决问题的活动。这种校内的混合学习模式，可与线上的“同步异步混合学习”模式无缝衔接。

在这种模式中，学生不再通过校内的学习站在课堂学习，而是在家进行网上学习。教师会进行在线指导，学生也可以通过线上的休息室进行合作学习，结构与混合学习类似。想实现这种学习方式，学生需要保证可以上网。同时，建立弹性的教育体系也有着其他要求。如教师需要可以进行熟练的线上教学，这就对教师的职业发展提出了要求；学生则需要熟练运用线上学习系统，为自己的学习负责。一旦这些都可以保障，弹性的教育系统便可形成，线上线下教学之间的转换也可实现。

线上学习在很多场景中都会变成必需的学习方式，比如新冠肺炎疫情造成的社区范围内的动荡，或是个别学生生病，或者学生在学期内暂时变更住址。

我们发现，在美国“数字承诺”在一些学校已经生效。这些学校先前已经建立了这种数字基础设施。

如学校保证学生可以运用技术，可以接入网络；学生也知道如何使用这种数字化的学习系统；教师先前接受过职业发展培训，能够将技术与教学进行结合。这一类学校在新冠肺炎疫情中能够更迅速地实现远程教学转型，而不会对正常学习活动造成很大影响。

我们都知道，学习技术发展迅速，但教学和学习的原则相对稳定。无论何种新技术得以运用，教学和学习原则仍然适用。

在正式教育中有效运用技术，要求仔细计划，认真执行。开发弹性的学习系统基础设施，应当针对影响学习的因素进行设计，包括考虑不同种类的学习和目标，学习者的特征。

学习环境，包括技术接入水平，我们需要针对学生已有的技术进行设计，而非对我们希望学生拥有的技术进行设计。同时，要考虑社会文化背景以及支持学生运用技术的能力，将技术与学习目标进行对接，这样学生在线的学习活动就可以产生期待的成果。当然我们也需要对教师职业发展进行支持，对学习者也是如此。对将来数字化学习的启示也包括，对学生的学习进行持续性评价，对执行情况进行评估，这些都至关重要。这样我们就可以保证某种技术的运用是恰当的，并能找到需要改善之处。

在这里，我想强调的是建立技术支持下的弹性学习系统是一个复杂的工程，不可能初次尝试就完美无瑕。这是一个过程，不是一蹴而就的设计选择。所以我们可以想一下这是一个持续性提高的循环。美国新冠肺炎疫情期间，我们发现很多学校系统在 2020 年春季完全没有做好向远程教学转变的准备。数字鸿沟仍然存在，各国都是如此，倘若无法连接宽带网络，没有合适的运算设备，就没有办法全部投入远程学习。

我们还发现，在动荡的时局下，比如全球疫情期间，教师更需要做课程和教学的设计者，而不仅是提供课程和教学。教师需要研究如何展开线上教学，线上课程要进行什么活动以及如何开展，很多曾用于线下课堂中的材料并不适合线上教学。正如《人是如何学习的Ⅱ》中所述，保持持续学习一门课程的动机，保证积极的认知参与，对于在线学习来说至关重要。

其他种类的学习以及条件

习惯的形成涉及一个典型的缓慢过程，即让一个行为或思维模式变得根深蒂固，并且如此自动，以至于不需要任何有意识的控制或心理努力就能激发出来。这可以是见面时的握手，也可以是写下你非常熟悉的两个数字的总和。这与基于模型的学习形成了鲜明的对比。例如，感知和运动学习，就像习惯的养成一样，感知和运动学习需要很长的时间，这种学习往往是非常具体的，很少出现从一种情况到另一种情况的转移。一个能用右手拉小提琴的人往往不能用左手拉小提琴。观察性学习包括通过观察别人执行任务来学习，有人通过这种方式学习，尽管他们没有因为学习而得到任何奖励或惩罚。而这也是学生和年轻人在生活中学习的大部分内容。

隐性模式学习或统计式学习也是非常重要的，这始于婴儿期，婴儿最初对所有类型的语言声音都会做出同样的回应。婴儿很早就能学会以不同的方式参与他们识别的各类家庭语言。最后，还有事实学习，这可能看起来很普通，但它允许教育者通过语言的力量高效地传授信息。事实学习往往不是在写出来的情况下进行得最有效，而是要把事实装入某种概念或模型中，所以它确实与基于模型的学习有联系。综上所述，不同的情形可以采用不同学习类型的组合，并通过不同的条件和行为来推动。

例如，提高记忆力的实用技巧包括在一段时间内进行间隔练习，而非高强度地在同一时间内大量练习检索记忆。比起简单地让学习者在不同的环境中接触材料，通过对比促进知识转移到新环境中的方式更为有效。要让学生反思某一现象存在与否的原因，并且花时间建模，而不是要求学习者简单地重复告知他们的东西，并尽可能多地重复。鉴于这些差异，教师或学习者在能够设计一个理想的学习环境之前，必须明确所期望的学习结果。

特蕾西·伯恩斯（Tracey Burns）

经济合作与发展组织（OECD）教育研究和
创新中心高级分析师

未来学校四个场景

非常感谢今天有机会跟大家交流，很荣幸受邀向各位介绍我们的工作，我也无比期待大家的反馈和想法。就我们的工作而言，经济合作与发展组织（以下简称“经合组织”）国家的“回归未来教育情景项目”已经开展了一段时间，去年项目报告正式发布，该项目展望教育未来，思考教育的现状与未来。

细观我们当下的期望，在过去的50年里，我们对正规学习的参与度不断提高。在人生早期，包括初中教育，对学校和教师年轻化的期望越来越高。

经合组织国家的真正焦点，是让课程适应不断变化的需求，培养学生具备21世纪的能力素养，提升教师培训和职业的吸引力，以及认真思考如何改善学习成果及其他重要成果的评估策略；如何提高治理的战略性和回应度，特别是在充满变革与灵活性的时代。此外，什么是投资新教学技术的最佳方式？还有过去40年经历了相当多的跨时代挑战，其中之一就是增加系统对多样性的包容，确保所有学习者都能茁壮成长。

另一个，是对社会经济不平等的补偿，即相信和期待教育可以改变每一个人。教育的一个重要作用，是帮助最为弱势的群体向上发展。实现这一点的最佳途径是什么？这是整个经合组织面临的挑战。更重要的是，将终身学习参与扩展至每一个人。当我们思考终身学习的时候，我们必须挑战自己，拓宽自己的思维。

因此，这是关于风险技能和灵活的劳动力参与，并确保教育继续满足成年人在其工作生涯中的需求；也是在人口老龄化过程中，教育满足日益增多的老年群体的需求，即一个问题，就是教育保持老年群体精神活跃并满足他们需求的能力。

因此 80 岁以上群体的终身学习将会在所有国家不断增长，而不仅仅是经合组织国家。

这些对未来教育的期望来自趋势。我们知道，一些趋势与教育直接相关，还有一些趋势虽在教育之外，但也将影响教育的未来。

在这一方面，我们自 2008 年以来开展了一系列工作。最后一版是 2019 年版的《塑造趋势的教育》，我们刚刚完成了 2022 年版的《塑造趋势的教育》，将于 2022 年 1 月发布。它着眼于教育之外可能影响教育未来的趋势，它还关注趋势的确定性及其潜在影响。不妨以气候变化为例。可以相当确定的是，它预计会带来相当大的影响。对世界而言，对教育而言，对课程覆盖的方方面面而言，对那些我们期望能够缓解气候变化影响的不同技术研发也是如此。

但它也关乎基础设施。如果洪水不断，孩子是否还能上学，我们如何让学校在极高温的环境下继续运作，诸如此类。这些对话至关重要，甚至不是在遥远的未来，而是在不久的将来。

另一个例子是疫情。显然，在抽象的情况下它们具有相当的不确定性，而且也不清楚影响是什么，因为具体影响视情况而定，这种情况在未来将继续存在。

老龄化、数据披露和广泛意义上人工智能存在的其他选择，这些都是可能会影响未来教育的当下趋势。大家都知道“惊喜”无处不在，新冠肺炎疫情可谓是这一方面大师级的存在。曲线平缓了、加速了、弯曲了、拐点了，惊吓与惊喜无处不在，而且可能具有高度颠覆性。思考未来的时候，我们应为意外做好准备，为一些真相做好准备，即便可能是我们错了。

我想引用费迪南·福煦元帅的一段话。他是第一次世界大战前夕法国的军事将领，他说飞机只是有趣的玩具，但毫无军事价值。这一观点在当时非常合理。我想说的是，这是一位专家，费迪南·福煦穷尽了当时一切可用的专业知识。然而回过头来，我们可以看到，事实上他错了。因此，当我们思考教育的未来时，我们需要牢记所有这些教训。我们的路径以及避免重蹈覆辙的方法之一，就是从探索中认知未来。换言之，就是借助情景预测未来并进行创新。这是一个迭代的过程，在这一过程中探讨情景的意义，产生有关未来学校的四种可能。

我们为什么想要这样？为帮助我们为预料之外的变化做好准备，帮助我们未雨绸缪。对于工作而言，情景绝非静态而是在对话中不断发展。因此需要探索情景，理解其特点和逻辑，然后与你周围的人一起确定其影响，即它对你、对其他人、对系统中的其他行为者意味着什么。

而且它让你准备更加充分，能够为未来采取的防范措施更好地准备。当你转身离开的时候可以说，好吧，我能为未来的变量做一些事情。此外，我们还可以了解有哪些潜在选择。

我们的项目为经合组织国家构建了学校教育的未来情景，我将在接下来的时间里逐一介绍这些情景，让大家感受它们是什么以及与此相关的一些问题。

再次强调，问题是关键所在。正如我们所有的工作一样，研究成果只有用户在具体环境中使用的时候，它才有生命。因此，学校教育的扩展是第一个情景。

在此情景中，正规教育继续扩大，国际合作和技术进步支持更多的个性化学习，学校教育的结构和过程得以保留——学校建筑还在，学生仍需去学校。对于所有的情景，我们都基于四个不同的设计原则之上——教育的目标和功能、治理和地缘政治、组织和结构以及教师队伍。所以，这一情景仍然存在教育垄断，它在某种程度上维持了现状。

学校是社会化、资质、照护和认证领域的关键行为人，而且国际合作日益增加，加之数字技术力量的增强，学校产生了更加个性化的教学和学习实践。对于教师而言，仍然存在独立的教师职业。尽管任务分工已焕然一新，规模经济大幅发展，但我们现在已经能看到很多信号，说明这就是不远的将来。

该情景下出现的第一个问题是在这些大型官僚系统中进行创新，通常需要多个利益相关者之间的高度共识和沟通。那么这些系统如何根据需要快速灵活地适应？如面临新冠肺炎疫情的时候。第二个问题是在人力资源的部署和分配方面，学校的大规模数字化会产生什么影响？例如在教师和专业上的判断与问责，以及未来的领导者方面。因此再次重申，这些问题的答案需视具体情况而定。

第二个情景是教育外包，传统的学校教育系统被打破，社会更直接地参与到公民的教育中，学习通过更加多样化、私人和灵活的安排进行。数字技术是关键的驱动力，这里考虑的设计原则相同，但教育视野的边际更宽。其实在某种程度上，我们已经在高等教育中看到了这一点。但在这一情景中，这些特征将会从高等教育开始，向下渗透至小学甚至儿童早期教育和照护。

因此我们看到需求呈现碎片化，自力更生的客户为自己和孩子寻找灵活的服务。学校系统作为参与者，无论是地方、国家还是全球教育市场中，结构走向多元化。因此，有多种组织形式可供个人选择。这意味着并不一定要继续保留学校这一形式，学校可以改头换面，可以轻易四处移动。

对于教学而言，教学角色和地位愈发多元，可以在学校内外运作。因此，我们现在认知中的正式教师仍可能存在，但可能教学更像是教练的模式，像一位市场专业人士前来完成工作随后离开。

这里的问题包括无限的信息渠道和培训选择，是否会消除对合格教师的需求。如果不会，那么教学的哪些方面将作为核心被保留。

如果客户推动教育产品多元化的发展，就会存在公平的问题。它是否能惠及所有人，还是效益会集中在那些最有能力为自己和孩子发声的人。换言之，会哭的孩子有奶喝，从而导致不平等现象加剧。

在第三个情景中，学校成为学习中心，形式仍然存在，但多元与实验成为常规。学校仍然有其传统角色，但更加开放，如向学校、社区开放，并且青睐不断变化的学习形式、公民参与和社会创新。

因此，这一情景的聚光灯在当地社区、自我组织的单位和多元伙伴关系上。学校是中心枢纽，其功能是组织本地与全球资源的多种配置，教育的灵活性大大增加。

学校建筑还在，但你可以自由出入。而且学校建筑在很大程度上是社区基础设施的一部分，这会带来更高的个性化和社区参与，教师仍然是一个高度专业的职业。

在更庞大的网络中，在一些节点上，允许灵活调用社区中存在的专业知识。在这一环境中，教师充当协调者。因此，这一情景的一个问题是，自主权和社区参与是提升教与学的关键。学校和教师如何满足整个系统的共同目标？如果一切以社区为基础，那么各方的条件和能力可能存在巨大差异。另一个问题是，哪些形式的合作会出现在当地的全球学习生态系统中，教师以外的成年人会以何种方式参与，在这种情况下领导者的职责是什么，以及如何与社区中的专业知识配合。所以这些都是开放性的问题，我们并不回答这些问题，因为这些问题需要用户根据自己的情况作答。

第四种情景是去学校化，边走边学。

现在正规的学校教育已经消失了，教育随时随地发生，正式和非正式学习之间的区别不复存在。社会完全依靠机器的力量，有点像人工智能。在高度网络化的社会中，实际上你会一直在学习。因此个人不再需要有这种正式的教导，即便在早期。

这意味着学校的传统目标和功能被技术接管，学校不再是一个社会机构。虽然它可以由算法搭建，但这取决于算法如何编写。总之，学校将扮演一个非常不同的角色。

此外，还有一个开放的市场，面向专业消费者，在实践社区中发挥核心作用，无论是地方、国家还是全球社区。由于它是一个数字解决方案，因此全球二字真正发挥重要作用，数据和数字技术的全球治理成为关键。

这一情景的提出源于一些根本性的问题，如新冠肺炎疫情的影响。因此对一些东西而言，学校的重要性无可取代。例如社会化和身份建设，一个没有学校的未来，会以更高的社会分裂为代价。大家在学校遇到的人一般和自己很不一样，这种情景下是否会缺失这一点？如果是这样，你想采取什么行动？

而且，随着数字基础设施取代了实体和人力的学校教育资源，谁负责决定谁学习什么和如何学习？同样，这是一个有关平等的对话，非常重要。因此，这些问题的答案要视情况而定。

综上考虑，我们可以看到四种情景、四个设计原则以及各自对公共部门提出的挑战，因为教育是一种公共产品。

实际上，可以把不同情景两两对比，分析其异同点。我在这里就不一一列举了。

如果你有兴趣，可以参考报告内容。

但仅以公共部门的挑战为例，在情景一中，无疑将会面临的潜在挑战就是如何在一个共同的系统中保证质量。还有可能是在共识与创新之间的取舍。

在情景二中，即市场化角色的情景中，有一个问题，就是公共部门是否会成为修复市场失败的地方。在市场无法真正向前推进时介入，这对教育质量意味着什么？是否可能出现两个平行的系统。

情景三存在一个有关公平的问题。因为地方系统、目标和当地社区的实际能力存在差异，这对国家系统意味着什么？例如，对于最后一名就是高度干预主义，会出现关于国家的作用、民主控制、个人权利等问题，以及高度社会分裂的风险和一些政治问题，这些都是情景研究中的有趣议题。

因此，我一直强调关键情景的使用，要结合所在情况讨论情景，赋予情景生命。

因为情景本身不包含现成的答案，没有人能预见未来。所以你打算如何使用情景？有哪些需要考虑的矛盾紧张关系？希望使用者意识到固有矛盾的存在，使用场景时需要考虑这些问题，以便为未来做好计划。在这里我只谈三组。

第一组是现代化和颠覆力。现代化是进步的渐进过程，而颠覆力是一种完全不同的思维方式的参与。当我们思考教育的未来时，它究竟是渐进的过程，还是激进的颠覆性变化?

如以前沿技术为例，大家认为，这些技术将彻底改变教与学的方式。但许多情况并非如此。事实上，它是现代化的过程，逐步改进教学和学习的过程。

这些大都不是问题，不过也没有答案。但我们在思考自己想要什么的时候，必须意识到这一点。因此，如果需要颠覆，我们需要彻底改变思考和参与方式，缓慢发展的系统很难做到这一点。

第二组是紧张关系主要是全球和地方。一方面，有共同目标和共享知识，另一方面，是地方自主与具体需求和参与的个人在两者之间如何平衡。

同样，课程是一个很好的例子。像英语这样的全球语言，从全球角度来看是有意义的，但从地方需求出发，需要保护本地语言，如果土著语言缺乏保护可能会消失。这些都是非常重要的地方需求，你如何反应与平衡两者?

诚然，这是一个显而易见的问题。但是不同行动主体可能观点不一致，甚至存在对立的看法。

因此，紧张和不一致的情况可能出现在国家乃至国际与地方之间孰为优先事项。这些需要你细致思考如何平衡它们。

最后，这只是有关学习与教育的一个非常基础的方面。学习不只是一个正式程序，教育不只是一个教育机构，也不是知识的唯一守门人，但他们遵守例如社会化等其他规则。

因此，教学的作用引发了一些重大问题，例如，生活在谷歌的世界里，2秒内就可以获得你需要的所有信息。

教师作为专家的角色是什么？学校教育作为社会中介，或者构建身份方面的作用是什么？未来的走向如何？因此，知道得越多，偏见就越容易产生，使用新知识来验证既有想法。知识越容易获得，就越难产生对世界的个人化独立理解。

同样，就讨论和公开对话而言，答案就在您身处的具体情景之中。

我就讲到这里，希望大家喜欢这一话题，非常感谢您的耐心。

再次感谢大家！

李湄珍

香港大学脑与认知科学国家重点实验室主任

情绪与学习

感谢邀请。我很高兴分享我对神经科学和神经心理学如何为学习提供信息和增强教育策略的看法。

从神经生物学的角度来看，学习涉及大脑改变。主动学习利用了刺激大脑中多个神经连接和提升记忆的过程。从之前的研究中，我们知道适度的压力有利于学习，而轻度和极端的压力则不利于学习。最后，充足的睡眠、营养和锻炼有助于学习。

现在让我们分别看一下每个原则。

学习涉及大脑改变。它与神经可塑性的概念有关。

现在，神经可塑性有时被称为大脑可塑性、皮质可塑性或皮质重新映射，这是大脑根据经验重新组织结构、功能和连接的能力。通过数十年的研究，我们知道思考、学习和行动等体验会改变大脑的物理和功能结构。根据这些经验，大脑中发生的变化可以带来整个大脑的变化，这是一种神经可塑性的现象。而且它还可以产生新的神经元，是神经发生的一种现象。

我们的大脑究竟经历了什么？当刺激一个神经元时，它会兴奋。事实上，它会传递给下一个神经元。

根据赫布（Hebb）的说法，当一个神经元反复刺激另一个时，就像在练习特定任务，神经元会发生一些变化，一个神经元变得更有效地激发另一个神经元。两个神经元之间的连接变得越来越有效，这就是我们所说的增强效应。

基于神经可塑性的原理，先前的知识和先入之见对学习尤为重要，因为当学习者为旧知识“标记”新信息时，学习似乎是最有效的，因为这些旧知识受到了精确定义的神经网络的支持。

此外，将自己视为视觉或语言学习者的个人则倾向于表现出不同神经通路的激活，来更好地执行学习任务。此特征化的语言学习者，在执行初始任务时往往会在大脑的语言区域表现得很活跃，并且有某些特征的视觉学习者在执行口头任务时倾向于在某些特定区域表现出很活跃的状态。

这表明，诉诸多种学习风格对促进学习是有帮助的，它不是为了迎合不同学生的不同学习模式，而是当人们以不同于他们偏好的认知方式执行任务时，神经会产生交叉联系，各个大脑区域从神经通路中退回后能使我们所有人的学习更有效。

我想提请大家注意这一点，脑网络确实会因基因和经验而表现出个体差异。

1979 年创建的压力反应曲线，描绘了压力与成绩之间的关系。曲线显示，随着压力水平的增加，成绩水平也会增加。就这个压力而言，我们称为最适压力或健康关注。而在这个顶点附近，有一个区域，称为最佳表现区。

随着压力开始变得越来越大，这个人的表现水平就会随之降低。最后这种高压的状态可能会导致人筋疲力尽，直至崩溃。

有科学研究已经确定容易受到压力影响的主要大脑区域，包括前额叶区域、海马区域、伏隔核和杏仁核。这些大脑区域协同工作以呈现奖励、愉悦、强迫和坚持等行为。这些大脑区域中的每一个都促进了重要的认知和神经情感过程，并对学习质量产生重要影响。

例如，前额叶除了在调节注意力方面发挥重要作用外，还对认知和有效表现发挥调节作用；海马区是学习和记忆的主要神经区域；伏隔核影响学习动机；杏仁核能够帮助人们处理负面情绪。

现在让我们看看情绪对学习的影响以及杏仁核活动对我们记忆巩固质量的影响。杏仁核影响学习的方式是当杏仁核被激活时，信息处理表现出质的差异。因为杏仁核与所有皮质和支持性区域都有良好的联系。在学习过程中它会被激活并影响练习，而且情绪学习是在杏仁核内发生的，它对大脑中的几个记忆系统有直接和间接的神经保护作用。

正如我刚才所说，这些系统为工作记忆、陈述性记忆和各种非陈述性记忆形式（如程序性记忆）的启动和反射性条件服务。在我们利用现有的数据集进行半自动分析后，我们注意到，事实上有几个共同的大脑区域为学习过程和情绪过程服务。这些区域包括前额叶区、海马区、杏仁核，还有前脑岛。

这一观察说明情感和学习之间的交织关系以及情感对学习的影响。因为这些大脑区域的服务，无论是观察还是学习都是作为一种特定的情感存在，都有一些共同的神经特质。

最后一个关键的学习原则是充分的营养和运动有助于学习。我们知道，充足的营养和定期锻炼是健康生活方式的体现，可以促进身体和大脑健康，并带来有益的神经可塑性变化，促进高质量的记忆巩固。

不仅如此，健康的生活方式还有助于干细胞的解放，而且它也是有效稳定和有效适应监管的根本原因。

所以现在的问题是，学习只取决于神经认知过程还是情感信息和相关的构架。

下面让我们看看认知和情绪意味着什么。

认知和情绪都有一个拉丁词根，认知的意思是知道、了解，而情绪的意思是搅动，让人激动。因此，情绪表达的是复杂的感觉状态，包含精神、身体、自动和行为等方面。

事实上，认知和情绪的功能对于学习管理我们的思想和行动都是至关重要的。

现在，我们来看一些例子。

来自神经心理学和神经科学研究的知识表明，情绪状态可以影响学习结果。例如，发表在心理科学上的一项研究发现，在大学生中，观听快乐交响乐能诱发积极情绪，有助于任务的表现，这一任务需要学习规则和应用学习规则对物体进行分类。

另一方面，如果任务要求指导规则学习，积极的情绪与表现的变化之间没有关系。

所以这些发现清楚地表明，积极的情绪对改善学习有着潜在影响，但不是对学习的所有方面，而是对所有这个实验的规则学习和应用。

最近的研究调查了积极情绪和学习成绩之间关系的潜在中介机制。它显示出积极情绪的两个变量调节了高中生的学习心理资本和学习参与度。

这些发现表明，持有积极情绪与增强自我效能感、信心和抗压能力有关，可激励学生更多参与学习，从而获得更好的成绩。

基本概念和事实都表明，积极的情绪对学习质量有显著的、积极的影响。根据我们对大脑及其连通性的了解，情绪和认知在信息处理的所有阶段，从早期感知到高级推理，都会通过突出重要信息而相互影响。

例如，情绪会增强或促进知觉过程的注意，从而增加情绪刺激的显著性。通过适应性地改变记忆的各个阶段，包括编码、存储和检索，情感提供了一个框架，因此认知可以适应性地回应环境需求。

现在我们知道，大脑与学习有很大关系，在这方面，神经科学和神经心理学成为教育的重要支柱。那么，如何弥合神经科学与教育以及所有神经科学与学习之间的差距？

让我们来看看布卢姆分类法，该分类法最初由本杰明·布卢姆及其同事于

1966 年提出，后来又进行了修订。它是一套三个层次的模型，用来对认知和有效领域的教育学习目标进行分类，分为复杂程度和具体程度——从信息的底层（包括记忆和保留）到顶层的知识创造。

从神经科学的角度来看，布卢姆分类法也描述了神经、认知和有效的过程，从水平皮层下到神经皮层的水平，这与任务的复杂性相匹配。例如，底层的记忆依赖于海马体，而情感记忆则依赖于杏仁核，知识创造则集中发生在神经皮层。通过主动学习，结合意志控制、记忆和情感，这些技能有助于学习成绩的提高。

托马斯等人提出两个将神经科学和教育联系起来的类别。他建议，直接途径或通过直接途径，神经科学可以为影响教育的因素提供参考。例如，查看睡眠模式、身体活动和营养、情绪和环境。这些因素与我们刚才讨论的那些学习原则有关。

此外，他还提出间接途径或通过间接途径，教育可以从神经科学中受益，并了解心理学的发展。例如，要训练和调查的目标核心区域可能是抑制性控制，以及学生的记忆和情感调节。我们还可以培训学生基于奖励的学习。所有这些都将间接地影响学习能力。而基于认知在情感中的互动作用，一些规范的学习已经越来越受欢迎。

什么是自我调节的学习？它包含了学习的认知、多认知、行为、动机和情感。

这个方案强调学生在学习背景下不断意识到自己的情绪、思维和行为。

所以，这就是认知和情绪对学习影响的明确整合。

近年来，积极教育在全世界迅速流行起来。如采用积极教育框架。这个框架的重点是明确传授技能，帮助学生建立相互尊重的关系，促进积极的情绪，对生活中的美好事物心存感激并最终获得使他们能够充分发挥潜力的素质，同时也可为满足个别学生的需求而定制，其总体目标是促进个人成长，培养抗压能力，提高心理健康和促进人与社区的联系。

我很高兴见到大家，感谢聆听。希望大家一切顺利。谢谢大家。

索尼娅·利文斯通（Sonia Livingstone）

伦敦政治经济学院媒体与传播系社会心理学教授

数字公民意识和媒体素养

——一个全球视角话题

大家好，我叫索尼娅·利文斯通（Sonia Livingstone），是伦敦政治经济学院媒体与传播系的教授。

很高兴今天能就“数字公民意识和媒体素养—— 一个全球视角话题”这一主题发表演讲。

这些是我作为一个媒体社会心理学家一开始就一直关注的问题，随后我越来越多地从跨学科的角度来研究儿童和青年，特别关注他们在学校和其他许多日常情景下，如何接触媒体和上网。应该说，媒体素养是支撑我工作的主线。今天我要讲的内容是数字公民意识。我也认为这个话题很能体现这次会议的主题，而且这是个见仁见智的概念。

因此，我将向大家介绍一下我的工作和观点。我意识到这是一个宏大的主题，也许过于宏大，但我还是出于两个原因愿意称其为“全球视角”。

一个原因是，长期以来我与联合国儿童基金会合作开展了一个名为“全球儿童在线研究”的项目，旨在试图了解世界不同地区的儿童在上网时的异同。

另一个原因是，在过去几年中我一直在儿童权利框架内开展非常扎实的工作，发扬联合国《儿童权利公约》的精神并将其应用于数字世界。因此，从儿童权利的角度，从联合国的视角来看，也需要一个全球框架。

我最近参与的几个研究项目所得出的观察结果，将贯穿今天的讲话内容，希望能对各位有所启发。

首先，我想以多维度的角度来看待媒体素养。这里我特别借鉴了联合国教科文组织的见解，将其称为“媒体和信息素养”（有时候也简称为MIL）。我一直在研究媒体信息素养，与之相关的是一个叫“儿童在线研究和证据”（CORE）的项目。

这（CORE-evidence）是一个欧洲项目。在“儿童在线研究和证据”（CORE）的框架中，我们一直试图了解，作为当今儿童生活中重要的理论和概念之一的媒体素养，是如何被研究和概念化的。

我之所以决定首先关注联合国教科文组织的角度，是因为它非常宽泛。这里我列出了媒体和信息素养的五大定律，每条定律都有着十分广泛且深刻的含义，吸引着我们这些对媒体素养感兴趣的人，从一个宏大的角度去诠释，或者说它拒绝以狭隘或过于简单的方法去诠释。它适用于每一个人，也包括儿童和青年。

正如定律一所说，社会中的所有信息和媒体资源，对于公民、关键的公民参与和可持续发展都很重要。而且我们必须利用所有这些资源，也就是在信息科学、通信科学、图书馆以及科技等方面的知识。鉴于今天公民广泛参与媒体和通信技术的程度，我认为这条定律很有帮助。

第二条定律我非常喜欢，即每个公民都在创造信息。我们不仅将媒体和信息素养以及数字公民意识作为一种被动接收信息的形式，我们也看到民众也是信息的创造者。他们生产信息，所以必须被赋予获取信息的权利，这是一个人权和平等的问题。

第三条定律似乎与此相矛盾，但我认为它只是使其含义更加丰富而已。根据定律三，信息、知识和信息并不总是价值中立的，并不总是没有偏见的。因此，公民需要透明的信息共享过程，他们也需要接触信息和媒体时保持批判态度。

第四条定律，每个公民都想知道和了解新信息。我们必须一直在学习，孩子就总是在学习，所以需要提供更多的信息。这一点也非常重要。

第五条定律，我认为这也是常常被决策者抛诸脑后的一个问题，即媒体和信息素养不能直接给出去。不是你一旦获得了就永久拥有的东西，它很复杂，需要付出生活经验才能得到。这是一个教育问题，是获得信息的过程中经历的各种复杂问题。

因此，我向各位展示了在广泛的儿童权利框架内媒体素养的说明。过去几年里，我一直在思考儿童的权利，包括和联合国《儿童权利公约》有关的权利框架内的信息权、参与权、交流权和保护权。

我和欧洲委员会的专家（欧洲委员会由 47 个成员国组成）合作制定了指导方针，这本来是针对成员国制定的说明，但我认为其适用范围比欧洲广泛得多。你们可以对此开展讨论，得出自己的观点。它有指导方针，也有决策者的手册，这个模式很有用。

这个手册更多的是一个实践说明和指导。其中，在任何我们开展过意见征询国家的儿童，都一致认为，每个人都有权使用、访问互联网，不应被区别对待。必须是出于任何目的的公平和平等的访问，不管是学习、娱乐、社交还是表达观点。

他们的要求非常有趣，他们常常要求在国家课程中纳入数字素养教育，他们希望学习如何在学校、在课程中以这种方式接触互联网。这似乎就是媒体教育或者是数字公民意识教育，只是不同国家叫法不同。

联合国随后发布了《第 25 号一般性意见》，这份意见文件对儿童如何在数字环境中行使自己的权利作了说明。而儿童拥有的所有权利，都在数字环境中以有趣和复杂的方式得到应用，包括隐私、健康、参与、信息、游戏和休息、安全和得到倾听的权利等。

我把数字公民意识和媒体素养的概念，也放进了这个广泛的儿童权利框架内。所以可以直观地看到，媒体素养和数字公民，是我们保护儿童信息权和儿童在数字世界中学习权的方式。而且必须在考虑到其他权利的情况下，以保护他们的方式，以尊重儿童隐私的方式，以和儿童共同发展的方式，以促进儿童参与的方式来完成。

当然这是理想状况，或者说是一个全球愿景。但现实存在挑战，事情不会以如此直接顺利的方式开展。

“全球儿童在线研究”项目，是我本人和伦敦政经学院开展的一个合作项目。欧盟的“儿童在线研究”项目在欧洲范围内，贡献了很多方法和理念。而联合国儿童基金会则与它在世界众多地区，甚至可以说是所有地区的国家办事处合作，确保他们所开展的工作、研究和干预，尊重并借鉴来自世界不同地区的见解、需求和知识。

我们在迄今为止研究过的所有国家都发现了这个趋势，即儿童在数字世界的参与似乎遵循一种模式。一开始接触互联网时，他们会做什么？他们搜信息、看视频、玩游戏、听音乐、发信息，做一些容易上手的事情。随着他们逐渐进步并积累了媒体素养，掌握了数字技术后，他们会开展更多的社交活动并进行评论，学校作业作为一种数字化体验的重要性得到提升。

随着他们不断往梯子上爬，他们会获得更多经验和专门技能。他们会搜寻新闻，追寻爱好，创造内容，成为信息创造者。

这也是儿童的权利，是我们希望保障的。可能不同的国家，梯子顶端的活动会有不同。

但在许多我们开展过研究的国家，搜索健康信息也是儿童进行数字参与、培养媒体素养的重要方面。参与各类活动，通过网络日志或其他不同方式创造自己的内容，可能更倾向于政治，可能更倾向于公民意识和其他人发生更多互动。

不管不同的国家以什么形式呈现这个梯子，它真正揭示的是一种不平等现象——的确很严重。

大多数孩子都是从梯子的最低一级开始的，但并不是所有的孩子都能爬到最高一级。因为这涉及资源、父母的支持、学校教育、机会，是否有设备，是否有经济实力保证快速上网，需要不断做出改变和进步。对决策者而言，这里面临的难点是：思考他们希望梯子的最高一级是什么？他们希望孩子到达什么地方？而决策者有时候也很难认识到，梯子底部的简单活动是第一块垫脚石，是向上爬的基础。

这里有一个英国的例子。2021 年夏天，英国刚刚发布了在线媒体素养战略，这是一个全国性的媒体素养战略，实际上针对的是全英国人民，不只是针对儿童，但儿童优先。该战略旨在保证每个人都能获得信息，希望民众能对这些信息进行甄别，以便做出正确判断。其中较少提到民众创造内容，成为内容创造者、信息生产者。但这是一个孩子的权利，是一个公民的权利，也是公民身份的一部分。

也许人们较少认识到，学习的过程也可以充满乐趣，也许通过玩游戏和听音乐，人们的信心可以得到增强，感到这是他们擅长的领域，是一个可以深耕的领域。由此进入一个关于教育和信息更加严肃的活动中去。所以趣味也许是最好的老师，对孩子来说尤其如此。

我们最近做了一项研究，也是一个欧洲委员会支持的项目，我们研究了儿童和青年所获得的数字技能和素养以及由此产生的结果，培养数字公民意识、媒体素养的目的是什么，有什么结果？

研究结果表明，所有的技能都是不一样的。而且有意思的是，如果只是技能的传授——如何登录，如何打字，如何编辑等可能是不够的。因此，在这项研究中，我们从技术和操作技能、信息导航和处理技能、沟通和互动技能等方面，以及内容创造和生产技能，考察了数字和技能的素养。

我们通过阅读大量国外研究文献发现，如果儿童和青年只是获得了技术技能，并没有太多好处，甚至可能带来一些风险。因为如果他们只是具备使用数字技术的技能，却没有判断力，他们可能会陷入困境。

另一方面，信息技能与有益和积极的结果有很大联系。更好地学习和参与、更多的信心、更多的创造力，这些都是我们喜闻乐见的结果。所以信息技能作为一种教育策略，确实带来了好处。

关于传播和内容创造技能的研究并不充分，但可以看到的是，当它们与信息导航和处理技能联系在一起时，通常会产生好的结果。但是研究始终表明，随着儿童和年轻人在网上获得更多的好处，他们也容易面临更多的风险和伤害。不是因为技能创造了伤害，而是因为你做得越多，接触得越深入，就越有可能触碰到互联网有问题的一面。因此那些冲着信息技能及其带来益处的宣传推广媒体素养的人，必须考虑风险和缓解风险的问题以及如何让儿童和青年有能力和技能来应对这些风险。

正如我在梯子案例里提到的，所有决策者必须考虑这个梯子会通向何方，最终目的是什么。

在我结束讲话之前，再给大家分享两个案例，以便让大家对这些目标存在的诸多争议有一个了解。

第一个例子，转型中的数字环境给教育工作者带来了真正的挑战。

这是我在英国做的一个项目，叫作 My privacy. UK。我们走进学校采访孩子们关于数据和在线隐私的问题，我们问了他们媒体素养的问题：知道什么？想知道什么？我们又问了公民意识的问题：他们想改变什么？他们发声的目的是什么？想表达什么？

孩子们非常热衷于和我们讨论这些问题。我们与来自全国各地 11 岁至 16 岁的孩子，开展了一些精彩生动的对话。他们也非常积极地回应我们的问题，他们想了解很多事情。想了解数字环境的生态复杂程度，想在数字世界里获得更多的掌控感、更多的隐私、更多的主动性。

在孩子们看来，知识和主观能动性是相辅相成的，但这些问题教师教起来很难。数据会去哪里？人死后数据怎么办？我很喜欢孩子们问的这些问题。比如被删除的信息去了哪？数据似乎还在，就是无法访问了。孩子们有很多问题，如果教师可以回答并解决这些问题，这将促进公民意识。但不可否认这很有挑战性。教师培训并不是总能与时俱进，教师并不知道所有答案，实际上专家都不见得知道。

我们需要进行一场文化辩论，探讨这是不是孩子们需要学习的内容。这又回到联合国《儿童权利公约》和关于数字环境的《第 25 号一般性意见》。这的确是孩子们需要了解的，他们是数字世界的公民，需要了解这个世界的运作原理，他们需要在要求变革时有发言权，需要感受到他们也是这个世界的行动者。

第二个例子，教育工作者所面临的挑战就是保证有意义的参与。

不管数字化与否，也并不是所有参与都是数字化的，很多时候我们要求孩子加入或表达自己。

但没有人注意和倾听孩子们的意见，没有人回应孩子们关于变革的请求。因此在我和其他很多人看来，有意义的数字公民意识和参与，需要成年人、政策制定者、父母、教育者、平台给予倾听并回应孩子们。

这里再给大家介绍两个项目。

第一个，是一本书《年轻人参与民主生活》。这是我同事的项目，旨在了解为什么年轻人似乎对政治不那么感兴趣，或对行使公民权利不那么感兴趣，或者对参与其中不那么感兴趣。他们为什么那么抽离？

例如，书里的故事名为“希望和幻灭”。大多数年轻人觉得从来没有人问过他们的意见，政客往往是来自美好地区的上了年纪的人，他们谈论年轻人，却没有对话年轻人。如果想让年轻人具备公民意识，我们必须学会倾听。

第二个，是最近发布的又一份报告《数字声音》，这是我爱尔兰同事的项目，是专门为儿童监察员作的一份报告。他们在这项工作中，真正探讨了如何让数字技术成为机制和手段，并鼓励年轻人把他们的主动性和热情以及他们的数字和媒体素养，以公民的形式得到践行，以公民的身份参与进来。他们探寻年轻人的意见，比如如何设计数字空间，如何优化这种空间，增大发声机会等。

你可以看到这个副标题说的是“儿童被倾听的权利”。正是这种公民权利的提法，或者说儿童权利的提法，才意义重大。对于孩子们来说，如果环境是对的，如果成年人愿意倾听，如果数字空间设计合理，年轻人是愿意参与进来的，愿意了解并准备成为数字公民。

我就说到这儿吧。最后感谢大家的聆听。虽然不能加入你们的讨论，祝愿会议圆满成功。谢谢大家。

杨东平

中国教育三十人论坛成员
国家教育咨询委员会委员
21 世纪教育研究院理事长

中国教育的下一步

各位来宾、各位朋友：

大家上午好！

我今天和大家分享的主题是关于中国教育下一步的思考。

众所周知，中国在前两年完成了普及教育的目标，整体进入“后普及”教育的阶段，无论是学前教育还是小学、初中和高中阶段的教育，都已经实现了普及，尤其是高等教育，我国在 2020 年高等教育毛入学率已经达到 54. 4%，这是什么意思呢？按照国际高等教育发展阶段的分类：毛入学率低于 30%是属于高等教育精英化的阶段，30%—50%是高等教育大众化阶段，50%以上是高等教育普及化的阶段，那么我们现在就已经进入了高等教育普及化的阶段。毛入学率 54. 4%，意味着在中国 18—21 岁的青年中 54. 4%的人在大学校园学习。过去这么多年来，我们教育的现状是短缺、匮乏和以普及教育为目标的，现在这个目标已经实现，下一步向何处去？

国家提出一个概念叫作“公平而有质量的教育”。我们需要面对现实，需要认识中国教育面临的实际状况和问题，借此进而回答什么是教育公平，什么是教育质量，回答什么是好的教育，什么是理想的教育。“双减”政策已经贯彻有三个多月，应该看到教育界内外，从校长、老师到家长，对这些问题还是缺乏共识。经常有媒体记者问我，国外怎么解决课业负担过重的问题，我说国外基本没有这方面的经验，这个阶段早就过去了，这是典型的中国现象、中国问题。

我们需要认识中国当前教育发展的突出特点。

首先，这是在城市化和人口大规模流动背景下出现的教育格局，我们经常称之为"城挤乡空"。例如，小学生的城镇化率要比常住人口城镇化率高将近16个百分点，而初中生的城镇化率要比常住人口的城镇化率高20多个百分点。也就是说，大量的农村学生进城择校、进城上学，造成了这么一个空间格局。

学校的空间布局和阶层结构也有关系，这里说的阶层结构不是严格的说法，中国最大的社会差异实际上是城乡差异。在乡村学校中出现了这三种不同的类型：一是县城大规模、大班额学校；二是乡镇的寄宿制学校；三是乡村的小规模学校。它对应了学生的家庭状况和经济能力，在乡村小规模学校的是底层最弱势的家庭，他们没有能力进镇上学、进城上学。同时在中国农村出现了两个教育边缘化群体，就是我们所熟知的流动儿童和留守儿童，现在新的分布状况是流动儿童更多地集中在沿海地区，而留守儿童主要集中在中西部的农村。

中国教育还面临一个新的特点，就是伴随城镇化而来的少子化。从这个数据来看，今年一个非常突出的特点是新生人口断崖式减少，低于1000万，前几年是1500万到1700万的概念。它马上就会对教育的供求结构，首先是对学前教育产生巨大的冲击，在2023—2025年前后，过去一"位"难求的幼儿园将出现过剩，面临关闭的浪潮。这只是少子化带来的第一个冲击。

要确定我们下一步前行的方向，其中一个重要的任务是自我认知，看看我们现在的坐标、现在的基点。我觉得中国从2009年开始参与的经济合作与发展组织（OECD）的国际学生评估项目（PISA）测试，给我们提供了一个非常完整、非常系统、非常权威的第三方教育评价，帮助我们来认知中国基础教育的现实。这项测试是面对 15 岁青少年的学科测试，主要是数学、科学和阅读三个方向。我们所熟知的成就，就是中国从 2009 年首次参加国际学生评估项目（PISA）测试便一举夺冠，取代了多年来被称为世界第一的芬兰教育。

但是我们又仔细了解了一下，中国到目前为止参加了四次测试，前两次都是以上海作为中国代表，总分第一。但是以上海代表中国显然太不真实，所以 2015 年的国际学生评估项目（PISA）测试，中国派出的是四省联队：上海、北京、浙江、广东四个省，结果总分降到了第十。2018 年又调整了这个组合，把广东换成了江苏，重新取得总分第一。在这么一个调整中，我们可以看到的是什么？就是区域差距！其实广东仍然是中国教育和经济最发达的省域之一，但是它进入测试，马上就把总分拉低了。

在测试中中国不仅获得了学业成就第一，还获得了另外一个第一 ——就是课业负担第一。学习时间之长，是世界之最。国际学生评估项目（PISA）2012 关于学生课外作业时间调查，清晰地证明了这一点：上海每周课外作业时间 13.8 小时，名列第一，加上校外辅导和私人家教，每周校外学习时间 17 小时左右，远远高于经济合作与发展组织（OECD）的平均值 7.8 小时。中国香港、中国澳门与韩国等地的课外学习时间是上海的一半，而日本仅为上海的 1/3，可见这个差距之大。

国际学生评估项目（PISA）2018 关于阅读成绩和学习时长的调查，中国四省联队的阅读成绩最高，但每周花费的时间也最高，达到 57 个小时，高于经济合作与发展组织（OECD）的平均线 44 小时，而排在第五名的芬兰的平均时间仅为 36 小时。所以一般认为中国学业成就表现基本上是用过长的学习时间换来的。

国际学生评估项目（PISA）2015 还提供了各国学生学习效率的评价，中国在测试的国家当中属于比较靠后的梯队，而芬兰和日本都属于第一梯队。

此外，国际学生评估项目（PISA）测试不仅提供了学业成就的评价，而且也提供了关于教育公平的评价。在2015年的评价当中，它把学业成就和学校的公平区分了四个领域，中国处于高成就、低公平的区域，而芬兰、日本、德国这些国家都处于高成就、高公平的区域，显然高成就、高公平是教育的理想，是更值得我们追求的。

具体而言，中国在教育公平方面的表现究竟是什么样的呢？在2015年的测试当中，它主要提供了三组指标：一是社会经济地位的差异指数，即通过评价学生的学习能力、学习意愿和学习动力，来看各个阶层孩子的差距；二是学生社会经济地位的分数差，就是把学生分成五个不同的等级，计算每跨越一个等级对成绩分数产生的影响；三是学校经济地位的分数差，就是把学生分为三个等级，计算不同等级学校之间的分数差。经过分析，中国这三项教育公平的指标都高于世界平均值，也高于像美国这样一个贫富差距比较大的社会。在中国香港、中国澳门，它们的教育公平状态则远远好于中国的四省（上海、北京、浙江、广东）。

国际学生评估项目（PISA）还测量了孩子的主观感受，就是学生在学校的幸福感知，从2018年调查来看，中国的学生幸福感知也排在了最后的序列，排到了第51位和第61位，低于经济合作与发展组织（OECD）国家的平均值，日本则高于该平均值。

国际学生评估项目（PISA）测试还提供了一些很有意思的评价，这就是在科学和数学成绩最好的学生当中，期待成为科学和工程专业人士的比例。出乎意料的是中国学生的比例远低于经济合作与发展组织（OECD）国家的平均水平，男生占15%，女生不到10%。其实它还有一个关于当教师的意愿调查，同样是非常低。

2018年的调查显示，中国的四省联队师资短缺情况比较严重，高于经济合作与发展组织（OECD）国家的平均水平，尤其是乡镇学校短缺非常严重，处于非常短缺的状态——指数为1是非常短缺，中国乡镇学校的指数是0.98。我们要意识到北京、上海、江苏、浙江四省是中国经济最发达、教育文化最发达的省市，如果考虑到广大的中西部地区，这个情况就会更为严重。

所以，基于这么一个现实，我们要对中国下一步的教育改革和发展提一些粗浅的想法。

首先，是经济合作与发展组织（OECD）的教育与技能司司长安德烈亚斯·施莱克尔提出的这一观点，他在《超越国际学生评估项目（PISA）》一书中说，未来教育发展的首要症结是什么？"不是公平和质量，也不是教育经费和资源的低效使用，而是学校系统组织方式的落后。"这对我们有振聋发聩之效。今天我们的"双减"仅仅是在规范和禁堵，而导致学校差距过大、导致学生负担过重的主要原因，还是要开展公办学校的办学体制改革，才能从源头来解决这个问题，以促进义务教育学校的均衡发展。

另外，要加快改变城乡、户籍等身份制度。当前造成流动儿童和留守儿童这两个规模巨大的弱势群体，主要还是在于我们城市化建设过程当中提供一视同仁的公共服务的目标还没有真正实现，所以要落实按照常住人口规划和提供教育公共服务的要求，要落实农民工子弟在流入地的城市入学和升学的政策，其实这些概念都有，只不过没有得到有效的落实。

另外一个很重要的意见，中国应该把实行"小班小校"提到重要的议事日程上来。因为多年来在普及教育的过程当中，我们实行的是一种效率优先的思维，举办大规模的学校，有的地方的班额达到了 60、70、80 人，到今天为止我们仍然没有摆脱效率优先、建大规模学校的思维，人少了就撤学校，人多了建学校仍然是大规模、大班额。只有在农村，在中国最薄弱的底部还有 10 万多所小规模学校，也就是学生在 100 人左右的学校。今天我们应该认识到建设好农村小规模学校不仅仅是保障教育公平的托底需要，而且由于小规模学校可以关注到每一个学生，便于实行有根的教育、有机的教育，小班小校其实是适合面向未来的城市和农村的共同学校形态，尤其是在新兴城市和教育改革实验区应当明确建立小班额、小规模学校，比如说每个班的班额不大于 30 人。

要以学习化社会的理念构思高中教育和高中后教育，因为我们面临的不仅仅是城镇化和少子化，而且是互联网和智能机器人时代学习化社会的挑战。有一个学者提出用“高中后职业教育”的概念取代高等职业教育的概念。在当前减负的政策中，高中阶段的普职分离，是导致学生和家长焦虑的一个重大问题。“高中后职业教育”的概念，实际上是把高等职业教育应用型本科、专业学位硕士、专业学位博士等学位教育，以及各类职业证书教育和在职培训包含在一起，不再单独强调教育的高等性和学历性，而是提供学制灵活、门槛更低、费用更低，也更容易完成的教育方式。我们需要更新对职业教育的许多认识。

此外，通过构建一个新的评价制度，来达成“低评价、低竞争、低管控”的教育生态。我们经常提中国的教育理想其实就是要实行“善待儿童的教育，使儿童免于恐惧的教育，能够保障儿童休息和睡眠的教育”，这个说起来是教育的最低纲领，是起码应该做到的；但是现在已经变成了教育的“最高纲领”，能够做到这一步谈何容易。

中国学校的学习时间之长、课业负担之重都是世界之最。我们国家小学一年级到高三毕业要上 1.3 万节课，德国是 5800 节课，我们正好是人家的一半。所以为什么德国都是半天上课，大多数国家的中学生每年放假四个多月，他们的休息时间是中国的一倍，学习时间是中国的一半！所以中国要形成这么一个低竞争的、低评价的善待儿童的教育生态，公办学校的教学内容、评价方法，必须要做一些实质性和整体性的改变。

我想说的大概是这些想法。在少子化的时代，每一个儿童都是珍贵的，我们比以往更有可能实行理想的教育、好的教育，通过教育红利、改革红利来弥补人口红利的缺失。

谢谢大家！

程介明

世界教育前沿论坛主席
香港大学原副校长
中国教育三十人论坛成员

变化逼人而来　变化从自己开始

今天上午的发言内容很丰富，我还要回去慢慢消化。我的总结很简单，因为大家讲了很多，我不可能重复，也不可能超出大家的智慧。

第一，今天上午大家的共识是：教育的重心是在学习。这很重要。在 20 世纪六七十年代，全世界对教育的关心在体系，教育规划就是讲入学率、毕业率、教育资源、教育分类等。后来一段时间，大概在八九十年代，讲学校管理，你进了学校是不是真的在学习呢？之后慢慢重心又往下移了。我们中国在这方面其实是走得比较快，大家觉得学生的学习很重要，我们这个世界教育前沿论坛一开始也是关注学习。

第二，学习不光是知识与能力，知识与能力固然重要，但是大家都感觉到还有社会其他方面的要求，应该有情感、态度、价值观各方面的要求。上面讲了很多，无论从哪个角度都讲这个问题，我觉得这个很重要。我们不是说立德树人吗？树人是中国教育的特点，从古就是这样，我们不限于要知道他的知识与技能。比如说美国提出的技能（Skills），这个技能（Skills）也是从工作的表现，而不是从人的内涵出发。其实我们中国在这方面从认识上是知道的，但是实际上成绩与升学霸占了我们的教育价值观。

第三，学习是讲生态的，不限于学校与课堂，要塑造总体的学习生态。其中，校内校外、课内课外，家长、教师、同辈、社会、科技都扮演着一个角色，每个角色都有责任，范围包括生活、文化、体育、艺术、饮食等，都影响着学生的学习。这就是说，我们对学生的关心、对他们学习的照顾不限于教育工作者，整个社会都有责任。同时，学生生活在实体社会和虚拟社会的交叉社会里——这方面现在大家才开始注意到，这对未来来说非常重要。

第四，教育本身已经不限于拔尖择优。尤其是刚才杨东平教授说的效率模式，既要重视有学习困难的学生，还要照顾弱势家庭的子女。因为疫情，这成了大家的一个关注点。也是刚才杨教授说的，每一个学生都是宝贵的。每一个教育工作者都要把每一个学生放在心里，这也是教育的热情、使命感的重要体现。

上面所说的内容都有一个信息，就是学习最后还是关于学生。学生是学习的关键，学生要成为学习的主人。这个是我获得的一个很重要的信息。

未来已来，这是朱永新老师一开始就说的。经济合作与发展组织（OECD）阐述了四个情景，其实它们已经在不同程度地发生在我们身边。我们不是说立德树人吗？其实也是呼应了未来已来的新的社会要求、新的教育使命、新的学习态势。

前沿不光是研究，研究与实践是互动的。今天下午和明天刚好有很多基层一线的经验、尝试和实验，这里面包括有一些国家层面的大专案，也有一些各省的精彩案例。明天上午，我们将从香港因疫情维持 18 个月的停课中得到启示，这是难得的一种契机，希望大家给予关注。

现在我们听到的都是在我们身边发生的，关系到每个人的工作。变化逼人而来，变化从我们自己开始。让我们准备变化、促进变化、拥抱变化。

谢谢！

分论坛一　新时代的素质教育

薛贵

北京师范大学认知神经科学与学习国家重点实验室教授

推动脑科学与教育融合　促进儿童青少年脑智发育

我今天想跟大家分享过去一段时间对脑科学和教育深度融合的一些思考和初步实践。这几年大家一直都在提的一个词就是未来已来。未来究竟是一个什么形态？每个人对其都有许多思考，虚拟现实、信息社会、知识爆炸、全球化等。包括新冠肺炎疫情导致的社交隔离和心理压力，从某种角度来说，也是未来的一个缩影。在这样的背景下，每个人都需要对未来进行多角度的思考。作为一位从事认知神经科学和脑科学研究的学者，我个人认为脑科学在定义未来社会形态中会起到非常重要的作用。

几年前社会还在讨论信息时代对人类的冲击，转眼人工智能时代已经翩然而至。基于脑科学、大数据和深度学习等技术，人工智能取得了一系列意义非凡的研究成果。通过解码大脑信号，我们可以实现人机交互，让瘫痪的人重新站起来；也可以通过意念控制机械手，完成喝水等行为；还可以让盲人恢复视力，让失去语言的病人重新说话。此外，通过揭示并模拟大脑的工作方式，新一代的机器和算法拥有了前所未有的智能，包括可以从零开始学会下棋的阿尔法零（Alpha Zero），可以解析蛋白质结构的阿尔法弗洛德（Alpha Fold），以及层出不穷的可以进行自动驾驶、机器翻译、人机对话、人脸和图像识别等的智能算法。智能时代科技的发展，不仅带来了生产力和生产方式的变革，更对人类自身带来巨大冲击，也对教育提出了全新的要求。如果说，教育的根本目的是培养能够适应未来并推动未来社会发展的人才，那么，我们的教育则必须要预见未来，并为之做好准备。

一、时代发展给未来教育带来新需求和新挑战

如果说以“互联网+”为代表的信息技术正在推动教育过程与形态的变革，脑科学及其所推动的人工智能则将从底层变革教育的目标和内容。这是因为脑科学在推动社会发展、更好满足人类生活的同时，也对人提出了不同乃至更高的要求。

第一，时代发展更加突出人脑智能的地位。正如工业革命替代了大量的体力劳动，人工智能则会替代大量的技能劳动，也就是通过长期专门训练而获得技能的劳动，包括生产线工人、汽车司机、外语翻译、外科医生、职业棋手、初级会计、律师、程序员等。这些通过现有教育体系能够大规模复制出来的劳动力，都将是人工智能替代的对象。在这样的背景下，只有少量的人才有资格从事创造性劳动，更多的人将从事服务性工作或者失业。人际竞争将不断加剧，社会分层将更加固化，拥有强大认知能力和学习能力的人将更可能在竞争中胜出。教育在提升个体学习能力和促进社会公平上将承担更大责任。

第二，时代发展改变知识体系与获取方式。在人工智能时代，知识的爆炸式增长将成为常态，获取的方式也将更加方便与智能。在这个背景下，生僻的知识、碎片化的知识、僵化的知识将失去在大脑中存储的意义，而系统的知识、广泛联系的知识、能灵活应用的知识才是区别于网络、书本和存储器上的知识，才是能为智力提供强大支持的知识，也才是我们的教育需要重点传授的知识。

第三，时代发展对个人成长动力提出更高要求。在智能时代，持续不断的

终身学习不仅仅是高品质生活的必然要求，更可能是个体得以适应和生存的前提。脑科学与人工智能的发展一方面夺走了大量的工作机会，加剧了从国际社会到个人之间的竞争，提高了成功的难度；另一方面通过发展出更多让人难以抵抗的诱惑，包括高脂高糖食品、沉浸式游戏、个性化广告促销、贷款超前消费等，消磨人的意志。没有强大的成长动机和心理韧性，个体将难以在这双重的考验中持续学习和发展。

二、智能时代背景教育目标的再思考

应对时代发展的要求，未来教育的目标究竟要做什么样的改变呢？从脑的角度，未来的教育至少有三个方面的重要目标来分别对应大脑的三个主要的功能区域及其相应的工作方式。

第一，有机知识体系。对大脑知识存储方式的研究发现，大脑是按照层级性、分布式和相似性的原则来组织和存储知识的。不同知识的各个特征分布式存储在大脑不同层级之中，跟他们之间的相似性征用共同的脑区和神经网络，并通过之间的紧密联系形成一个整体。现在的深度学习人工神经网络，实际就是利用了人脑的这三个知识存储加工原理，从而实现了部分的人工智能。

第二，强大的认知能力。脑科学的研究发现，前额叶区域负责大脑的高级认知能力，就像计算机的中央处理器（CPU）一样。它可以短暂存储信息、选择加工信息，能够分析和整合信息，能够创造信息。当前脑科学对人脑认知能力的定义和结构尚未取得完全共识，但一般认为：注意力、短时记忆、执行功能、计划与决策、元认知监控等，是认知能力的重要组成部分。大量研究表明，这些基础认知能力和人的智力水平密切相关，其不仅仅影响个体的学业成绩和行为表现，也对个人的生涯发展和终身成就有非常好的预测度。

第三，持久的学习动机。除了有机知识体系和强大学习能力以外，在我们大脑中间的部分还有负责情绪和动机的古老而关键的区域。情绪和动机是人类生存和学习发展的强大动力，也决定了人发展的高度和方向。人的情绪动机包含多条复杂的通路，包括多条负责预期、奖赏、学习、决策和控制的多巴胺通路，与人的情绪状态密切相关的五羟色胺通路，与人的应激反应和压力水平密切相关的下丘脑—垂体—肾上腺轴（HPA）等，它们共同产生了人的基本动力系统。

综合来讲，未来教育的目标是为了培养强大的学习能力。一个完整的学习力体系包含三个方面：一个是有机知识体系，一个是强大的认知能力，一个是持久的学习动力。对国内外先进教育理念，我们可以从这三个角度来思考和评价，看它是否有助于培养学生的学习力。我们讲的创新能力的培养，也离不开这三个重要的方面。

三、基于脑科学的学习能力测评

大量研究表明，大脑基础学习能力是预测学生学业表现的重要指标。比如，德国一项研究表明，在很多领域大脑基础学习能力指标都是已知的预测学业成绩的最好指标。一般智力和学业成绩的相关通常在0.5左右。在另一项研究中，研究人员比较了智力因素、动机因素和两者共同作用对语文、数学和科学成绩的影响。结果发现，智力因素对语文成绩的贡献大概为45%，对数学的贡献为53%，对科学的贡献高达90%。在一项中国进行的研究中，研究人员发现，工作记忆和一般智力可以解释17.8 %的语文分数，36.4%的数学分数，而动机因素对学习只有很小的影响。事实上，除了这些研究，还有很多发现都一致地强调了基础学习能力与学业表现的重要关联。

但传统上对学习能力的测查还主要是采用瑞文推理测验和韦氏智力测验。这两个测验在教育中的应用都存在明显的弊端。比如，瑞文推理测验主要测查个体的推理能力，指标单一，同时题目数量有限，无法进行多次重复测查。而韦氏智力测查则需要一对一测查，耗时长，难以在学校进行大规模测试。同时，题目的数量也是固定的，过程性的反复实测存在问题。对于两个测验，目前的常模都比较老旧，不能反映现在学生的分布水平。至于教育界所广泛关注的多元智力理论，最多算一个有趣的假设，从理论上还缺乏脑科学的心理学的实证支持，从实践上也还缺乏必要的标准化测查。

为了实现培养提升学习力的教育目标，迫切需要发展能够大规模标准化测试的学习能力测评系统。为此，我们在过去几年里，发展了一套基于互联网的标准化的学习能力测评体系和工具，分别从核心认知能力、学科学习能力、心理品质和成长规划的角度对学生进行深入测评。这些测评建立在脑科学所揭示的大脑结构和功能的对应关系基础上，从而能更好地揭示人脑各项功能。可以全面检测一个孩子的能力得分情况，以及他在整个人群的位置，可以系统刻画孩子的能力表现。比如，有的孩子各方面都很突出，是我们讲的拔尖人才；有的孩子还有待提升；还有一部分属于不均衡型，也就是某些方面比较强，但还有一些薄弱环节。

2019 年，我们对北师大附属学校的 1 万多名学生做了一个测查，然后把学习能力和学业成绩进行关联分析。我们发现随着年级的增加，认知能力对学业的贡献越来越大，而且有一些能力的贡献相对更为突出。这个研究产生了几个有意思的结果。第一，我们发现两位数的心算是预测学业成绩的一个特别重要的指标。因为两位数的心算不仅仅考查计算能力，而且是训练工作记忆能力的一个非常重要的指标。这个结果实际上可以直接指导我们的教学和课后作业安排。第二，我们还可以基于认知能力和学业成绩的关联，对学生进行学业诊断，找出影响学习成绩的能力因素。第三，我们可以结合学业成绩和学习能力，开展分层走班教学，从而能够实现更好的个性化教育。因为，现在很多的分层教学是基于当前的学习成绩，可能还不足以全面反映学生的学习潜能。第四，在高中这种学业诊断还有助于我们开展高考选科的指导。

四、基于脑科学的学习能力提升

除了对学习能力进行测评和描述，我们还可以从脑科学的角度对学习能力进行针对性的提升。在过去多年的研究和实践基础上，我们发现了几种卓有成效的思路和手段。

第一，可以对小学生、中学生和高中生进行脑科学知识的普及，传递“认知脑”“保护脑”“提升脑”的科学理念和训练提升方法。为此，我们撰写了一套覆盖小学到高中的《脑与心理发展》教材，并在不同阶段有所侧重：小学阶段更多地突出在认知领域的发展，因为小学阶段是大脑前额叶发展的一个关键时期；中学阶段我们要更多地突出认知能力和心理品质的教育；高中阶段我们则会把认知能力、心理品质和生涯规划进行融合，来指导学生的个性化发展。在这些课程中，我们把大脑测评、大脑训练、发展指导和脑科学知识普及有机融合，从而更有效地提升学生的学习能力。

第二，通过科学测评揭示学习能力的特点，借以开展有针对性的学习能力训练，从而提高学习能力促进学习表现。在这个方面，目前国际上已经有了大量的研究证据。比如，英国诺森比亚大学的研究者强尼·霍姆斯（Joni Holmes）的研究发现，对工作记忆较差的儿童进行认知能力训练能够提高工作记忆表现，同时数学能力也能得到显著提高。耶鲁大学的认知训练研究结果发现，通过对工作记忆、注意力等进行训练，可以有效提高学生的一般认知能力，同时提高阅读和数学的学习表现。在过去几年，我们针对特殊学生——无论是拔尖的学生，还是存在一定学习困难的学生，利用课后时间开展个性化的干预训练课程，取得了一定的效果。比如，在十一龙樾学校的研究中，我们以 2019 年秋季学期和 2020 年夏季学期的期末成绩为指标，发现训练组成绩各科的总分提高了 8.4

分左右，但控制组的成绩却下降了 11.6 分。这个结果说明，学习能力训练确实对学习成绩有一定的促进作用。

第三，可以建立一套基于脑科学的学校课程体系，实现脑科学与学校教育的紧密有机融合，推动学习能力的发展。基于脑科学的学习能力提升，必须与现有国家课程有机融合，才能在小学教育中产生强大的生命力和持久潜在的影响力。这种融合可以从两个维度展开。其一，在课程教学中有意识地强化注意力、记忆力、思维力、反应力和自控力等核心学习能力的训练；其二，结合学科特点和学科知识，在课程教学中把特定知识点培养与对应能力的训练紧密结合，从而达到潜移默化训练和提升的效果。同时，在脑科学指导下的音、体、美等辅助课程，也可以成为脑科学课程体系的有效补充。这些课程可以包括：特色运动课程、特色艺术课程和特色活动课程。

第四，在开展测评和建立课程体系的基础上，有条件的学校还可以在学校建立基于脑科学的学习中心。学习中心的建立具有多个好处。首先，学习中心可以成为各项测评和训练的基地，特别是结合学习力大数据平台，实现个性化的测评和干预训练。其次，学习中心还可以通过科学引入脑科学的设备和技术，进一步提高测评和训练的效果。最后，学习中心还可以成为对老师、学生和家长进行脑科学知识科普的中心，加强学校的特色文化建设。

五、总结与展望

可以看到，随着脑科学研究成果的不断突破，对学校、社会和公众普及的不断加强与学校教学实践融合的不断深入，脑科学与教育的结合也会日益紧密，并将产生重要影响。特别是基于脑科学的学习能力测评和训练提升，将大大改变传统教育模式，提高学习的效率和效果。在“双减”政策的背景下，这样的变革具有非常重要的实践价值。

互联网、大数据和人工智能的蓬勃兴起，已成为推动社会发展和变革的重要力量。未来，“互联网+脑科学+教育”的全新模式将从多学科整合的角度来系统、全面、深入地评估学生的学习能力和知识掌握水平，来实现更加精准的诊断。在此基础上，我们还能发展更多个性化学习能力和学业成绩提升方法。这种方式的大范围普及和推广必将有效变革学习，并在提高教育质量、促进教育公平这一使命中发挥积极的作用。

总之，我们期望随着脑科学的不断发展和与教育融合的不断深入，脑科学将在促进学生学习能力发展，实现因人而异、因材施教的个性化、高效教育上发挥越来越重要的作用，最终实现“让每一位老师都是脑科学专家，让每一间教室都是脑科学基地，让每一节课堂都是脑科学实践”的目标。

王乐京

深圳教育装备行业协会常务副会长
前沿产业基金合伙人

利用认知科技　探索教育前沿

认知科技将如何影响人类的学习方式?

一切要从认知科学开始。而最早将认知科学的体系化应用到教育上，是约翰·霍普金斯大学教育学院院长玛利亚·哈迪曼教授。

作为一名认知神经科学家，她说："老师并不需要了解大脑中的每个化学反应机制，但是应该懂得一些基础的神经科学知识，明白学生的大脑是在不断发育的……"

基于来自脑科学、神经科学方面的研究成果，她提出"以大脑为目标的教学"模型，并于 2003 年创立了"脑靶向教学法"，希望真正破解"激发学生兴趣""让学习有效且持久"的教育难题，在情绪和认知、注意力和记忆之间，建立紧密联系，将"大脑是如何学习的"奥秘，转化为课堂实践。经过近 20 年的实践，这种新型教学法已经在美国各地蔚然成风，国内也有一些学校在做尝试性实施。

"脑靶向教学法"仍然采用传统的物理教具及依靠老师教学。认知科技则更进一步，是认知科学研究成果的工程化应用，大范围采用技术手段刺激脑神经发育。

目前认知科技的实施，不仅可以从情绪、环境、设计、掌握、应用、评估这六个方面改进教学，还可以解决在教与学环节中的三个主要问题：

（1）课堂上，孩子们的理解力和专注力参差不齐，课堂讲授难免顾此失彼。

（2）如果进行一对一的辅导，又面临着优秀老师的人力不足和精力不足。因材施教，成本太高；个性教育，有心无力。

（3）在有些地方还存在着教育条件的不完善，包括场地、设施、经费的匮乏。

认知科技下的教育，最容易让人联想到《黑客帝国》中基努·里维斯学习功夫的场景。男主角通过脑机接口输入信息，几十秒时间，额头出点汗就搞定了。对老师没了要求，对场地也没了要求。诚然，这只是科幻电影，现实中脑神经的发育是需要时间的，不可能一下子就长好、就学会。

虽然不如科幻电影，但现实中的虚拟现实（VR）实验室，却也有异曲同工之效。国内做得最好的是丝路视觉的虚拟现实（VR）实验室；国外则是丹麦的虚拟实验室和互动科学平台（Labster），它已经服务 2 000 多所高中和大学，累计融资超过 1 亿美元。

以国内的虚拟现实（VR）实验室为例。学生戴着虚拟现实眼镜做实验，根据提示一步步操作，操作体验和实际操作完全一致，整个过程不需要老师。通过教学平台，老师可以知道每个学生的学习情况，知道哪些环节学得好，哪些环节学得不好，老师可以提供针对性的指导方案。

这对教育的意义是什么呢？

原来的中考是不考实际操作的，只考试卷上的内容。现在有很多省市把实际操作也纳入考试，而且分值不低，导致很多学校手足无措，原因有两个：

第一，老师的经验不足，因为原来不用教。

第二，实验场地不足，因为不用考，所以实验室很少。现在物理、生物、化学三个实验室加起来要五六百万，对任何一所学校都是一笔不小的开支。

如果有一套虚拟现实实验室，对真实实验室的需求就会降低，对老师的要求也会有所降低。学生可以利用虚拟现实实验室做预习，也可以掌握相关知识和经验，缺的只是真实的体验。真实课堂教学的时候，学生会把他在虚拟现实实验室中学会的东西和实际体验进行整合，学习效率将大幅提升。美国做过类似的对比研究，用虚拟现实实验室，学生的学习效率，会比传统的真实实验室提高 70%以上。

这不像《黑客帝国》中通过脑机接口直接进行知识灌输，而是需要学生一步步互动化的学习和操作，既有反馈的过程，也是刻意练习的过程。但它们的共同之处是不需要老师了，至少对老师的需求大大弱化，对场地的需求也大大弱化，这解决了刚才我提到的教学环节中遇到的三个问题。

所以，即使在师资不足、条件匮乏的条件下，学生也能获得高质量、个性化的教育，这就是认知科技对教育的意义。

认知科技究竟如何运作？

我造了一个词语叫“颅内编程”，刚才学生在和虚拟现实的互动过程中，大脑神经网络也是按照期望的逻辑在生长的，所以认知科技就是利用科技手段，刺激大脑按特定的方式活动，生长出特定的脑神经网络，从而使我们掌握特定的知识和技能，这就是认知科技。

认知科技就是制订特定的学习方法和学习计划，利用交互程序、虚拟现实头盔等。第一，让学生感到快乐提升多巴胺，让学习成瘾使海马体更好地发育；第二，控制皮质醇使压力变为动力，提升短期的记忆水平。快乐与压力相结合，遵循记忆曲线不断重复，就可以刺激神经网络的发育。

下面有一个案例，就是通过程序化机制、社交化机制为学习者的海马体源源不断地提供多巴胺和皮质醇。

这些机制包括：单人学习、单人闯关、组队学习、邀请闯关、多人组队闯关、道具掉落、多人榜单、每日任务等，每一种机制都从不同的角度刺激人在学习时候的脑神经，使其更加活跃。

认知科技还可以进一步细分，其特定技术手段包括：增强现实、虚拟现实、即时互动、动作交互等。刺激脑神经生长的要素包括：多巴胺、皮质醇和海马体。目的是可以让脑神经按照特定的预期进行生长，从而可以掌握特定的知识和技能。

基于脑神经的生长逻辑去研究学习，除了能提高学习效率外，还有更多有趣的发现。

例如，基于大脑的语言逻辑，我们研发了一套语言训练引擎，发现它居然能够教授所有语言并覆盖所有年龄，打破了第二语言的学习魔咒，如哑巴外语、年龄越大越难学等问题，它可以从大脑的底层脑神经逻辑解决这个问题。

根据目前实验数据，用它来备考英语专业四级的通过率要高14%；备考日语则可以直接参加高考。整个过程中学习体验游戏化，容易产生心流，记忆效果非常显著，而且口语非常娴熟，堪比母语。

这些都是基于认知科技基础上，重新构建人类学习的方法。

人类大脑还有一个很重要的功能——遗忘。

什么样的事物会被记住？重复出现的事物会被记住，给人带来愉悦的事物会被记住，让人产生压力感到害怕的事物会被记住。

这意味着有情绪的参与，脑神经的发育会更快。

谈到这里大家还是觉得有点抽象，有点天马行空，接下来看些实际的例子。

2021年6月，美国国防部签订虚拟现实空军训练合同。这是一个已经实施的项目，训练飞行员做空对空的加油。训练方式包括虚拟现实模拟、人工智能讲师跟踪、评估学员空中加油熟练程度，并提供相应的指导。

它给美国空军带来的好处就是节约了大量成本和资源，更高效地培训了更多的机组人员。这跟教育所面临的问题不谋而合。

美国空军少校说：“虚拟空中加油训练已经被证明非常成功，以至于空中机动司令部要求将其扩展到其他更多的机型，全球打击司令部则要求将其扩大到 B-52。”他最后总结说：“这将会彻底改变美国空军训练机组成员的方式。”

在中国虚拟现实训练也已经应用到了消防领域中。怎么把训练场模拟成火场呢？在真实环境中是很难的，但通过虚拟现实技术就可以很好地模拟。训练包括：消防工具的选择和使用、灭火、破门、救人等。

无论基础教育、成人教育还是大学教育，要掌握的知识和技能远远比不上空军和消防员。在那种情况下，你记错一件事情或者反应不够迅速，面临的都是危险，甚至死亡。如果说在这种极端的条件下，认知科技的学习方式都可以提供保障和支撑的话，我们就有足够的信心去相信，这样的学习方式也可以大规模地应用到普通教育上。

相信通过这些案例，大家可以想象，这是人类历史上从来没有体验过的低边际成本、高质量互动、即时个性化的学习方法。

从产业的发展角度来看，虽然目前这一切还没有普及，但核心只是两个问题：

（1）技术成熟度不够。

（2）成本比较高。

从投资的眼光来看，这一切都会因为时间的推移慢慢被解决。

毫无疑问，有一天，认知科技会改变人类的学习方式。

张硕

西安丝路类脑科学研究院研究员
北京复数健康科技有限公司联合创始人、CEO

人工智能与机器视觉技术辅助儿童成长发育的研究与应用

——因脑施教，多样未来

一、脑科学时代下，教育的变革和启发

了解大脑一直是人类探索自我的终极目标，吸引着全球无数的研究者。进入21世纪以来，中国、美国、欧盟以及日本等国家纷纷发布了各自的脑计划，各种脑科学理论的研究层出不穷，如脑功能分区、运动躯体控制、神经突触生长与裁剪以及神经可塑性等，这说明我们已经快速进入“脑科学的时代”。

这里我们从实际工程落地与行业应用角度出发，简单提几项脑科学领域的成果，以启发我们对教育的重新思考。

□ 脑功能分区：这是人类绘制大脑图谱的勇敢尝试，结构决定功能，功能标记结构，通过对大脑各个部分功能的研究和学习，能够更好地了解大脑，认识其功能和结构。其中对躯体运动控制区域和功能的深入研究，让我们逐步认识到人类运动有着从粗大控制到精细控制，从近端控制再到远端控制的发展规律。这启发我们应如何更好地指导儿童和青少年的身体运动发育。

□ 神经突触：俗话说“三岁看老”。研究证明神经突触会在三岁时达到整个生命周期的峰值，接下来的日子神经会随着生活和环境的影响，慢慢裁剪并固化。基因决定大脑蓝图，环境塑造大脑核心。中国传统寓言故事里的“孟母三迁”也强调环境对大脑发育的决定性作用，教育往往是在塑造环境并以此来间接地影响个体发育。神经突触生长和裁剪理论的发现，坚定了我们对教育的意义和作用更深刻的信念，也给我们各阶段的课程设计和干预时机提供了理论依据。

□ 神经可塑性的发现与大脑的衰老，同样也确定了通过行为和环境的影响是可以干预大脑神经回路构建的，这为教育方案的制定提供了思路和依据。除此以外，它还可以更多地应用在疾病治疗或康复复健领域，帮助患者恢复某项功能，助力回归生活、工作和社会。

脑科学时代已经来临，新时代下教育工作者会有什么改变呢？我们认为，脑科学时代下的教育工作者，兼具了“科学家”与“工程师”的双重属性。

□ 科学家通过科学方法发现世界，教育工作者通过脑科学发现个体，了解个体。

□ 工程师通过工程技术创造世界，教育工作者通过脑科学创造个体，塑造个体。

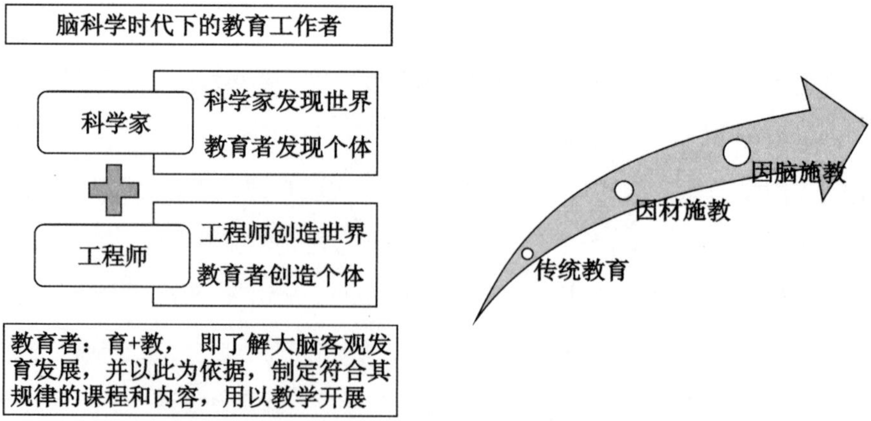

因而，脑科学时代的教育者，更贴合“教”和“育”这两个字，即了解大

脑客观发育发展并以此为依据，制定符合个体发展规律的课程和内容用于教学开展，使教育从传统教育走向“因材施教”，直至走向“因脑施教”，即未来真正的素质化、个性化、多样化的教育。

二、脑科学在教育领域落地应用的路径初探

正如上文所述，脑科学的发展突飞猛进，各种理论层出不穷，如何将脑科学应用到实际的教育领域或其他各行各业，是本文探讨的重点。对于脑科学的发展，这里我们从“采集”“测量”“干预”几个维度来进行分析。

现阶段的脑科学研究大多还处在科研或者临床阶段，主要是完成各模态脑信号的采集和数据的分析整理，并最终进行相关方案干预或研究的辅助。

（1）采集维度，主要是从采集方式来描述，包括有辐射/无辐射、有创/无创、连续/非连续等。从功能性磁共振成像、脑电，到近红外脑功能成像等，逐步通过成像的方式来直观了解大脑的结构，乃至大脑内部的各种活动。

（2）分析维度，主要是运用工具展开计算与分析，诸如二维或三维的影像分析（分割与识别、定性与定量等）、一维曲线分析、统计分析。

（3）干预维度，主要是应用。目前更多的还是在临床治疗领域，往往以有创方式直接进行大脑的干预，诸如脑深部电刺激治疗癫痫等。

脑科学要想走入生活，要实现在开放的、主动的、动态的教育场景下的应用，上文所述的设计逻辑是无法满足实际要求的。在教育领域对大众进行运用，需要对上述三个维度都进行优化升级，需要做到采集的无创无感、动态连续；分析的多层次解构、定量化；干预的开放执行、跟踪反馈。

如何做到以上几点？其实脑科学研究本身就已经给出了答案。大脑如何控制特定行为是神经科学的重要研究领域，精确量化各种行为特征是揭示其背后神经调控机制的前提。因为实验研究已经证明，神经精神疾病的发生发展与神

经环路结构与功能紊乱常常互为因果，脑科学研究也往往以实验动物为研究对象，深入研究特定神经环路对特定行为的调控机制，从而理解神经精神疾病行为异常的关键神经节点和调控机制的关键。

因而行为作为大脑与外界交互的媒介，天然具有可观察、可测量和可评估的属性，是我们研究脑科学，尤其是应用脑科学的关键。这里我们提到的行为是广义的行为，即人类智能体与外界交互的总和，包括四个维度，即理性行为（也就是通常我们说的思考、决策、判断），感知行为（视觉、听觉、触觉等感官），动作协调控制（姿态、动作、活动，也就是狭义的行为），以及我们还在探索的高级智能（情感、灵感、创造等）。

随着机器视觉和人工智能技术的快速发展，我们正在逐步对人类的各项智能行为进行学习和建模，这为脑科学工程落地提供了很好的底层工具。因此，通过观察、测量和评估行为，并以行为干预为手段，进行大脑的塑造和促进，是脑科学在教育领域落地很好的抓手，能够同时满足上面的三个维度，即采集的无创无感、动态连续；分析的多层次解构、定量化；干预的开放执行、跟踪反馈。

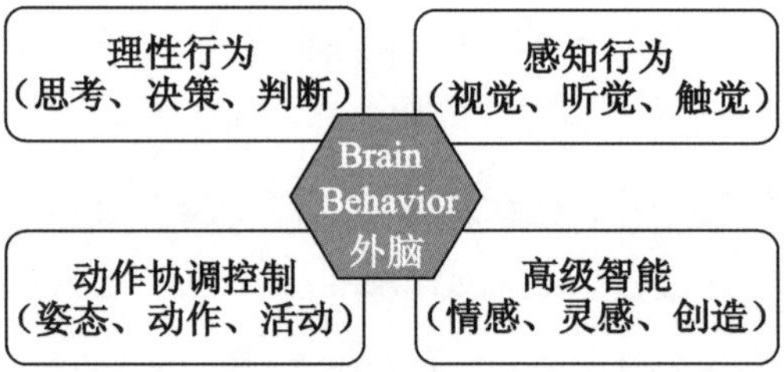

广义的行为，是人类智能体与外界环境所有交互的总和——基因给大脑只提供了基础的一个蓝图，大脑的真正构建是通过与环境的持续交互来完成的。

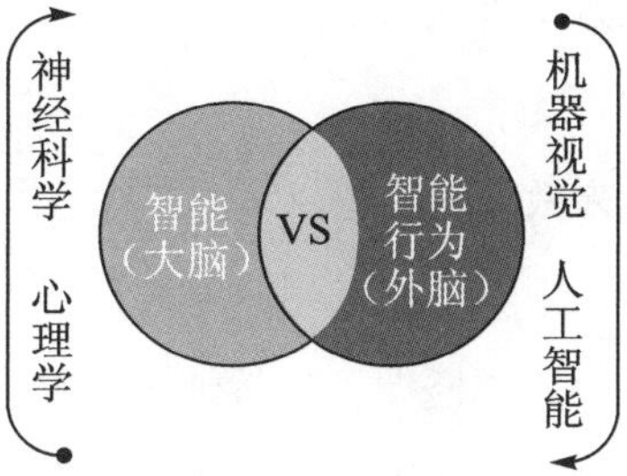

智能行为是可观察、可测量和可评估的。人工智能的任务就是要把四种智能行为变成计算模型，从而模拟智能行为来达到智能。

三、脑科学在教育领域落地的应用案例

聚焦行为，以行为解构分析为手段，我们联合相关单位，在儿童成长发育、体质测评，以及儿童孤独症干预治疗等领域进行了实际落地示范。

（1）在儿童成长发育方面，通过联合相关托育中心采集数据，主要围绕0 6岁儿童的成长发育展开，通过视觉+人工智能的方式辅助托育中心和家长对婴幼儿的发育有一个准确和定量的认知，对每月龄儿童的粗大运动、精细运动发育进行自动的监测和评价。

（2）在儿童体质测评方面，联合相关幼儿园和小学，对儿童和青少年体育课程进行多角度的视频采集，通过对视频中的姿态提取和相关动作标准度的评价，给出过程化的、动态的、全面的儿童体质能力报告，诸如身体的对称性、平衡性、协调性、机动性和稳定性等，以帮助辅助老师指导各专项能力的训练和发育。

（3）在儿童孤独症（即自闭症）领域，结合机器视觉技术，对培训过程录像进行智能的行为分析，包括但不限于起始动作捕捉、交流状态统计、表情识别以及刻板动作监测等，在治疗师、家长与儿童之间建立一种更加定量化和智

能化的桥梁，来辅助治疗方案落地实施。

四、脑科学时代，未来教育的展望

传统的教育，依赖教师人工授课，其教师个人综合能力具有决定作用，且无法跨越地域限制，服务时间、范围和专业能力受限。现阶段教育从电子化到数字化，再到人工智能+教育，技术的加持使教育看似更加“智能化”，但更多地还是围绕“监测（异常）+干预（定向）”的模式，诸如注意力监测、应试能力定向加强等，这其实是一种技术驱动的更深层次的同质化教育。技术的进步，更应该关注的是信息的收集、可视化展示，可解释性以及辅助分析，最终的干预则要交给教育工作者。

脑科学时代应以脑科学为指导，使教育可以“知其然知其所以然”，构建“监测+解构+定制+干预”的主动闭环模式。监测为了了解行为，了解行为为了解构大脑，进而更好地了解每个个体，最终进行个性化课程设计，真正实现“因材施教”，真正符合“因脑施教”。

从传统教育到智能教育，从智能教育到因脑教育，脑科学时代，教育终究会走向真正的尊重每个生命个体的健康的、个性化的、多样化的、素质化的教育。

贾少微

深圳市科爱脑科学研究院院长
北京大学医学部教授

新时代的素质教育

——婴幼儿脑智发展医学生物学可视化证据

一、胎儿素质教育应从妊娠第 20 周开始

可视化影像学证实，“素质教育”可从胎儿期、婴儿期开始。抓住这段时间进行基础素质教育，培养孩子独立自主的能力可影响孩子的未来。中国古语中的“一岁看小，三岁看老”已经被初步证实。胎儿与婴幼儿时期是大脑发育最快、吸收信息最为敏捷的时期，到三岁左右，大脑 70%~80% 的脑细胞已经形成缠结，这时环境、人文刺激对于孩子大脑的发展起着至关重要的作用。

1. *新生命——胚胎发育过程*

神经系统发育：妊娠第 3 周中枢神经和周围神经形成，发育出中枢神经和周围神经系统；第 5 周发育出前脑、中脑、后脑 3 部分；第 8 周末，神经系统的大体结构已基本形成。

反射机能的形成和发育：妊娠第 8 周，反射运动的解剖结构已经形成；第 12 周出现反射机能的形成和发育；第 17 周大脑控制行为反应和活动开始，接触、压迫、震动可引起胎儿的反射活动。

胎儿心理机能的形成：妊娠第 6 周形成皮肤触觉；第 7 周眼睛形成；第 12

周出现眼睑；第28周眼睑打开；第24周听觉感受器发育成熟，嗅觉发育，能够嗅到母亲的气味并记忆在脑中；第26周味觉形成，第32周能够辨别苦和甜。

思维和记忆的形成：妊娠第20周脑的记忆功能开始工作，胎儿能够记住母亲的声音并产生安全感。第32周根据脑电波已可以清楚地分辨出胎儿的睡眠状态和觉醒状态，胎儿出现萌芽意识。

2. 儿行千里母担忧——找到了生物学依据

胎儿细胞在怀孕期间迁移到母体并居留在母体内。已发现胎儿细胞会迁移到母体几个不同的器官，并持续留居母体几十年。微骨髓胎儿细胞则存在于各个母体组织和器官中，包括大脑、血液、骨髓、皮肤和肝脏。

用小鼠做实验，在小鼠大脑中也发现了鼠胎儿细胞。胎儿细胞似乎还瞄准了损伤部位，举个例子，就是微创可能对女性的免疫状态有重要影响，或者影响自身免疫力和对移植的耐受性。

研究进一步证明，胎儿细胞可跨越胎盘和血脑屏障，具备迁移到不同组织以及分化成多种细胞类型的能力，这可以推进干细胞静脉移植的策略，对智障儿童干细胞治疗提供新的依据。

3. 当婴儿大脑识别出母亲的瞬间

在成年人的大脑中，有的区域更喜欢看到面部和与社交相关的事物，有的区域更喜欢看到环境和物体。核磁共振成像显示，婴儿大脑中很多区域对场景或面部表现出了和成年人一样的偏好。

二、幼儿全脑开发的重要价值

1. 大脑越用越灵的科学依据

日本学者研究显示，人在学习和记忆时产生θ波，并传递到大脑海马区，刺激这一部位的神经祖细胞。神经祖细胞会发育为新的脑神经细胞，这种刺激最终将使脑神经细胞增殖。因学习而产生的 θ 波可促进脑神经细胞生成，从而说明学习可使大脑更聪明。

2. 腹有诗书气自华

研究发现，激发左侧额中回（Left middle frontal gyrus，LMFG），大脑对刺激的反应是中文比英文更活跃，写作比阅读更活跃，此外，还发现该区域在通过写字学习汉字，比通过语音学习汉字更活跃。结论是写作区域也在阅读中被激活，并且这种读写的联系受学习经验的调节，不受语言能力水平影响。

3. 读书能养气，乃为善读书

姜洪新、陈昭燃等应用功能性磁共振成像（fMRI）、弥散张量成像（DTI）等成像技术，研究唐诗背诵时大脑内传导通路及皮层兴奋区，并将脑的结构和功能研究结果联系起来，绘制出脑功能、结构和神经网络图谱。他们发现背诵时大脑内传导会通过大脑复杂的网络系统。由此可见，琴棋书画作为生活中的乐趣，在促进大脑神经网络架构多部位链接方面可以起到重要的作用。

4. 教育评估方法影响儿童的神经处理和表现

标准化教育评估现在很普遍，它们考虑更多的是评估内容，而不是如何以最佳方式评估学生的能力。我们使用功能性磁共振成像识别和量化了当前一系列标准化拼写，并评估方法在性能过程中的神经相关性。结果表明，随着评估方法认知负荷的增加，儿童的测试成绩下降。激活与工作记忆相关的神经节点进一步表明，这种性能下降可能是认知负荷增加的结果，而不是内容的复杂性。这些发现提供了对评估（重新）设计原则的见解，以确保评估结果准确反映学生的真实能力水平。

5. 体育运动能改善大脑的血液循环

在学习工作中，当感觉头昏眼晕、注意力涣散、思考迟钝，是脑血糖浓度下降和脑代谢产物蓄积（表 1）、神经递质阿片肽和多巴胺等神经递质减少的缘故。运动可改善大脑血液循环，清除脑内堆积的代谢产物，并可明显改善大脑的能量和营养物质供应。

表1　学习时间、血糖浓度与大脑反应

学习时间	30 mins	90 mins	120 mins
血糖浓度	120 mg/dL	80 mg/dL	60 mg/dL
大脑反应	速度快、灵敏	开始减慢	迟钝、记忆力差

海马体位于大脑丘脑和内侧颞叶之间，主要负责短时记忆的存储转换和定向等功能。有研究显示，有氧运动活动训练可增加海马体血流灌注，并可使海马体体积增加2%，改善记忆功能。

三、孤独症、多动症、抽动症、抑郁和焦虑症

1. 正电子发射断层/磁共振成像（PET/MRI）影像学所见

孤独症、多动症、抽动症、抑郁和焦虑症是常见的儿童和少年的精神疾病，应用目前顶级的正电子发射断层/磁共振成像设备（PET/MRI）可清晰地显示和定位大脑病灶和程度，为治疗提供可视化指南。

2. 大脑顶叶功能与损害

大脑顶叶是感觉中枢和其他许多重要区域。

顶叶受到损害，可出现异常感觉或感觉障碍、运用不能（失用症）、失读症、自身空间失认、精神性体像障碍、病灶对侧同向性下象限盲、空间定位障碍、幻多肢、痛觉失认、脸面失认及身体萎缩等症状。

3. 大脑颞叶功能与损害

颞叶负责处理听觉信息，也与记忆和情感有关。

颞上回的41区和42区及颞横回为听觉皮质区，颞上回的后部在优势半球为听觉言语中枢，并包括颞中回后部及顶上小叶的缘上回和角回。海马回钩为嗅味觉中枢。颞叶的前部为精神皮质，人类的情绪和精神活动不但与眶额皮质

有关，与颞叶也大有关系，海马体则与记忆有关。

颞叶功能损害，常见定向障碍、情绪紊乱、幻觉、错觉及记忆缺损、攻击、自残、惊恐、发怒、听力障碍、癫痫发作、记忆障碍、感觉性失语、命名性失语等。

4. 小脑功能与损害

小脑的主要功能是调节躯体平衡，调节肌紧张，协调随意运动。

小脑功能损害，常见肌阵挛性小脑性协调障碍、小脑共济失调，爆发语言、辨距不良或尺度障碍，轮替动作障碍，协同障碍，反击征、眼球震颤、肌张力变化。

5. 丘脑功能与损害

丘脑功能，丘脑是感觉的高级中枢，是最重要的感觉传导接替站。来自全身各种感觉的传导通路（除嗅觉外），均在丘脑内更换神经元后，特异投射到大脑皮质。丘脑与下丘脑、纹状体之间有纤维互相联系，三者成为复杂的非特异投射系统投射到的皮层下中枢。

丘脑功能损害，常见病变对侧肢体轻瘫、病变对侧半身感觉障碍（以深感觉为主）、病变对侧半身自发性疼痛、对侧肢体共济运动失调、病变对侧不自主运动、意向性震颤（如手足徐动、舞蹈样运动）等。

四、智障儿童康复与教育

1. 智障儿童康复与教育矫治三大原则

①康复的全过程提高运动能力原则。

②密切结合现实生活的实用原则。

③循序渐进的原则，避免一成不变的学习过程。

促进智障儿童运动能力，改善人际关系、语言沟通、日常行为等缺陷。消除过分行为，避免与消除固定僵化行为、仪式性和其他刻板重复动作以及僵化的思维方法等。

2. 提高智障儿童素质——强化训练科目

强化训练内容是目光对视强制训练、嗅觉语言训练、听觉语言训练、视觉语言训练、心理语言训练、平衡觉训练、精细感觉训练、浅感觉训练、深感觉训练、情感训练、认物训练、形象语言训练、特殊交流训练等。

分论坛二　未来学校

王素

中国教育科学研究院未来学校实验室主任

未来学校的迭代与发展

各位专家，各位同仁，下午好，非常高兴有这样的一个机会能与大家在这里分享中国未来学校的迭代与发展。

中国未来学校实验室（CFSL）始建于2014年，其宗旨是以研究为基础，为政府决策提供支持，为学校发展提供理论引导、整体解决方案、评估和实践指导。2014年我们发布了未来学校创新计划1.0，开始了我们对未来学校的研究与探索。未来学校从2014年发展到现在经历了三个阶段：2014—2016年，以教育要素创新为切入点，探索未来学校建设；2017—2019年，以育人目标转变为核心，系统规划未来学校；2020到现在，以未来社会发展需求为牵引，构建未来教育生态。

在未来学校发展的第一阶段，我们主要思考了三个问题：第一，为什么要建未来学校？第二，未来学校的基本特征是什么？第三，中国未来学校的发展路径是什么？

为什么要建未来学校？这是由时代决定的。我们先来看一下2014年的发展坐标，2014年正处在教育大变革的前夜，此时处在教育3.0、网络3.0和工业革命3.0的时代。在这个时期，科技和社会的发展对人才提出了新的需求，需要具有 21 世纪技能的人，而教育的主流仍然停留在 2.0 阶段，标准化的教育仍然是这个时期的教育主流。这种教育现状已经不能满足社会发展的需求，因此全世界都在探索教育发展的新路径，就是建设未来学校，为未来社会培养人才。

2016 年我们发布了《中国未来学校白皮书》，在这个白皮书当中我们第一次系统地梳理了我们对未来学校的认识，描述了未来学校的基本特征。我们是从课程、学习空间、学习方式和学校的组织形态四个方面来描述未来学校的基本特征的。我们认为未来学校的课程应该具有契合、融合、联合的特征，所谓的契合指的是学生的发展和社会的发展相契合。融合是指学习内容要与真实生活相融合，各学科之间相融合，具有跨学科的特征。联合是指学校要与社区与家庭联合，学习不应仅仅发生在课堂内。此外，我们对于学习方式、学习空间和组织形态的未来学校的基本特征也进行了描述。

在 2014—2016 年这个阶段，中国还没有新建的未来学校，所以我们探索的重点是已经存在的学校如何向未来学校的方向转变。我们认为，这个时期最有效的实践路径就是以教育要素创新为切入点，通过空间、技术、课程的融合改变学习方式。沿着这样的实践路径，我们在一些学校进行了尝试和探索，并取得了比较好的效果。教师们的反馈是，这个改变的过程是痛苦而快乐的，最终改变的不仅仅是空间，更重要的是教师的理念以及学生的学习方式。

2017—2019 年进入中国未来学校发展的第二阶段，这个阶段我们的工作是以育人目标为核心，系统地规划未来学校。

2016 年年底，山东省潍坊市高新区教育局邀请我们协助潍坊高新区建设一所未来学校，这使我们有机会能够把我们的理念付诸实践。这所学校的名字是潍坊未来实验学校，学校已经在 2019 年建成开学。

这个时期，我们思考的主要问题是如何建设一所未来学校，包括未来学校的培养目标是什么？未来学校的课程框架、组织架构是什么样子？如何把教育理念体现在学校的建筑与空间设计当中。

学校建设是一项系统工程，它包括学校的建筑与空间、学校的文化、组织、课程、教学以及教师等很多要素，但是在各种要素当中，最核心的就是培养什么样的人，提供什么样的学习内容以及用什么方式进行学习。

我们在对这些问题思考的基础之上提出了未来学校的学生画像、课程结构和课程内容。

中国的教育方针提出培养德智体美劳全面发展的社会主义接班人，未来学校致力于培养充满激情并且有能力实现梦想的学生，未来学校的学生在世界的舞台上应该是一个自我引导者、素养构建者和社会参与者。而自我引导就是要了解自我和悦纳自我；素养构建者需要发展能力并能够终身学习；社会参与者需要能够合作沟通并积极行动。我们做了未来学校的学生画像，未来学校的学生画像分为三个层面，第一层也是最核心的是学生的动力系统，我们称之为自我智慧，主要是态度和价值观的建立；第二层是能量系统，我们称之为理性智慧，包括元认知、认知和知识体系；第三层是操作系统，我们称之为实践智慧，这一层主要是让学生能够进行协作，并且能够把所学的知识和能力转化为积极的行动，能够参与社会解决问题。

在中国未来学校（CFS）课程设计当中，我们思考了如下问题，如何将学生画像中的智慧发展指标落实到学生的行动上，如何将国家课程标准与未来学校学生发展指标有效地衔接，如何能够帮助学生，从对未来的预期转换到他们的行动与反思中，如何使未来学校课程在多重复杂的社会当中能够发挥积极的作用。为此我们构建了标准化与个性化交织的双螺旋课程结构。

我们也梳理了课程与学生画像之间的关系，为了实现学生的培养目标，我们设立了四个领域的课程，即生活适应性课程、社会适应性课程、自我适应性课程和未来适应性课程。

学生的智慧发展目标和课程领域之间的对应关系如下：

中国未来学校（CFS）课程内容结构，最核心的是学生画像，接下来是培养目标、课程领域、课程模块、课程门类、课程实施、课程评价和整个课程生态。同时我们也对未来学校的组织架构进行了思考。

在完成了对未来学校理论的一个基本思考之后，我们开始和设计师一起进行未来学校的建筑设计规划。这也是我们第一次与建筑设计师合作建设学校。在学校设计当中，我们认为学校的课程体系决定了学习空间的分布，比如室内空间和室外空间，户外不仅仅是绿化，也是学习空间，要与课程相配合去设计。普通教室在过去主要是用于学科教学，而目前学习方式多样化，尤其重视项目式学习、游戏化学习、体验实践类学习，那么学校的教室应该是什么样？教室外需要非正式学习空间吗？它与教室是什么关系？如何排布？这些都应该由课程的类型决定。而学习方式决定了建筑空间的布局，我们的理念是学习过程具有流动性，学习群体具有社区性，学习方式具有多样性，因此整个学校建筑的布局是非线性的布局，按照学习社区来构建学习区域，正式学习和与非正式学习的空间是相互联通的。

在未来学校发展的第三阶段，我们主要是以社会发展需求为牵引来构建未来教育的生态，这个阶段从 2020 年一直到现在。

2020 年是不平凡的一年，这一年发生了很多事情，坐标已经进入教育 4.0、网络 4.0 和工业革命 4.0 的时代。这一年很多国际组织都发布了对未来教育、未来学校的认识和展望。这一年也发生了改变世界的疫情，很多学校都经历了停课，同时教育也进入在线教育大发展的时期。这个时期的教育特征是数字化、智能化、个性化、多元化，以及共创成长和终身学习。

这个阶段，我们思考的主要问题是如何把未来学校从理想变为现实？未来学校发展的模型是什么？未来教育的生态是什么？生态当中各个要素如何发挥作用？怎么样才能让各个要素之间形成有机的生态系统？

我们构建的未来学校的发展模型，由三部分构成：（1）教育的理想；（2）实践的主体学校，学校需要把课程、教学、技术、空间、教师发展等方面的理想转变成具体的可操作的策略；（3）外部环境，它涉及管理体制、社会环境、资金投入、认知水平以及政策环境等因素。这三个要素要相互配合才能够真正形成一个适应未来社会发展需求的高质量教育。

我们还需要构建未来教育的学习生态。我们认为教育不仅仅发生在学校内部，同时还会涉及家庭、社会、同伴、教师和行业专家、社会资源等。各种要素在这个学习生态中会发挥不同的作用，最终形成有机相互配合的生态系统。在未来教育的生态当中，我们重点研究了学校、教师、家长、社区这几个主要的要素。

什么样的教师才能适应未来教育的发展？我们做了未来学校的教师画像，它包含 5 个维度，18 个类别，60 个条目，这 5 个维度是职业认知理解能力、学生发展指导能力、课程重构能力、教学创新转型能力和信息技术融合能力。同时我们也探索了新型的未来教师的研修模式。我们心目当中理想的未来教师的研修是个性化的，是根据每一个人的实际需求开展的专业化发展。因此，我们首先要对教师现有情况进行诊断，同时开展线上线下相融合的研修模式，在这个过程当中我们既要考虑到个性化，同时也要考虑到专业性。研修的形式由研修内容决定，包括一对多、多对多、个体反思、实践体验等不同的形式。

此外，我们还提出了未来家长能力结构。我们认为未来的家长在除了具有核心的价值观和基本品质之外，还要具有七大养育能力，包括游戏力、沟通力、情感与情绪力、榜样力、规则性和学习力。他们对学生能够提供八大学习支持，同时还能够积极地与学校相互配合，并形成一个良好的“家校社”共育生态。这个模式我们已经在一些地区的学校开展了实践，并取得了良好的效果。

未来学校一直在路上，今天我就分享到这里，谢谢大家的关注。

曹培杰

中国教育科学研究院副研究员

个性化：人工智能（AI）赋能的课堂

人工智能正在开启一场比工业革命的发展速度更快、涉及面更广、颠覆性更强的社会变革，它推动经济社会从数字化、网络化向智能化加速跃升，并给教育带来了重大的机遇和挑战。李德毅院士认为，教育是人工智能冲击最大的行业，它不是一个学科、一个环节的调整，而是全新的、全方位的挑战。一方面，人工智能正在触发一场剧烈的社会分工调整，传统教育培养出来的“标准化人才”反倒不如机器更有竞争力，要“把人的社会性和情感教育置于应对新工业革命的高度”。另一方面，传统以死记硬背、被动接受为主的教学方式正在遭遇一场重大危机，由于过于强调学科本位，很容易就把知识变成了“知识点”，深挖知识细节，割裂学科之间的联系，让学生“只见树木、不见森林”。

随着人工智能不断替代重复性劳动，教育业务流程的智能化和自动化明显加速，一旦达到某个临界点，就会触发教育组织方式的重大调整推动大规模标准化教育走向大规模个性化学习。2019 年 2 月，中共中央、国务院印发《中国教育现代化 2035》，将“加快信息化时代教育变革”作为十大战略任务之一，明确提出“利用现代技术加快推动人才培养模式改革，实现规模化教育与个性化培养的有机结合。创新教育服务业态，建立数字教育资源共建共享机制，完善知识产权保护制度和新型教育服务监管制度。”但是我们也清醒地看到，人工智能在改变传统课堂面貌的同时，也带来了一些新问题：“课堂形态没有明显变化”“学生视力不断下降”“智能精准的刷题”“技术赋能应试教育”“把黑科技变成了师生监控器”……新技术不仅没有成为课堂转型的助推器，反而强化了传统课堂的弊端，把原来的“人灌”变成了现在的“电灌”和“智灌”。如何改变现状，推动人工智能赋能课堂的深度转型，需要做好三方面工作：

第一，人工智能赋能精准推送。“人工智能+课堂”将从依靠经验转向依靠数据，在学生自画像和学科知识图谱的支持下，制定个性化的资源推送方案，实现“尊重差异、发现差异、利用差异、发展个性”的精准学习。一是学情分析，利用人工智能对学习行为数据进行深度挖掘，帮助教师准确把握学生个体的认知特征和班级群体的共性问题。二是学习资源自动推送，通过建设大规模、细粒度的数字资源库，对知识内容进行特征标记，根据学生的目标、能力、个性特征等因素制定个性化的推送方案，实现学习者和学习资源的双向匹配，更好地满足学习需求。三是学习关系的重新联结。真正的个性化学习不仅是学习路径的定制化，而且是学习关系的精准匹配。过去，智能教育更多关注于学生的认知发展，在非认知特征识别、师生交互关系判断等方面存在不足。新一代人工智能正在从数据计算走向感知计算、情感计算，通过分析学生在学习活动中呈现出来的非认知特征，包括学习兴趣、学习动机、学习投入程度、课堂交互情况等，帮助教师真正读懂学生，匹配适合的学伴和导师，更好地满足他们的情感和心理需求。

第二，人工智能赋能流程再造。相对于工业时代的大规模集体教学，“人工智能+课堂”将会打破班级、年级、学科的界限，形成一种灵活弹性的教学组织形态。以在线教育为例，为实现疫情期间“停课不停学”提供了关键支撑，有力保障了亿万学生的受教育机会。但不得不承认，这次大规模在线教育更像是一间间复制出来的“网络教室”，仍然以班级为基本单元、以统一讲授为主要方式、以分科课程为内容载体，学生通过在线观看教师讲课来学习知识，从而实现对传统课堂的还原。为了保证在线教育的正常开展，学校不得不对家长提出明确要求，由家长代替教师来监控和管理学生，由此造成了各种“翻车现场”，一时之间“上网课太难了”竟成为全社会的关注热点。实际上“人工智能+课堂”不同于班级授课，个性化学习、任务型驱动和社会化参与才是关键。所以，“人工智能+课堂”要打破班级、年级、学科的界限，积极开展跨班级共享教师、跨学校选修课程、跨区域协同教学等实践创新，探索形成一种全新教学组织形态。

第三，人工智能赋能场景重构。人工智能将打破封闭的办学体系，推动学习从教室场景、学校场景走向社会场景。学生的学习场所不再固定，随着课程的不同，既可以在教室，也可以在社区、科技馆和企业，甚至可以去不同城市游学。而学校本部则更多是提供学习环境、成长导师以及富有特色的校本课程。最终，学校将突破校园的界限，任何可以实现高质量学习的地方都是“学校”。利用可穿戴设备和自然交互技术，把全社会的优质教育资源都引入课堂，让学生在教室里就能和各行各业的专家进行互动，包括与科学家联合开展实验、与工程师共同研发项目、与艺术家合作完成作品、与思想家进行深度对话等，从而实现学校与社会的无缝连接。同时，利用网络学习空间拓展学校边界，推动线上线下教学有效衔接，开发体系化的数字教育资源，让任何人在任何时间、任何地点都能获取所需的任何信息，实现无处不在的无边界学习。

祁彧

山东省潍坊未来实验学校校长

中国未来学校（CFS）的实践之路

山东潍坊未来实验学校始建于2019年，是中国教科院未来学校实验室在全国打造的首家未来学校实体样板校、领航校。学校建筑面积16万平方米，是一所基础教育（K12）建制的学校。作为未来学校的全国首家实体样板校，学校从图纸规划阶段就是按照未来学校的需求打造的，最外显的一个特质就是非正式学习区占比非常大，接近总建筑面积的60%。同时在学校发展过程中，我们还特别关注学生的成长和智慧，关注学生个性化学习和学习生态的建立。今天我从如何打造“三位老师”的视角跟大家分享我们的实践之路。

在学校教育中，一句经常被引用的瑞典谚语是这样说的：“一个孩子有三个老师：第一个老师是其他孩子，第二个老师是老师，第三个老师是教室。”如何理解这句话呢？

第一位老师告诉我们，要以学生为中心，促进同伴的共同成长；第二位老师让我们关注到教师自身素养的提升和课程体系的构建，第三位老师让我们关注到学习空间和学习场景。

一、以学生为中心，促进同伴共同成长

1. 整体规划中的学生视角

整体规划中的学生中心是学校创建和发展的基础和前提。我们期望办一所让思维有序通达、让学习真实发生、让身心健康成长的学校，它包含了学生成长和学习方式变革两个层面。

学校有一条连接六栋主教学楼的通道，我们称之为星光大道。之所以称其为星光大道，是因为我们希望让老师们认识到，每个孩子都是一个自身会发光的恒星。之所以有的星星我们看不到，不是因为它不会发光，只是因为它距离我们远而已，只要你用心走近他们，就会看到他们每个人身上的光芒。

我们选用了最朴实的校训，希望让刚踏入校门的 6 岁孩童也能看得懂，同时当他们走出校园、步入社会，甚至年过半百后还能有新的理解和感悟。

这就是对未来学习者的画像，它关注了学生的终身发展，希望每一个学生都能够成为自我引导者、社会参与者和素养建构者。以此为基准，我们全面梳理了培养维度和路径。

2. 学习方式变革中的学生视角

学习方式变革是未来学校建设中最为重要的一个方面。其学生视角的体现主要是从三条路径进行尝试。第一条路径是理念的聚焦，主要关注内驱力、大脑发育和思维发展；第二条路径是学习形式的选择，主要确定了三种基本的学习方式；最后一条路径是为学生提供学习的脚手架，即四种学习方法。

在内驱力方面，我们主要抓住自主、胜任和关系这三个要素。不管采用哪种学习方式，在实施过程中都要给予学生充分的选择权、话语权和评价权，要让每个孩子都能积极参与，所以很多活动我们都是全员参与的。要让他们有更多展示交流表达的机会，在活动过程中能被老师、被同伴、被父母、被社会所

赞赏，要让孩子有更多的机会被他人关注，让他们处于焦点，能有机会融入团队、了解社会。

聚焦大脑发育，就是要求我们在学习方式变革中一定要遵循脑科学发展原理，比如遵循脑缘系统和脑皮质发育的特点，采用多种方式持续促进脑缘系统发育，不让其提前终止。同时，也不提前促进脑皮质发育。也就是说，小学阶段要尽可能给孩子提供安全感，关注被爱、被接纳、被尊重等情感内容。到了12岁也就是初中之后才是脑皮质的快速发育期。

聚焦思维发展，就是关注概念的建构过程，关注学科建模，而不是单一的记住事实。

这三个维度的聚焦就是学习方式变革的纲领，我们将之有效地融入学习方式的形式设计之中，确立了三种基本的学习方式。两年来我们应用过的各类学习方式，归根结底都源于这三种基本类型。

游戏化学习是我校目前应用最为广泛的一种学习方式，已经覆盖到所有科目和各类课型之中，像语文的拼音游戏、数学思维与体验游戏、计算思维游戏、英语情境游戏等，已经初具未来模样。

合作学习也已经是我们的教学常态，孩子们已经习惯了小组合作，具备了基本的合作素养，在合作中善倾听、愿交流、会协作。

同时，每个学期我们也会进行丰富多彩的项目式学习和主题式学习。既有持续几个月的长周期项目，也有短周期项目。项目式学习也已经成为学校一道亮丽的风景线。

在学习方式变革的实践中，我们还尝试着把游戏化学习、反馈式学习和自适性学习三种学习方式相融合，在低年级阶段实施了为期一个月的游考。这里的考当然指的是评价，但这里的考与平时的考又是不同的。这里的评价是全覆盖的，不仅学科全覆盖，而且还做到了知识点、能力点的全覆盖。

“游”有两层含义，一是指游戏，游考的过程是游戏化、参与式、体验式的。同时“游”还有游泳的含义，就是说学生在游考的过程中是自由的、是流动的、是变化的，他们对结果不满意可以选择再次考，考的时间也是由孩子们自己选择。

“游”让孩子们更好地适应考的要求，同时考又反过来对“游”进行反馈和调节。游考过程中既有个人也有团队，在为期一个月的游考过程中，每个孩子既是考生，也是老师，他们相互学习，共同提升。在游考中没有失败、没有不及格，有的全是进步和被赞赏。有一次，一个一年级小男孩拿着盖满进步的游考单跟我们于校长说，老师你看，我全是进步。小男孩脸上是满满的自信，我想这就是学习方式变革的价值所在。

二、内隐教师发展，外显课程体系建设

接下来介绍我们如何打造第二个老师。主要从教师内在素养和课程两个维度进行打造。

1. 教师素养的阶梯发展

这是我们设计的 CBS 教师培训模型，其中 C 是教师培训的内容，源自刚才王素主任介绍的未来教师能力等级发展框架，B 就是三条混合式的培训路径；S 就是可以采用的四种培训场景。

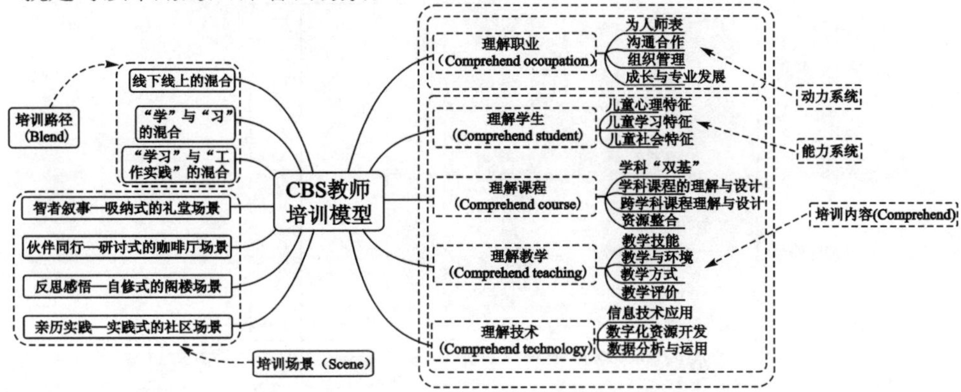

具体实施时，我们按照专业理解—趋势分析—统筹布局—定制培训的流程进行（如下图）。

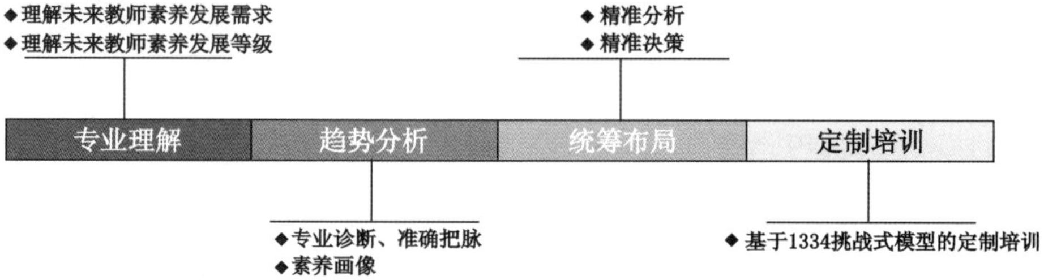

专业理解就是对未来教师能力等级框架进行认真的解读，对教师素养发展要求有更加清晰的理解和认识；趋势分析则是更好地理解本校教师的素养现状，对教师进行专业诊断和素养画像；在此基础上进行整体规划，明确教师阶梯化发展目标；最后进行针对性培训，为不同层级教师提供不同内容和形式的培训，同时融入研训一体的培训模式。例如，针对年轻教师和新入职教师，我们就开展了每日教研的这种学习与实践的混合式培训，这样的场景每天都能看到。这种培训模式契合了心流发展理论，让培训更加适应教师的发展需求。

2. 课程体系的双螺旋构建

这是课程整体架构的三维图谱：

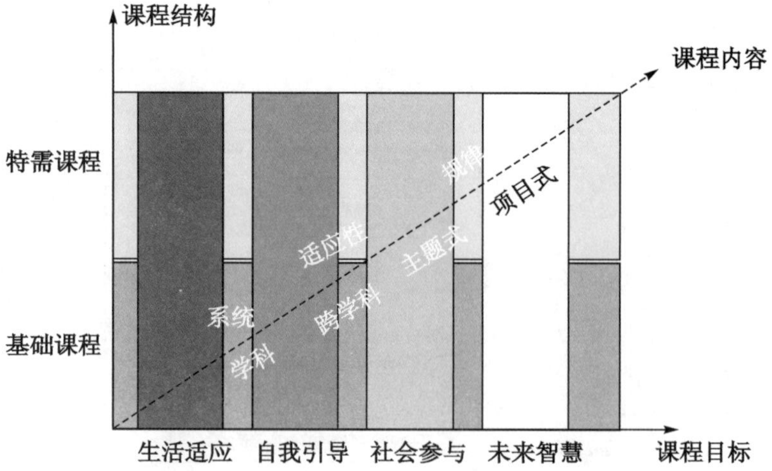

X 轴是课程目标，我们将国家课程和中国未来学校（CFS）课程的目标整合，从生活适应、自我引导、社会参与和未来智慧四个维度进行梳理。Y 轴是课程结构，也是采用的双螺旋结构，包括特需课程和基础课程。Z 轴是指课程内容，中小学的课程内容是不同的。

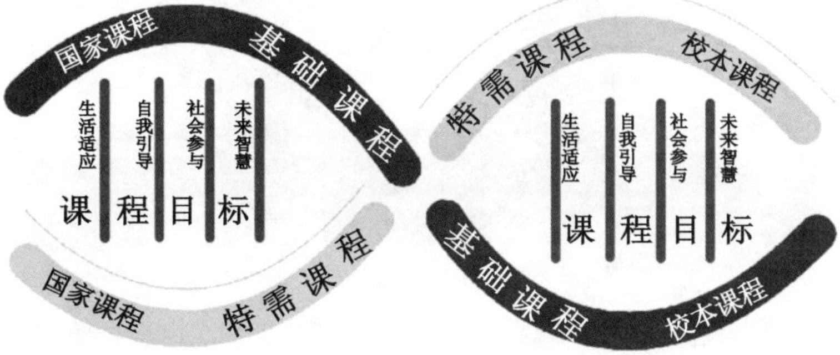

上图就是课程结构的双螺旋结构图。其中深色代表的基础课程是指所有学生都参与的课程，这里面既包括国家课程，同时也包括一部分校本课程；而特需课程则是针对部分学生进行的，以满足个性化学习的需求，这里面也包含国家课程和校本课程两个方面。螺旋中间的桥接就是四个课程目标。

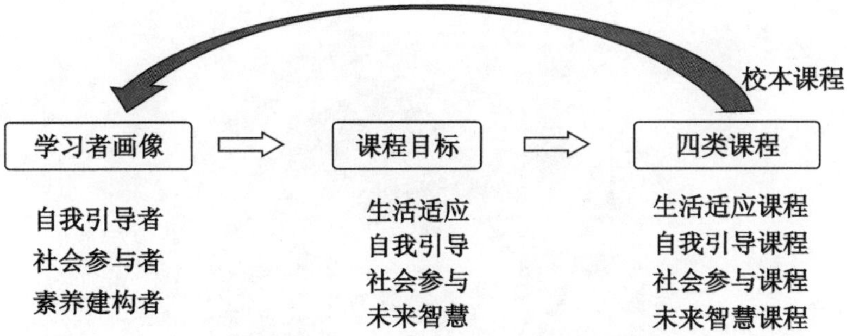

课程目标源自学习者画像，再依托课程目标规划四类课程，这四类课程的有效实施就可以完成学习者画像（见上图）。以此为基础，我们进一步构建了未来学校的课程场域（见下页图）。

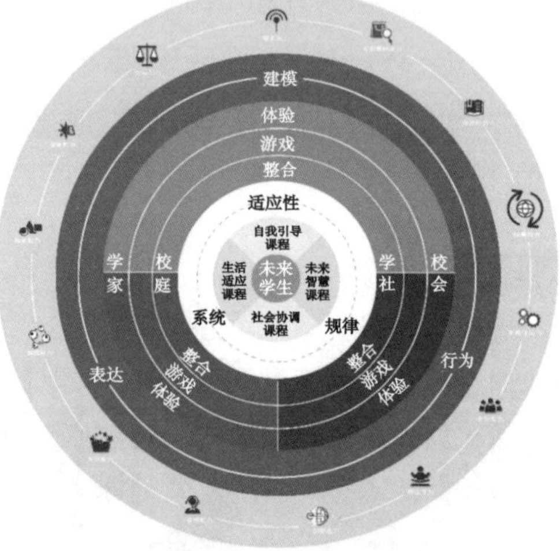

这是小学未来课程场域模型。中间是未来学生画像，画像外圈层是四大类课程。再往外的白色圈层是课程内容，以“系统、适应性和规律”三个大概念进行统领。然后紧接着的圈层是课程的组织，以“体验、游戏和整合”为形式，在学校、家庭和社会三个不同区域实施。再向外是课程评价，在课程评价中，我们重点关注的建模、表达和行为的有效达成。最外圈是课程的教学策略，主要关注思维的发展与建构。

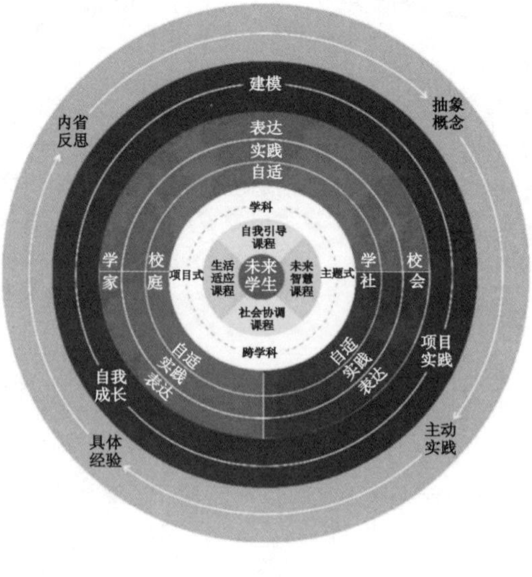

上图是初中课程场域模型。其中课程内容、课程的组织、课程评价以及课程的教学策略与小学都有所不同。初中课程主要是学科式的，以项目式、跨学科和主题式等内容为主体。课程的组织侧重表达、实践和自适。课程的评价则关注建模、自我成长和项目实践。教学策略主要遵循库伯学习圈进行。

依托课程的双螺旋结构，我们设置了几十类课程项目，这几十类课程项目在两年中都得到有序推进和实施。

几十类课程项目的扎实有序推进，对于一个新建学校来说是很困难的。在具体实施过程中，我们主要从两个方面下功夫，一是抓推进实施，二是抓研发设计。

在推进实施中做到三合，即整合、融合和聚合。

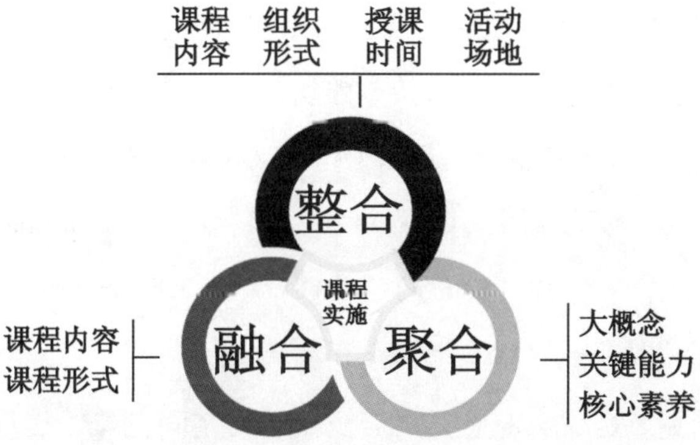

整合就是整合课程内容、整合课程的组织形式、整合授课时间、整合活动场地。比如为期三周的入学课程、晨起情绪力课程等主要体现整合要素。融合主要强调融合课程内容和课程形式。比如我们的大师课程、儿童哲学课程。聚合就是从素养和能力维度进行，以大概念建立、关键能力和核心素养达成为核心，比如我们的圆桌思辨课程。在实际过程中，三合也并不是孤立进行的，也是相辅相成的。

到了具体的课程研发阶段，我们主要借鉴追求理解的教学设计（UBD）教学法的思路，首先进行的是课程目标梳理，再对应学习者画像的各子维度，进行课程目标分解。

然后依据目标进行评价维度的思考，即量规先行。关注量规，不仅可以让我们的老师更好地理解目标，同时也可以保障课程内容和教学实施不出现偏差。还有更重要的一点就是，量规让个性化学习成为可能，学生阅读量规就会对课程目标有了清晰的认知，满足了自适应学习的需求。

明确了目标和评价，接下来才是课程内容的编制，以及实施后的反思、调整和迭代。

三、打造学习空间，丰富未来学习场景

最后一个老师，就是学习空间。个性化学习需要丰富的学习场景做支持。作为未来学校的全国首家实体样板校，潍坊未来实验学校在建设之初就致力于学习空间的重构，力争打造一所学习型建筑，并根据我们从实践中总结的“CLDSA 原则”［“C”课程（Course）、“L”学习（Learning）、“D”发展（Developments）、“S”学校（School）、“A”美学（Aesthetics）］，从五个维度为儿童创设技术支持下的多样态学习空间。

“CLDSA 原则”是潍坊未来实验学校在学习空间创建中提炼出来的实践路径。其中第一个字母“C”是课程（Course）英文的首字母，意指学习空间建设要与学校课程进行联结；第二个字母“L”是学习（Learning）英文的首字母，意指学习空间要支持学生的各种学习活动；第三个字母“D”是发展（Developments）英文的首字母，意指学习空间要能有助于学生成长和教师的职业发展与提升；第四个字母“S”是学校（School）英文的首字母，意指学习空间要与学校的办学理念、学校文化以及学校发展需求相契合，满足学校的发展需求；最后一个字母“A”是美学（Aesthetics）英文的首字母，意指学习空间建设要有美感，具有艺术气息。

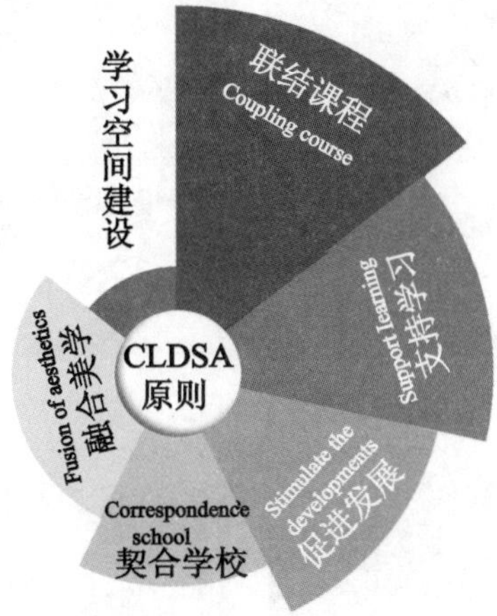

1. 联结课程

学校的空间建设不是简单地布置一些墙面，展示一些办学理念、校风校训之类的内容，而是要有用。有用的第一个要素就是要对接课程。

从顶层设计中，我们依托中国教育科学研究院八大主题课程，构建规划了八大中心；从局部设计来看，我们充分利用大量的非正式学习区，与课程进行了有效对接。例如，小学1号教学楼，四个楼层空间每个区域的规划设计都是与课程一一对应的。

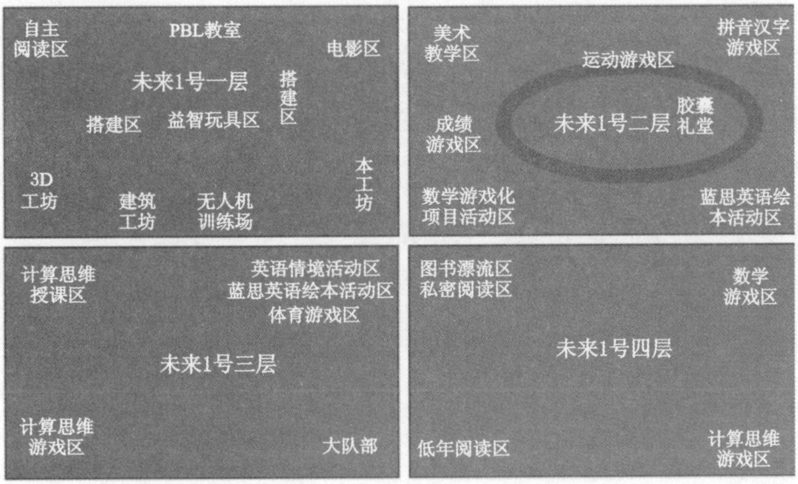

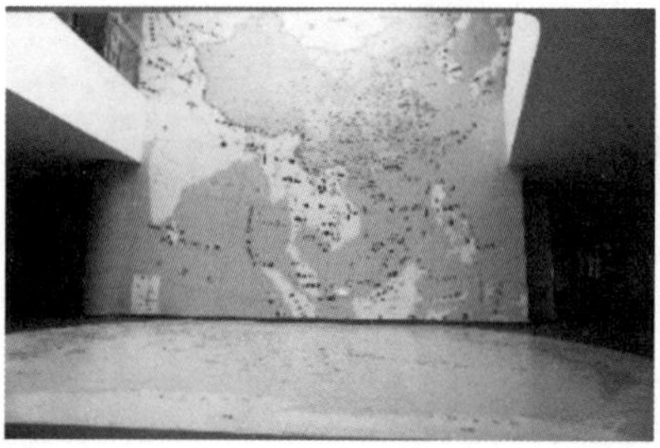

课程与学习空间的连接，不仅体现在宏观的整体布局上，还体现在微观的局部场域的设计之中。如星光大道中的历史长廊，就是融合各个学科的课程内容进行设计的；学科长廊中各墙面内容的选择、拼音转盘及游戏设备、运动场地的选择、英语活动区域等区域空间设计，也都充分考虑到课程需求，借助空间帮助学生突破学习中的重点和难点。

2. 支持学习

究竟什么是真实发生的学习我们先不妄下定论，但我们知道真实发生的学习一定不仅仅是原先那种居于教室内的学习，一定不是教师单纯讲授式的学习。真实发生的学习是顺应学生的思维发展，尊重学生的个性特征，打破原有接受式的、整齐划一式的学习。这样的学习即需要个人的思考和内化，同时也需要与同伴协作，需要与真实的社会和生活相融合。为此，在空间设计时我们着重构建了四类学习场景，让空间尽可能地与学生进行对话，并体现学科内的融合和多学科整合，使这些空间都可以有效支持学生的各类学习活动。比如浓缩社会真实场景的云上小镇的空间，让沉浸式学习、体验式学习、参与式学习变成可能。

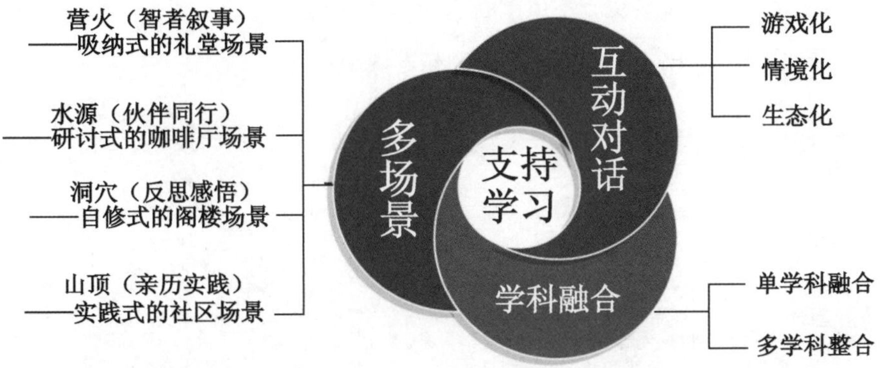

3. 促进发展

儿童在不同发展阶段需要的支持是不同的，空间建设要充分考虑到不同年龄段儿童身心发育的特点。例如，鉴于小学一年级学生刚刚进入学校，从情感上来看，他们对学校周围的一切都很陌生，又面临着与幼儿园时期完全不同的课程学习，内心难免会有焦虑情绪。从身体发育来看，这个时期很多儿童的身体协调性、灵活性还没有发育好，需要更多的支持以帮助他们快速成长。从自我发展角度来看，这个时期是成长型思维建立的最佳时期，也是自我管理意识建立的最佳时期。基于这样的认知，我们在一年级学生所在空间，设计了一个较大型的类似感统训练的活动区域，同时以“大树人”的形象将成长型思维、自我管理等融入空间之中，来更好地促进学生的发展。

同时，在空间建设过程中，我们还需要关注的一个要点就是要从内驱力视角进行思考。空间建设不能成为学校领导自己的事情，空间建设要成为激发师生参与学校建设和参与学习活动的抓手，让空间能够更好地支持学生展示、表达和被赞赏。

4. 契合学校

学校空间建设还要与学校整体文化、办学理念和发展愿景相契合，是学校文化的直观表现。

学校大门处的浮雕（见下图）是学校整体思想的一种表达。“起·承·转·合”的浮雕表现手法，不仅蕴含着对未来学生成长的期望，尊重平等的学生观，同时也表现出了中西文化的交融与发展。

步入校园后的彩色雕塑，寄予着学校对孩子们校园生活的美好祝愿和培养宗旨——“快乐成长”。

星光大道中我们做了学校文化的集中体现，既有校风、学风、教风的呈现，也有未来学校发展模型的系统布局，全面呈现了未来教育场域的教育生态。

“生活即教育”作为学校核心价值观的一部分，也巧妙地融入空间设计。在艺术中心有一面垃圾桶墙面，这源于阿里巴巴的企业文化，而我们想传递的是一种理念——艺术无处不在，艺术来源于生活，也一定要服务于生活。

“未来学校的行动与思考”圆桌论坛实录

一、圆桌论坛嘉宾与研讨主题

该圆桌论坛邀请到四位重要嘉宾，分别是湖南省泸西县思源实验学校校长杨志祥、深圳市福田区教科院院长郭其俊、电子科技大学实验中学校长张平福、中国教育科学研究院博士后袁野。圆桌论坛由中国教育科学研究院未来学校创新计划项目主创成员、中芬教育创新研究中心主任康建朝博士主持。

该圆桌论坛的主题是“未来学校的行动与思考”。讨论的主要话题包括四个：（1）学习的生态圈：学校、社区、家庭的融合；（2）区域如何推动未来学校建设；（3）技术赋能：未来学校助力乡村教育发展；（4）未来学校与高质量教育。

二、主持人第一问：如何理解未来学校与高质量教育的关系？未来学校能否以及如何助推教育高质量发展？

2021 年 11 月 3 日上午，中共中央、国务院在人民大会堂举行 2020 年度国家科学技术奖励大会。其中，北京大学教授马思伟（我的山东老乡），获得了国家技术发明一等奖。他的团队项目“超高清视频多态基元编解码关键技术”，支撑了我国首个超高清频道 CCTV-4K 的开播等重大应用，近三年取得七十多亿元的直接经济效益。

言归正传！当前，我国已开启了全面建设社会主义现代化国家的新征程，立足新发展阶段、贯彻新发展理念、构建新发展格局、推动高质量发展，必须坚持创新在我国现代建设全局中的核心地位。

未来学校建设与探索实质上也是一种教育创新，目的在于推动教育获得更高质量的发展。何谓未来学校难以定论，国内外研究“仁者见仁，智者见智”，实践了多种多样的做法。但有些基本共识是，未来学校与工业化时代诞生并延续下来的学校模式不同，要改变和突破以知识传授为核心、工厂式的学校建筑和学习空间、学科割裂的课程设置、整齐划一和标准化的教学与学习等传统守旧的教育模式。

首先想请各位嘉宾谈一谈，如何理解未来学校与高质量教育发展的关系？未来学校能否以及如何助推教育高质量发展？

嘉宾回答：

郭其俊院长：实现高质量教育是未来学校创新发展的应有之义，未来学校本身就是高质量发展的学校，如果是低质量发展的学校肯定不能称之为未来学校。未来学校的质量不能只用分数来衡量，未来学校的质量要既能保证学生当下的成功，也要能实现学生未来长足的发展。未来学校要处理好长远发展目标和短期发展目标之间的关系，教师要具备提高教育教学效率的专业能力，学校应该能为学生提供成长发展所需要的一切必备的物质基础，技术要为学校教育高质量发展赋能。另外，未来学校的组织形态也要发生系统性变革，要更加注重对学生多元文化理解、社会交往、信息获取加工、学习思辨等核心素养与能力的培养。未来的学校与各类社会机构的联系与合作将更加紧密，转化利用一切可能的社会资源为学校教育赋能。学校建筑和学习空间将变得更加自然、生态、灵活、开放、智慧，以满足不同个体的学习需求。新技术应在教育教学中得到更广泛深入的融合应用，使教学更有针对性，学习更加个性化。所有这些都会助推未来学校朝着高质量发展的目标不断迈进。

张平福校长：我们学校参与未来学校创新行动计划已有七八年时间。实践表明，未来学校理念对学校高质量发展的引领作用非常明显。何谓教育高质量发展，不同的人理解可能也不同，但有一点是肯定的，那就是聚焦于学生的成长与发展。未来学校教育的高质量发展是一个复杂的系统性概念，包括家校社融合、学校组织形态的变革、育人目标与学习方式的重构、课程形态的探索与重塑等。

杨志祥校长：我认为学校高质量发展就是实现学生全面发展，在国家课程基础上增加一些社团化、校本化、综合化的课程，依托课程的多样化与个性化来促进教育高质量地发展，让学生能够根据自身特长与兴趣获得多样化的学习机会，实现高质量的成长发展。

袁野博士：目前对“高质量教育”尚未有统一的定论，但高质量教育相较目前的教育现状一定是“提质增效”的。“提质”表现在未来学校关注未来人才的培养，以培养适应未来社会发展、契合未来社会需求的人为目标，关注对人核心素养的培养。培养目标的转变会引发教学方式变革、评价方式的变革，契合目前教育高质量发展的要求与趋势。“增效”表现在未来学校强调技术赋能教育，通过信息技术与教育教学创新融合推动精准教育、自适应学习的发展，最终实现传统教育不可及的大规模因材施教。

三、主持人第二问：区域层面如何推动未来学校建设？

中国教育科学研究院于 2013 年率先启动中国未来学校创新计划，联合全国 20 个实验区，其中包括北京海淀区、深圳福田区、成都青羊区、广州荔湾区、天津和平区、大连金州区等。这也是我们院的教育综合改革实验区。另外，还有 8 所示范校，包括深圳南山实验教育集团、成都七中初中学校、北京日坛中学实验学校、电子科技大学实验中学等，以及 300 多所联盟校，开展了一系列富有想象力的实践探索，也陆续在天津、成都、北京等地组织召开了大型研讨活动，推动学校在学习空间、课程体系、学习方式、教育技术、组织形态等方面实现协同创新，努力探索面向未来的新型学校形态。

我想请各位嘉宾，一方面，谈一下区域层面在未来学校建设与探索方面的思索与实践；另一方面，从学校立场出发，如何更好地回应落实区域层面的相关政策与要求。

嘉宾回答：

郭其俊院长：深圳福田区在未来学校建设方面一直在探索和持续推进中，主要有以下几个着力点：一是对老旧学校按照未来学校理念进行改造升级提质；二是新校园的建设注重体现未来感，能够满足学生无限畅想，确保学生对教育资源的可获得性与易用性。总体来说，过去几年我们抓住了机遇，全区很多校园都得到了改观改善。三是在中国教科院未来学校实验室的指导支持下，全区开展“云+端”学校建设和教育实践，区教科院定期组织参与实践的教师开设公开课，为其他学校教师提供经验借鉴，努力将“云+端”从教育实验变为一种教育常态。四是从实体学校向虚拟学校探索转型，建立了名为“教师书院”的虚拟学校，通过教师能力的培养提升促进学校的整体发展。五是全面开展了AI赋能教育的初步探索实验与学校相关实践的展示活动，旨在让学校和教师通过切身体验和参与及时跟上技术发展的步伐。六是全面推进课堂的革命性变革，通过大规模的主题为“课堂革命、福田表达”的课堂创新展示活动，为骨干教师在课堂变革中的新经验、新发现提供展示的舞台。

袁野博士：以东莞松山湖未来学校专项实验区为例，在区域推动未来学校建设方面可以总结为理念引领、以点带面和全员参与三个重要举措。在理念引领方面，市委、市政府和教育主管部门高度认同未来学校理念，深入了解相关理论与实践，并对区域的未来学校发展进行了中长期顶层设计。在以点带面方面，东莞启动了松山湖未来学校的建设，全面实践未来学校理念，推动育人目标、课程、课堂、评价的全方位改革。同时，以松山湖未来学校为牵引，成立未来教育集团，在集团校中分主题、分领域实践未来学校理念，并已辐射至松山湖片区，旨在未来辐射东莞全市。在全员参与方面，东莞通过在全市范围组织“未来课程设计大赛”，以赛促学，通过配套的教师培训、课程设计指导，有效将未来学校理念落实到一线教师中，加速推动区域未来学校整体建设。

杨志祥校长：泸溪思源实验学校坐落在湖南，是湘西自治州的南大门，是一所年轻的充满活力的学校。这所学校的办学定位是“平民化的精品学校”，所谓“平民化”就是让所有老百姓的孩子都能进得来，读得起；所谓“精品学校”就是教育装备高起点，校园文化高品位，教师队伍高素质，课堂教学高效率，全面育人高质量。空间策划定位是“文化校园、书香校园、智能校园”，让学生在学校里养成良好的习惯，积累扎实的知识，拥有创新的精神，对学生终身发展负责，为学生成功人生奠基，让孩子成为最好的自己。我认为，好的教育应该是培养终身运动者、责任担当者、问题解决者和优雅生活者，给孩子们健全而优秀的人格，赢得未来的幸福。泸溪思源实验学校始终以培养“会健体、会担当、会探索、会生活”的“四会”好学生为使命，构建开放性课程体系，实现混合型学习方式，全面提高学生综合素养。

四、主持人第三问：未来学校学习方式如何变革？如何理解高质量学习是高质量教育的根基？

学习方式变革是未来学校的关键。中国教育科学研究院未来学校实验室在2016年发布的《未来学校白皮书》中，提出了基于项目的主动学习、面向真实的深度学习、基于证据的智慧学习、突破校园的无边界学习等方面，向未来的学习方式变革。如项目式学习主要是让学生基于项目任务，使用多学科知识解决问题，更好地实现书本知识向实践能力的转化。面向真实的深度学习，主要通过主题式教学设计，面向现实世界的真实问题重组教学内容，采用主动的、探究的学习方式，培养学生应对复杂情景和解决真实问题的能力。基于证据的智慧学习，主要是利用新的技术手段测量学生的认知特点和学习特征，评估学生的优势潜能和最佳学习方式，从而更好地实现因材施教等。未来学校的学习方式应该如何变革？

嘉宾回答：

张平福校长：学习方式变革是一个常谈常新的话题，我认为面向未来的学习要注重生态型和情感性等。下面我从三个方面与大家分享我的认识与理解。一是高质量教育的根基是高质量学习。高质量学习的根基之一是科学的学习方式。政策、课改、“双减”等着力点之一是育人方式改革，其核心是培养学生的终身学习技能。德智体美劳五育并举，为构建高质量学习的生态提供可能性——新的育人目标、学习边界、学习内容、学习方式、评价方式等，学习方式变革是最重要的内涵之一。二是高质量学习的重要因素是科学学习方式。我们学校围绕学习方式变革着力搭建学生学习的五层楼：学习兴趣，学习方法与方式，学习习惯，学习效能，终身学习。我们注重学生同时开展直接学习和间接学习，以及基于情感的主动学习和被动学习。从技术角度讲，线上线下结合的混合式学习、沉浸式学习、泛在学习等值得重视。研究型学习与个性化学习是未来需要探索的重点方向。此外，我们的学生还需要开展生涯规划学习和终身学习等。三是陶行知的“鸡娃”之道值得我们学习借鉴。有一次，陶行知先生在武汉大学演讲，走上讲台，他不慌不忙地从箱子中拿出一只大公鸡。台下的听众全愣住了，不知陶先生要干什么。陶先生又掏出一把米放在桌上，然后按住公鸡的头强迫它吃米，可是公鸡只叫不吃。他又搬开公鸡的嘴，把米硬往鸡的嘴里塞，公鸡拼命挣扎，还是不肯吃。陶先生松开手，把鸡放在桌子上自己退后，公鸡自己就吃了起来。陶行知先生这才开始演讲：我认为教育就跟喂鸡一样，先生强迫学生去学习，把知识硬灌输给他，他是不情愿学的，即使学也是食而不化。但是如果让他自由地学习，充分地发挥他的主观能动性，那效果一定会好得多！这个故事启示与告诫我们：即使是学生需要的，也要引而后学——不强迫，不强制，不控制。中国古圣先哲对“非智力学习”有诸多智慧和经验，值得我们系统梳理，为当下基础教育综合改革提供“新”的视野。当下教育同仁要理性思辨，求同存异，凝聚共识：回归学生发展规律，回归学生认知规律，回归教育科学，回归学习科学。

五、主持人第四问：未来学校建设中家校社如何更好地合作共育？课程体系如何重构？

在未来学校白皮书中，我们提出未来学校的课程要具备契合、融合、联合三大特征。如学校课程要契合学生个体认知、性格、情绪等特点，满足学生个性化发展需要，要契合区情和校情，彰显地方文化特色和学校价值主张。未来学校的课程要实现学科之间的融合，使知识由分裂、封闭、单一，走向整合、开放、多元；要实现知识与生活、知识与社会实践的联合等。

另外，习近平总书记在2018年全国教育大会上指出：“办好教育事业，家庭、学校、政府、社会都有责任。”家校合作研究专家伊斯·埃伯斯坦（Joyce L. Epstein）曾言：没有哪类教育话题比“家庭与社区参与学校教育的必要性”能获得更多认同。苏霍姆林斯基曾言：“只有学校教育而没有家庭教育，或只有家庭教育而没有学校教育，都不利于完成培养人这一极其复杂的任务，最完美的教育应是两者的有机结合。”朱永新教授也曾指出，学校、家庭和社区不是相互孤立的教育“孤岛”，而是彼此联系、互相补充的“环岛”。

针对未来学校建设中的家校社共育问题或课程体系创新重构问题，我们想请嘉宾自由发言，谈一下背后的思考或实践探索。

嘉宾回答：

郭其俊院长：在家校社共育这个问题上，我们需要思考有没有主育与辅育的区别定位，在学校课程建构方面，我们需要思考的是有没有主课程与辅课程的功能区分。国家大的政策对家校社共育的提出，并未否定学校育人的主阵地作用，面向未来的学校建设发展，仍要以学校育人为主。在此基础上，学校固有的围墙也要适当打破，家长也要成为学校教育的一部分，家长要深度参与学校育人与管理工作，社会也要成为教育的重要支点，对学校教育提供重要的支持与配合。在课程体系构建方面，国家课程的重要性不容忽视，还是要坚持国家课程的基础性和根本性，在此基础上尽最大可能促进学校课程更加丰富与多元。

六、主持人第五问：未来学校如何助力乡村教育发展？

在国家“十四五”规划的开局之际，我国在实现全部脱贫的基础上，进一步实施了乡村振兴的战略计划，如《中共中央国务院关于全面推进乡村振兴加快农业农村现代化的意见》和《乡村振兴战略规划（2018—2022年）》等一系列重要文件。而乡村振兴的根本是人的现代化，人的现代化的基础在教育，其中乡村教育振兴是乡村振兴在教育领域的延伸和体现。在新的历史时期，乡村教育肩负着新的历史使命，也面临着新的机遇和挑战：在全面实现脱贫的基础上，乡村地区广大人民群众对于享受高质量教育的愿望更加强烈。一些地区在乡村教育振兴方面涌现出的新案例，激活了乡村学校的微细胞，预示着乡村教育发展的诸项可能。

湘西自治州是习近平总书记“精准扶贫”重要论述的首倡地，2020年打赢了一场史无前例、感天动地的脱贫攻坚大决战，义务教育基本均衡督导评估通过国家验收，泸溪基础教育均衡发展经验作为“湖南唯一”成功入选中国基础教育典型案例。可以说，“泸溪经验”为全国推动乡村教育振兴，实现乡村教育优质均衡发展提供了样板和落地思路。

我想有请泸溪县思源实验学校杨志祥校长结合重点谈一下本校在未来学校课程构建方面开展了哪些方面探索实践，取得了怎样的经验，有哪些进一步思考和未来探索的方向。

嘉宾回答：

杨志祥校长：我们学校构建多元化的课程体系，旨在让孩子成为最好的自己。泸溪思源实验学校在智能时代到来之际充分挖掘外部社会一切有利的教育资源，与社区、家庭形成良性互动，构建开放多元的办学格局。学校的课程由校内空间，走向大自然、走向社区、走向社会，使学习无处不在、随时发生。

*首先是构建多类别的个性化课程。*为了挖掘地方特色资源，传承民族文化，促进学生个性化发展，自2014年办学以来，学校在每周星期一、星期五下午2点半到4点半借助“三园两馆一楼”（即劳技园、游戏园、健体园、求索馆、

体育馆、艺术楼)，全校自主走班式为学生开展以“寻找自信的我”为主题的校内社团活动课程。目前，学校已组建唢呐、琵琶、架子鼓、苗鼓、辰河高腔、立体装饰画、踏虎凿花、动漫创客、街舞、跆拳道、竹竿舞、苗歌、轮滑、足球、排球、攀岩等，艺术审美类、民族文化类、健体竞技类、科技创新类等67个科目，127个班。与此同时，为弥补专业教师不足的缺陷，学校专门聘请当地非物质文化遗产传承人和艺术特长专家共26人来校执教，如专攻传统手工艺踏虎凿花的民间艺人、唱得了地方戏曲辰河高腔的剧团演员、绘得出富有民间色彩的蜡染装饰画艺人等，他们纷纷走进课堂。越来越多的社会人士成为课后服务师资力量的有益补充，形成全社会合力办学的新格局。

其次是拓展社会化的实践性课程。智能时代下的学校不再是唯一的学习场所，家庭、社区、农场、企业等都是学生获取知识的地方。我校利用美丽乡村建设中校外的岩头河的蚕桑基地、狮子山的葡萄基地、红土溪稻香鱼基地、苗家古村落等，开设校外季节性实践活动课程，即春季的校园文化进景区，夏季的采桑叶、品葡萄，秋季的快乐劳作进田间，冬季的苗家村落我来美等活动。

再次是探索跨学科的主题式课程。基于学生发展的核心素养促进学生综合素养养成，在已有学科和学科拓展的基础上，给学生提供跨学科的学习体验，提高学生跨学科的能力，弥补简单的分科学习的不足。力图在基础型、拓展型、探究型三类课程的基础上增加综合课程的探索，打破学科壁垒，适度整合学科主题，通过更全面、更系统、更整合的视觉，来设计综合创新课程。将国家课程、地方课程、校本课程中重复交叉的内容，采取删减、融合、增补、重组等方式，增加课程实施的综合性，灵活开展大小课、阶段性课程。实现基于生活的问题发现和问题解决，能在课程学习中促进合作与协作能力的提高，能在课内、校内外自主实现多种学习经验的关联与转化，并促进学习方式的改变。我校以校园的“桃李园”“清心廊”“忆苦田”为载体建设跨学科的主题课程，突出季节的主题序列，即“桃李园”的“桃李感知季”“桃李观赏季”“桃李品尝季”“桃李文化季”；“清心廊”的“花种子求生记”“花仙子历险记”；“忆苦田”的“播种之歌”“耕耘之美”“收获之乐”，从而探索建设跨学科的学习空间，打造一种全新的学习生态圈。

我们认为，学生的健康成长需要全社会的共同参与，让我们把学生看作自己的孩子，用心、用情一起关爱、一起呵护，让孩子成为最好的自己。

七、主持人第六问：如何用一句话表达对未来学校最简要的理解与认识？

郭其俊院长：跟上未来学校建设的步伐，是每个教师生命中最美好的年华！

张平福校长：未来教育永远在路上，我们一起努力做好未来学校建设与探索！

杨志祥校长：未来已来，让我们用行动、用心、用爱，一起呵护我们所有的孩子，让他们真正成为最好的自己！

袁野博士：未来学校要培养未来社会真正需要的人才！

八、主持人总结

非常感谢各位嘉宾对每轮问题的精彩发言，其中有很多思想闪光点，也充满了实践智慧！20 世纪上半期盛行于美国的进步主义教育运动代表、著名教育家杜威曾言：“新教育和旧教育的对比，不在于进步教育和传统教育的对立，关键在于究竟什么东西才有资格配得上教育这一名称，根本问题在于教育本身的性质，而不在于给它加上什么修饰的形容词。我们缺少的而又是必需的教育，是纯粹的和简单的教育。”

各位嘉宾的总结发言都非常好。最后我们再次感谢各位嘉宾！我也要感谢王素主任对我的信任，提供这次与各位嘉宾对话的宝贵机会！还要感谢中国教育三十人论坛对我们发出的邀请和提供的对话平台！

中国教科院未来学校创新计划项目主创成员康建朝博士总结整理

2021 年 12 月 10 日

分论坛三　非智力学习

陶沙

北京师范大学教授

我国学校心理环境特点及其对学生认知与学业成就的影响

1 引言

学校是除家庭以外对学生发展影响最大的微观系统（布朗芬布伦纳 Bronfenbrenner，1979）。学校为学生营造了在安全与秩序、接纳与支持、公平与公正、鼓励自主与合作等多方面的心理环境体验，构成了学校心理环境的核心成分（陶沙等，2014；Thapa et al.，2013）。学校心理环境，也称学校氛围，可从学生个体独特经验和学校群体共同经验两个层次考察（陶沙等，2015；van-Horn，2003），前者反映了每个学生对学校积极心理环境的主观知觉，是学生发展个体差异的重要来源；后者反映了同一学校学生对其所在学校环境的共同知觉，构成影响不同学校学生发展的重要情境因素。

学校心理环境对学生的学习动机（Eccles et al.，1993；Marsh et al.，2008；Wentzel et al.，2016）、学业表现（张平平等，2011；鲍振宙等，2013；李文桃等，2017；Zysberg et al.，2021）、心理健康状况（Ford et al.，2021）和情绪适应（许有云等，2014；Jia et al.，2009；Wong et al.，2021）具有广泛影响。美国教育部和疾控中心、世界卫生组织、经济合作与发展组织、联合国教科文组织等机构近年来都将学校积极心理环境及其改善作为促进学生健康、防止辍学和改进学校质量的重要课题（陶沙等，2014；Thapa et al.，2013）。但是，目前的研究很少探讨学校整体的心理环境和学生个体知觉的心理环境在学生成长中的作用，也较少探讨学校心理环境影响学生发展的条件、亚群体差异。为此，本研究基于具有良好全国代表性的数据，探讨了全国中小学学校心理环境的特征及城乡、地区异同，进一步分析了学校心理环境与学生认知和学业成就的关系及调节因素，并讨论了促进建设积极的学校心理环境的政策建议及教育启示。

2 研究数据来源

学校心理环境的数据来源于中国儿童青少年心理发育特征调查项目（董奇，林崇德，2011）。该项目首次在国内教育、心理领域采用分层三阶段不等概率取样设计，依据综合反映教育、健康、生活水平、社会环境等方面的发展指数，将全国 2 859 个区县（港、澳、台地区除外）划分为 4 区 14 层，采用分层概率抽样方法，随机抽取 100 个区县、600 多所学校，最后在样本学校中随机抽取一定数量的学生（每个年级约 30 名学生）。其中，学校心理环境数据来自全国 100 个区县、421 所学校、12 023 名 4—6 年级学生的报告，认知能力发展和学业表现的数据分别来自同校另外 12 019 名和 10 826 名学生的报告，有效控制了已有研究中信息来源为同一样本时可能存在高估相关性的问题。

3 研究结果

3.1 我国中小学学校心理环境的特征及其城乡、地区异同

首先，无论在发达地区还是欠发达地区，中小学在学校心理环境上普遍存

在一些亟待改善的问题。结果显示，目前我国中小学学校心理环境在鼓励自主与合作、接纳与支持方面普遍存在问题。中学学校心理环境在学校安全上的问题也相对突出。

其次，研究结果显示，无论在城市还是在农村，都存在学校心理环境好的学校和学校心理环境差的学校。因此，无论所处地区的经济发展水平和城市化水平如何，学校都应高度重视学校心理环境的监测和改善。

最后，心理环境不良的学校在生源、师资、课程方面存在突出问题。在生源方面，心理环境不良的学校中，处境不利儿童（包含流动儿童和留守儿童）的比例更高，父母受教育水平和家庭收入更低，校长和教师的高学历（本科及以上）所占的比例更低，较少为学生提供课外活动和艺体类活动，课程建设得到的专家指导较少（陶沙等，2014）。

3.2 学校心理环境与学生认知发展的关系

基于数据本身的嵌套特征，我们采用多层模型分析方法探讨学校水平的安全与秩序感、接纳与支持感、公平与公正感、鼓励自主与合作感等心理环境的不同侧面对于小学4—6年级学生认知能力发展的作用。同时加入学生基本层面的变量（年龄、性别、独生子女、父母最高受教育水平、家庭年收入）、学校基本特征变量（城乡类型、教师学历、学校平均家长文化水平）和学校心理环境变量（安全与秩序、接纳与支持、公平与公正、鼓励自主与合作）建立模型。结果表明学校心理环境各方面对学生认知能力均有显著预测作用（γ=0.903—1.708, $p<0.001$）。其中，公平与公正感的作用最强（$\gamma=1.708$, $p<0.001$），可解释学校层学生认知能力变异的23.8%；鼓励自主与合作感的作用较弱（$\gamma=0.903$, $p<0.001$），解释率低于10%；安全与秩序和接纳与支持的解释率分别为14.6%和12.9%（$\gamma=1.339$，0.924, $p<0.001$）（陶沙等，2015）。

上述结果揭示学校心理环境不仅影响学生的学校生活质量和体验，还可能通过提高学生在校的情绪、行为适应以及促进学生日常学习进展，间接推动学生一般认知能力的发展。在学校心理环境的不同维度上，公平与公正作用相对最大，安全与秩序、接纳与支持对于学生认知能力发展也具有显著作用，且它们和公平公正之间存在显著正相关。本研究结果清晰地提示，在学校心理环境的研究和建设中应当充分重视公平与公正这一维度。

3.3 学校心理环境与学业的关系

使用多层模型进一步探讨学校总体心理环境和学生个体知觉到的学校心理环境与小学 4—6 年级学生学习动机和态度及学业成绩的关系。研究发现，在控制学生和学校背景变量的情况下，学校总体心理环境对于学生的学习动机和态度（$\gamma=0.24$，$p<0.001$）及学业成绩（$\gamma=0.12$，$p<0.001$）均具有显著的影响。在此模型的基础上加入个体知觉到的学校心理环境变量，发现学校总体和个体知觉到的学校心理环境对学生学习动机和态度（$\gamma=0.24$，0.45，$p<0.001$）、学业成绩（$\gamma=0.2$，0.06，$p<0.001$）均具有显著的效应（周翠敏等，2016）。使用效应值（Cohen，1988）进一步比较学校总体、个体知觉到的学校心理环境及学生、学校背景变量对学生学业表现的作用程度。结果表明，学校总体心理环境对学生学习动机和态度作用的效应值接近大效应（ES=0.56），对学生学业成绩作用的效应值接近中等效应（ES=0.35）；个体知觉到的学校心理环境对学生学习动机和态度作用的效应值为大效应（ES=1.07），对学生学业成绩的作用微弱（ES=0.18）。与学生和学校背景变量相比，学校总体心理环境对学生学习动机和态度的作用明显较大；其对学生学业成绩的作用和父母最高受教育水平、家庭年收入、学校平均家长文化水平相似（ES=0.21—0.36），高于性别、独生子女、学校所在地和教师学历的作用（ES<0.2）（周翠敏等，2016）。

3.4 学校心理环境发挥作用的调节因素

学校心理环境的不同方面分别和学生年级、性别、家庭年收入和学校平均家长文化水平在学生认知能力发展上存在显著的交互作用（$p<0.05$）。在高年级（$\gamma=0.243$，$p<0.05$）或学校平均家长文化水平较低的学校（$\gamma=-0.321$，$p<0.05$）中，学校良好的安全与秩序对学生认知能力发展的促进作用越大。学校较高水平的接纳与支持对于女生认知能力发展具有相对更强的保护作用（$\gamma=-0.462$，$p<0.05$）。公平公正的学校对于家庭收入较低学生认知能力的保护性作用更强（$\gamma=-0.265$，$p<0.05$）。在学校平均家长文化水平较低的学校中，学校鼓励自主与合作感对于学生认知能力的保护性作用较强（$\gamma=-0.357$，$p<0.05$）（陶沙等，2015）。

使用回归系数差异检验，发现教师学历和学校平均家庭年收入调节了学校总体心理环境与学生学习动机和态度之间的关系（$\gamma=0.08$，0.08，$p<0.05$）。对于师资水平较低、学校平均家庭年收入较低的学校，高质量的学校总体心理环境对学生学习动机和态度具有更强的保护作用。同样，研究也发现学校所在地、教师学历和学校平均家长文化水平对学校总体心理环境和学生学业成绩的关系存在显著调节作用（$\gamma=0.13$，0.12和0.14，$p<0.05$），高质量学校总体心理环境对于农村、师资水平较低、学校平均家长文化水平较低的学校中学生的学业成绩具有更强的保护作用（周翠敏等，2016）。这一研究结果也为理解当前我国基础教育中涌现出的一些薄弱学校改进范例提供了科学证据。在学校存在地域、教师知识水平和教学水平限制的情况下，安全有序、接纳支持、公平、公正，并鼓励学生自主与合作探索的学校心理环境对学生学业成绩的帮助就显得尤为重要。

3.5 政策建议与教育启示

首先，中小学应高度重视建设积极的学校心理环境，特别是在地域、教师知识水平和教学水平存在一定局限的学校尤为重要。在对边远和农村地区基础教育的投入中，不仅要重视学校硬件的标准化建设，也要充分重视支持、引导这些地区的中小学校认识学校积极心理环境的重要价值，通过优化课程设置和培训教师等支持政策，帮助薄弱地区薄弱学校有效优化学校心理环境。

其次，高度重视监测学校心理环境的建设，通过及时反馈，引导改进和提高。基于数据共享的信息平台可以实现学校心理环境监测的长期化、系统化、实时化，及时帮助学校发现心理环境建设中存在的问题，有针对性地优化。通过每一节课、每一次师生互动、生生互动等各环节，使每一个学生在学校中充分体验到安全感和接纳，获得平等的发展机会和个性化的支持，满足自主发展和合作进步的需要，并有机会主动地参与自身发展，从而不断增进全体学生身心的健康发展，推动学校建设向以促进学生成长为中心转变，为学生的全面发展不断优化育人环境。

最后，高度重视课程和教育评价体系的改革。丰富和增加学校，尤其是乡村学校的课外活动和艺术体育类活动，为学生提供更自由的学习选择和环境。同时，大力提倡综合学生各方面发展评价学校和教师工作质量。

张文新

山东师范大学教授

中小学生学业成绩与心理健康间的动态关系及其教育启示

教育的根本任务是“立德树人”，这就要求学校培养德才兼备、德智体美劳全面发展的人。国家发展所需要的人才，不仅要具备丰富的知识、优秀的技能，同时还要拥有坚定的理想信念、高尚的道德情操和健康的人格。因此，在学校教育工作中做好智育工作、使学生获得良好的学业能力，同时通过心理健康教育工作，培养学生良好的积极心理品质是落实立德树人根本任务的应有之义。

从理论高度上正确理解智育工作和心理健康教育工作的关系，是在学校教育中同时做好这两项工作的重要前提。如果两者彼此无关，则这两项工作各自为战，不需考虑两者的相互协调配合；如果两者相互干扰，则不得不有所取舍，不可避免地使智育工作或心理健康工作受到妨碍；如果两者相辅相成，则需要在学校工作中将这两项看似不同的工作有机地整合为一体，使学校在两项工作中能事半功倍。

发展心理学的相关研究可对以上问题作出解答。虽然心理健康不等同于没有心理健康问题，但后者是前者的重要前提和基础要求，而对儿童青少年心理健康问题的研究一直是发展心理病理学的重要领域。儿童青少年心理问题主要是指心理社会问题，通常被划分为外化（externalizing）和内化（internalizing）两大维度。前者指行为上的问题，如攻击、违纪；后者指情绪和认知上的问题，如抑郁。

在发展过程中，儿童青少年的外化和内化心理健康问题受多种因素的影响，而学业成绩正是重要的影响因素之一。发展任务理论认为，特定历史时期下的特定社会文化形态对特定年龄阶段的个体提出了某些发展任务。如果个体能成功完成发展任务、达到社会期望，则能达成成功的发展；反之，个体如果在发展任务中失败、未达到社会期望，则会受到消极评价，使自尊和归属感下降。此后，个体可能因自我价值感低而产生抑郁等内化问题，也可能试图通过攻击他人、违反纪律等外化问题行为弥补自己归属感和价值感的缺失。在我国对儿童青少年来说获得优秀的学业成绩正是一项非常重要的发展任务。在发展心理学研究中，以上学业能力差导致心理社会适应差（出现内外化问题）的现象被称为“学业能力不足效应”。需要注意的是，其反向效应，即较差心理社会适应也会妨害儿童青少年的学业适应——此现象被称为“适应侵蚀效应”。这两种效应在发展心理学实证研究中均得到了广泛验证。至此，“智育工作和心理健康教育工作关系”的这一问题可得到初步解答——两者是相辅相成的关系。在学校教育工作中，若同时做好智育工作和心理健康工作，则可避免出现学业能力不足效应和适应侵蚀效应，也可事半功倍地提升学生学业适应和心理健康状况。

然而，基于发展系统理论，可对“智育工作和心理健康教育工作关系”这一问题作更深层次的探讨。发展系统理论将发展视为不同领域因素（如学业成绩、心理病理问题）间复杂的相互作用的结果。生态因素的变化会改变发展系统中各因素之间的动态关系，即在不同的发展阶段中，各因素之间的关系强度甚至方向可能发生系统性变化。考虑到小学阶段与初中阶段学生在个体特征与所处环境特征上的诸多不同，从小学到初中，适应侵蚀效应和学业能力不足效应可能发生发展性变化。

具体而言，由于以下原因，本研究假设学业能力不足效应可能增强：（1）由于中考制度等原因，在初中阶段学业这项发展任务的重要性增强，学业成绩差会导致更多消极评价，更易引发心理病理问题；（2）初中时期学业任务难度变大，成绩较差的学生难以应对学业上的困难，从而产生心理压力；（3）初中生进入青春期，此时正是易产生攻击、违纪、抑郁等问题的时期。另一方面，由于以下原因，本研究假设适应侵蚀效应可能减弱：（1）从小学阶段到初中阶段，学业成绩和与学习相关的变量（如学业动机、学习策略）之间的关系增强，与心理社会背景之间的关系减弱；（2）在学校学习中，新知识往往以原知识为基础，因此随着年级升高学业成绩的稳定性越来越强，越发不易受其他因素的影响。

张文新教授团队使用"中国儿童青少年纵向研究"（Longitudinal Study of Chinese Children and Adolescents）数据对这一问题进行了考察。本研究以我国648名五年级小学生为被试，对学业成绩、外化问题、抑郁症状进行每年一次的重复测量。其中学习成绩的数据使用学生每年的语文、数学、英语期末考试成绩，并进行班内标准化；外化问题的数据通过《儿童行为量表》与《老师报告表》（CBCL-TRF）的问卷获得；抑郁数据通过《儿童抑郁量表》（CDI）问卷来获得。在分析的过程中，家庭社会经济地位、注意问题、母亲消极教养被作为协变量进行控制。

研究结果显示：关于适应侵蚀效应，除八到九年级之外，外化问题可预测一年后的学习成绩。五年级、六年级时的抑郁症状分别显著预测六年级、七年级时的低学习成绩，但这个效应未出现在更高年级中。关于学业能力不足效应，除从五年级到六年级之外，学习成绩可显著预测一年后的外化问题。适应侵蚀效应逐渐降低，而学业能力不足效应则逐渐加强。在六年级到七年级即升学过渡发生的那个时间段，存在成绩对抑郁症状的预测。此外，我们还考察了性别差异，整体而言，变量间关系无性别差异。另外，在控制无关变量后，成绩与心理健康问题间关系的显著性未受影响，效应大小几乎不变。

总的来说，在童年晚期到青少年期这一时间阶段，学业成绩和心理健康（外化问题与抑郁）之间存在双向影响；在“小升初”过渡期间，学业成绩与心理健康问题间关系最密切；在小学阶段，心理健康问题对学业发展的阻碍更强；在初中阶段，良好的学业成绩更加有助于心理健康。据此得出如下结论：童年晚期至青少年中期学习成绩与心理健康之间存在动态的双向影响；两者相互影响的强度具有系统性的发展变化；成绩对心理健康的影响，尤其是外化问题的影响逐渐增强，心理健康问题对成绩的影响逐渐减弱。

本研究的学术意义在于揭示了在特殊的发展阶段，两个方向的效应都发生系统性变化，这提示未来的研究要以发展的视角考察能力与心理健康尤其是心理健康症状之间的关系，全面地考虑到一些个体因素、环境因素对“动态相互作用”的影响。另外，本研究对于教育实践也有重要启示。首先，广大的基础教育工作者要认识到，学生心理健康和学业能力是一个有机整体，学生的学业成绩和心理健康之间存在密切的相互影响，两者不是相互排斥的，而是相辅相成、不可偏废的。在实际教育工作中，忽视学生心理健康问题，会不利于学生学习；而良好的心理健康素质，则能带动学生学业能力的发展和教育质量提升。其次，破除“唯分数论”，会有助于学生心理健康素质培养。过去的“唯分数论”使得学生成绩几乎成为评价学生的唯一指标，从而产生不必要的学业压力，使学业成绩差成为学生心理健康的重大威胁。所以要深化教育评价改革，改革中小学生评价方式，在进行科学合理的学业评价基础上完善和加强德育、体育、美育、劳动教育评价，能对学生心理健康工作起到重要推动作用。最后，要注意心理健康素质培养的关键期以及各学段心理健康工作的策略。根据本研究成果，小学阶段就应重视对学生心理病理问题的监测与矫治，防止其对学业能力产生长远影响。在初中阶段，应有针对性地注重学业成绩不良对心理健康的影响，并将改善学生学业适应作为优化心理健康的重要辅助手段。

白学军

天津师范大学教授

成功经历对低耐挫大学生挫折心理的改善研究

1 引言

耐挫心理是个体经历失败后通过努力取得成功过程中所具备的能力，其表现为个体在经历失败后能较快恢复积极情绪、坚信自己终将成功并做出更多的坚持行为。改善大学生失败后对成功的坚信程度、情绪体验和坚持意愿，有助于其战胜失败、取得成功。

胜利者效应指个体在先前竞争过程中的成功经历能增加其后续竞争行为的获胜率。成功经历能提升竞争者对自身相关能力的评价，增强其对后续成功的信心，增加积极情绪，使竞争者做出“继续竞争”的决策，采取更多方法投入后续竞争行为中。前人研究发现先前成功经历能增强个体的成功坚信程度、积极情绪体验和坚持意愿。表明成功经历能改善个体的挫折心理。

成功几次能改善低耐挫大学生的挫折心理？Sideridis 和 Kaplan 发现经历 3 次失败后，成功 1 次能增加表现——趋近目标导向大学生的坚持行为，但不能改善表现——回避目标导向和掌握目标导向大学生的坚持行为。Akitsuki 等发现在连续失败后，大学生在连续成功 4 次时的情绪体验好于仅成功 1 次时的情绪体验。已有研究结果存在不一致。因此，本研究将考察成功几次能改善低耐挫大学生失败后的成功坚信程度、情绪体验和坚持行为。

前人研究主要关注自己成功经历的积极作用。他人成功经历能否改善低耐挫大学生的挫折心理？榜样故事讲述了榜样人物的成就、逸事、自我反省和人生领悟等，能向读者传递特定的观点、态度，从而改变其情绪、信念和行为。其中，榜样失败后通过努力获得成功的故事讲述了榜样人物在失败后通过努力终获成功的事例。通过阅读这样的故事，一方面，能拉近与榜样人物和读者之间的距离，使读者更易于受到榜样人物的影响；另一方面，还能向读者传递“努力能改变智力，成功取决于努力”的观点，有利于塑造读者的成长型思维模式，进而改善其情绪体验和行为表现。前人研究也发现阅读榜样失败后通过努力获得成功的故事能改善学生的学习成绩和坚持行为。

阅读几个榜样失败后通过努力获得成功的故事能改善低耐挫大学生在失败后的成功坚信程度、情绪体验和坚持行为？前人研究发现阅读 1 个、3 个、6 个榜样失败后通过努力获得成功的故事能提升学生的学习成绩。可见，前人研究未取得一致结论。因此，本研究将考察阅读几个榜样失败后通过努力获得成功的故事，能改善低耐挫大学生失败后的成功坚信程度、情绪体验和坚持行为。

综上，本研究将考察自身成功经历和他人成功经历对低耐挫大学生失败后成功坚信程度、情绪体验和坚持行为的改善情况。研究 1 选取高、低耐挫大学生为被试，采用图形推理任务，让被试经历失败，后经历连续成功。研究 2 选取高、低耐挫大学生为被试，采用图形推理任务，让被试经历失败，随后让他们阅读科学家成功的故事或科学家失败后通过努力获得成功的故事。本研究假设：（1）个体自身成功经历能提高低耐挫大学生失败后的成功坚信程度、情绪体验和坚持行为。（2）多次阅读榜样失败后通过努力获得成功的故事能改善低耐挫大学生失败后的成功坚信程度、情绪体验和坚持行为。

2 研究 1

2.1 目的

考察成功几次能改善低耐挫大学生失败后的成功坚信程度、情绪体验和坚持行为。

2.2 方法

2.2.1 被试

采用《大学生耐挫心理量表》（白学军等，2020）对 697 名大学生进行施测。从耐挫得分高于平均数 1 个标准差的被试中抽取 26 人（男生 15 人，女生 11 人）为高耐挫组（Mage = 19.20 岁，SD = 0.84）；从耐挫得分低于平均数 1 个标准差的被试中抽取 24 人（男生 12 人，女生 12 人）为低耐挫组（Mage = 19.45 岁，SD = 0.73）。

2.2.2 材料

（1）大学生耐挫心理量表

采用白学军等（2020）编制的《大学生耐挫心理量表》，量表包含坚信、乐观、可控和醒悟四个因素，共 20 个条目，采用 6 点计分。得分越高表明耐挫水平越高。

（2）图形推理任务

对瑞文智力测验任务进行改编，让被试先经历失败，后经历连续成功。任务包含 46 道题目（含难度级别为 D 和 E 的瑞文智力测验题和公务员考试图形推理真题），分为三个阶段：

①失败阶段：含 10 道题目，单题答题时间为 20 秒。被试得到消极反馈“你答对不足 3 题”后，报告成功坚信程度（即下一题答对的可能性，1 = 绝无可能，10 = 绝对能）、情绪体验（1 = 非常不开心，10 = 非常开心）和坚持意愿（1 = 非常不愿意，10 = 非常愿意），作为基线水平。

②掌握方法阶段：主试介绍解题思路和方法。

③连续成功阶段：含 36 道题目。在被试完成 1 题，连续 2、3、4、5、6、7、8 题后，给予积极反馈“你答对 1 题”或“你连续答对 2、3、4、5、6、7、8 题!”。被试每次得到反馈后，均报告成功坚信程度、情绪体验和坚持意愿。

2.2.3 程序

采用《大学生耐挫心理量表》对大学生进行施测。测试后一周内，邀请被试参加实验，完成图形推理任务。实验结束后，主试说明实验目的。

2.2.4 设计

采用 2（耐挫组别：高、低）×8（成功经历：1 次、连续 2 次、连续 3 次、连续 4 次、连续 5 次、连续 6 次、连续 7 次、连续 8 次）混合实验设计。其中，耐挫组别为被试间变量，因变量是成功坚信程度、情绪体验、坚持意愿。

2.3 结果

2.3.1 成功坚信程度

经方差分析，结果发现：耐挫组别的主效应不显著，$F(1, 48) = 0.36$，$p=0.549$。成功经历的主效应显著，$F(8, 384) = 81.10$，$p<0.001$，$\eta_p^2=0.628$。大学生经历失败后的成功坚信程度得分显著低于成功 1 次和连续成功 2、3、4、5、6、7 和 8 次（$ps<0.001$）后。成功 1 次后的得分显著低于连续成功 2、3、4、5、6、7 和 8 次（$ps<0.051$）后。连续成功 2 次后的得分显著低于连续成功 3、4、5、6、7 和 8 次（$ps<0.05$）后。连续成功 3 次后的得分显著低于连续成功 4、5、6、7 和 8 次（$ps<0.05$）后。连续成功 4、5 次后的得分显著低于连续成功 6、7 和 8（$ps<0.05$）后。其他均无显著差异（$ps>0.05$）。耐挫组别和成功经历的交互作用不显著，$F(8, 384) = 1.27$，$p=0.260$。

2.3.2 情绪体验

经方差分析，结果发现：耐挫组别的主效应显著，$F(1, 48) = 5.66$，$p=0.021$，$\eta_p^2=0.105$。成功经历的主效应显著，$F(8, 384) = 76.28$，$p<0.001$，

$\eta_p^2=0.614$。耐挫组别和成功经历的交互作用边缘显著，$F(8, 384)=1.91$，$p=0.057$，$\eta^2p=0.038$。对于高耐挫大学生，经历失败后的情绪体验得分低于成功1次、连续成功2、3、4、5、6、7和8次（$ps<0.001$）后。其他均无显著差异（$ps>0.05$）。对于低耐挫大学生，经历失败后的情绪体验得分低于成功1次、连续成功2、3、4、5、6、7和8次（$ps<0.001$）后。成功1次后的得分低于连续成功7和8次（$ps<0.05$）后。连续成功2次后的得分低于连续成功6、7和8次（$ps<0.05$）后。连续成功3次后的得分低于连续成功4、6、7和8次（$ps<0.05$）后。连续成功4、5次后的得分低于连续成功8次后（$ps<0.05$）。其他均无显著差异（$ps>0.05$）。

2.3.3 坚持意愿

经方差分析，结果发现：耐挫组别不存在主效应，$F(1, 48)=2.18$，$p=0.147$。成功经历存在主效应，$F(8, 384)=30.07$，$p<0.001$，$\eta_p^2=0.385$。耐挫组别和成功经历的交互作用显著，$F(8, 384)=2.09$，$p=0.036$，$\eta_p^2=0.042$。对于高耐挫大学生，经历失败后的坚持意愿得分低于成功1次和连续成功2、3、4、5、6、7和8次（$ps<0.05$）后。其他均无显著差异（$ps>0.05$）。对于低耐挫大学生，经历失败后的坚持意愿得分低于成功1次和连续成功2、3、4、5、6、7和8次（$ps<0.001$）后。成功1次和连续成功2、3次后的坚持意愿得分低于连续成功7和8次（$ps<0.05$）后。其他均无显著差异（$ps>0.05$）。

3 研究2

3.1 目的

考察阅读多少个科学家失败后通过努力取得成功的故事，能改善低耐挫大学生失败后的成功坚信程度、情绪体验和坚持行为。

3.2 方法

3.2.1 被试

采用《大学生耐挫心理量表》（白学军等，2020）对610名大学生进行施测。从耐挫得分高于平均分1个标准差的被试中随机抽取48人，随机分配在科学家成功故事组（男生12人，女生12人，$M_{age}=19.88$，$SD=1.01$）和科学家失败后成功故事组（男生13人，女生11人，$M_{age}=19.90$，$SD=0.79$），从低于平均分1个标准差的被试中随机抽取46人，随机分配在科学家成功故事组（男生11人，女生12人）（$M_{age}=19.46$，$SD=0.69$）和科学家失败后成功故事组（男生10人，女生13人）（$M_{age}=19.71$，$SD=1.08$）。

3.2.2 材料

（1）大学生耐挫心理量表

同研究1。

（2）图形推理任务

采用研究1中图形推理任务的失败阶段来创设失败情境，被试报告成功坚信程度、情绪体验和坚持意愿，作为基线水平。

（3）科学家故事

科学家故事包含5位中国各领域的科学家：物理学家（钱学森、邓稼先）、医学家（钟南山、屠呦呦）和生物学家（袁隆平）。每个科学家均包含1个成功故事（即仅介绍科学家取得的伟大成就）和1个失败后通过努力取得成功的故事。被试在阅读每个故事后，均报告成功坚信程度、情绪体验和坚持意愿。

3.2.3 程序

采用《大学生耐挫心理问卷》对大学生进行施测，并在一周内邀请被试参与正式实验。实验结束后，主试说明实验目的。

3.2.4 设计

采用2（耐挫组别：高、低）×2（科学家故事类型：失败后通过努力取得成功的故事，成功故事）×5（故事数量：1个，2个，3个，4个，5个）的混合实验设计。其中，耐挫组别和科学家故事类型为被试间变量，因变量是成功坚信程度、情绪体验、坚持意愿。

3.3 结果

3.3.1 成功坚信程度

经方差分析，结果发现：耐挫组别不存在主效应，$F(1, 90) = 2.78$，$p = 0.099$。科学家故事类型不存在主效应，$F(1, 90) = 1.25$，$p = 0.266$。故事数量存在主效应，$F(5, 450) = 13.83$，$p < 0.001$，$\eta^2 = 0.133$。科学家故事类型和故事数量的交互作用显著，$F(5, 450) = 5.24$，$p < 0.001$，$\eta^2 = 0.055$。对于成功故事，故事数量的主效应不显著，$F(5, 86) = 1.93$，$p = 0.098$。对于失败后成功故事，故事数量的主效应显著，$F(5, 86) = 6.44$，$p < 0.001$，$\eta^2 = 0.272$。大学生失败后的成功坚信程度得分显著低于阅读1、2、3、4和5个失败后通过努力取得成功的故事后（$ps < 0.05$）。阅读1、2、3故事后的成功坚信程度得分显著低于阅读5个故事后（$ps < 0.05$）。其余均无显著差异（$ps > 0.05$）。

3.3.2 情绪体验

经方差分析，结果发现：耐挫组别存在主效应，$F(1, 90) = 24.66$，$p < 0.001$，$\eta^2 = 0.215$。科学家故事类型不存在主效应，$F(1, 90) = 3.15$，$p = 0.079$。故事数量存在主效应，$F(5, 450) = 67.17$，$p < 0.001$，$\eta^2 = 0.427$。大学生失败后的情绪体验得分显著低于阅读1、2、3、4和5个故事后，$ps < 0.001$。大学生阅读1个故事后的情绪体验得分显著低于阅读2、3、4和5个故事后（$ps < 0.05$）。大学生阅读2个故事后的情绪体验得分显著低于阅读4和5个故事后（$ps < 0.05$）。其余均无显著差异（$ps > 0.05$）。

3.3.3 坚持意愿

经方差分析，结果发现：耐挫组别存在主效应，$F(1, 90) = 12.02$，$p = 0.001$，$\eta^2 = 0.118$。科学家故事类型不存在主效应，$F(1, 90) = 2.87$，$p =$

0.094。故事数量不存在主效应，F（5，450）= 1.08，p = 0.370。科学家故事类型和故事数量的交互作用显著，F（5，450）= 7.86，p<0.001，η^2 = 0.080。对于成功故事，故事数量的主效应不显著，F（5，86）= 1.46，p = 0.211。对于失败后通过努力取得成功的故事，故事数量的主效应显著，F（5，86）= 3.99，p = 0.003，η^2 = 0.188。大学生阅读 5 个失败后通过努力取得成功的故事后的坚持意愿得分显著高于阅读 1、2、3 和 4 个失败后通过努力取得成功的故事后（ps<0.05）。其余均无显著差异（ps>0.05）。

4 总讨论

4.1 自己成功经历能改善低耐挫大学生的挫折心理

研究 1 发现成功 1 次能提升大学生失败后的成功坚信程度。这与前人研究结果一致，即成功 1 次后，大学生会认为成功如实反映了自身真实能力（Bodroža，2011），并相信在他人眼中自己足够聪明（Besser et al.，2004）。这些积极的自我评价能增强大学生再次取得成功的信心。成功 1 次能提升低耐挫大学生失败后的情绪体验。这与前人研究结果一致，即成功 1 次能提升个体的积极情绪（Besser et al.，2004；Bodroža，2011），这可能是因为成功经历提升个体的自我效能感（Ouweneel et al.，2013），而高自我效能感会促进个体情绪向积极方向调节（Moreira-Fontán et al.，2019）。成功 1 次能提升低耐挫大学生失败后的坚持行为。自我增强理论认为个体倾向于建立并维持积极的自我形象（Jussim et al.，1995）。成功 1 次提升个体的自我评价，使其产生积极自我形象，个体为保持积极的自我形象会做出努力的行为（Bodroža，2011）。连续成功 6 次能让低耐挫大学生失败后成功坚信程度的改善趋于稳定；连续成功 6 次后能让低耐挫大学生失败后情绪体验的改善趋于稳定；连续成功 7 次能让低耐挫大学生失败后坚持意愿的改善趋于稳定。对于经过连续 6 次或 7 次成功能提高挫折心理，可能是因为成功 6 次能够增强丘脑背内侧核—前额叶环路的联结（Zhou et al ，2017），前额叶是自我评价（Yang et al.，2016）和情绪调控（Eisenberger et al.，2003）的重要脑区。

4.2 他人成功经历能改善大学生的挫折心理

研究 2 发现阅读 1 个科学家失败后通过努力取得成功的故事能提升大学生的成功坚信程度。成功坚信程度反映个体对下次任务能否获得成功的信心或信念。榜样失败后通过努力取得成功的故事传递了“即使是伟大的科学家也会遇到挫折，他们通过失败发现自身不足并付诸努力，最终战胜挫折”的思想。阅读 1 个榜样失败后通过努力取得成功的故事后，大学生也相信“努力就能成功”，从而认为只要自己努力，下次任务就一定成功。阅读 1 个科学家失败后通过努力取得成功的故事或科学家成就故事均能改善大学生失败后的情绪体验。Augustine 和 Hemenover（2009）认为认知趋近和认知回避是两种有效的情绪调节策略，其中，认知趋近策略包含反思、积极重评等；认知回避策略包含转移注意力等。阅读榜样失败后取得成功的故事后大学生能反思自己经历的失败，产生积极的重评，从而改善失败后的消极情绪。相比之下，阅读科学家取得成就的故事能让学生将注意力从失败事件转移到读故事中，这种认知回避策略有利于改善其消极情绪体验。阅读 5 个科学家失败后通过努力取得成功的故事才能增强大学生的坚持意愿。坚持意愿在一定程度上能反映被试坚持行为的情况。Herrmann 等（2016）发现阅读 1 个榜样失败后通过努力取得成功的故事能提升女大学生的坚持行为。究其原因，Herrmann 等（2016）未关注被试是否经历失败。

5 教育建议

5.1 自身成功经历能改善学生的耐挫心理

本研究发现连续成功能有效改善低耐挫大学生失败后的情绪体验、成功坚信程度和坚持意愿。成功6—7次能使低耐挫大学生失败后情绪体验、成功坚信程度和坚持意愿的改善趋于稳定。只有个体曾经成功过，他们才会在经历新的失败后会相信自己终将成功，并总结经验教训、从自身寻找问题、乐观面对挫折。这提示教育工作者应创设成功机会，让学生有机会经历成功，从而使耐挫心理得到改善。

5.2 他人失败后通过努力取得成功的经历有助于改善学生的耐挫心理

他人失败后通过努力取得成功的经历，经常会以故事的形式呈现，作为教育者较常使用的方法，以鼓励学生面对失败，通过努力战胜它并取得成功。然而，在我们所看到的科学家故事中，以介绍科学家研究成功的重要性为主，较少介绍科学家也会经历失败，也会遭遇困难，也会有情绪上的失落；但知名科学家的不平凡之处在于他们面对失败会分析其中的原因，并想方设法来解决问题，通过努力最终取得成功。本研究发现阅读科学家失败后通过努力成功故事能改善学生失败后的情绪体验、成功坚信程度和坚持意愿，这一研究的意义在于，一方面，我们要给学生多讲科学家攀登科学高峰的故事；另一方面，还要重点讲他们是如何克服失败、通过努力最终成功的心理过程。要让学生觉得科学家可亲可近产生认同感，特别是让学生领悟到“只有通过努力，才能取得成功”的道理，才能促进他们成长。

6 结论

本研究条件下可得结论：（1）连续6次或7次成功能使低耐挫大学生挫折心理的改善趋于稳定。（2）阅读科学家失败后通过努力取得成功的故事能改善大学生的耐挫心理。

罗劲

首都师范大学教授

传统文化视野下的非智力适应与学习

这个研讨会的主题是“非智力学习”，而实际上智力的基础是认知（如已有研究表明：认知控制能力与智力水平高低之间可能有着密切的关联），因此，“非智力学习”这个主题也引导我们去思考那些非认知的（或者说非典型认知）的适应和学习过程。而在这一点上，东方的特别是中国的文化视角可能会给我们带来一些有价值的启示，因为东西方文化在看待心智问题上存在着显著的差异。我打算通过两个例子来对此加以说明，一个是情志相生相克，另一个是顿悟问题解决。它们分别从心理调节与适应策略以及问题解决与学习方式两个方面展示了非智力（或非典型认知的）适应与学习过程在传统文化视野之下何以可能。

一、传统文化特征的心理调节与适应策略：情志相生相克

我们知道，典型的西方文化视角是将理智（或认知）与情感对立起来，认为理智（或认知）应该控制或者调控情感。可以举一个心理学中情绪调节方面的例子，它采用认知的方法来调节情感（这个方法在心理学专业领域中被称为

认知重评。这个方法就是对可能引发自身紧张或不良体验的事情——比如就职应聘面试——做出重新解释，例如将之视为一次锻炼学习的机会或者说只管尽力，无论成败等，这样就能在一定程度上缓解因面试带来的紧张情绪）。认知重评的情绪调节方法具有一定的代表性，它意味着人们的认知对于情感和情绪具有一定的调节和控制作用。当然，这并不说明在我们东方传统中没有这样的情绪调节方法，而是在东方传统中还有与此不同的思路和主张。比如，中医的情志相生相克学说就认为“悲可以治怒、喜可以治悲、恐可以治喜、怒可以治思、思可以治恐”（［金］张子和，1958），这里的“思”既指思维、思考和思虑，也特指思虑过度，但无论如何“思”都含有“认知”的意思。从情志相生相克的关系我们可以看到，在中国文化传统中，并不一定认为“思”（认知）的地位凌驾于悲、怒、喜、恐等情绪之上并且可以自上而下地调控这些情绪，而是认为它们是像金木水火土五行那样具有一种相生相克的关系。在整体的或者是较为笼统的意义上，我们恐怕很难说上述两种东西方的观点孰优孰劣，因为它们都有各自的道理。例如，有关应激和非应激状态下人脑的心理功能模式的研究表明：当人处于正常的非应激或低应激状态，人脑的心理功能模式是以额叶为主导，人脑额叶的功能包含了认知控制及各种自上而下的心理调控功能，因此，在这种情况下，理性无疑对我们的心理状态具有主导性的调节作用，“理智控制情感”是成立的；但是，如果遭遇严重的应激，人脑便会“切换”到以杏仁核等情绪核团的作用占主导的功能模式，在这种情况下，前额叶的认知控制功能会因应激的作用而失效或者部分失效，人的心理会进入一种以情绪反应为主的状态。大家可能都有过这样的经验，如果遇到令人特别愤怒或紧张的事，“讲道理”往往就难以奏效，这是由于额叶的认知控制功能暂时失灵、人的理性认知水平下降所造成的。当代心理学家们也意识到了这个问题，心理学家乔纳森·海特（Jonathan Haidt）写过一本书，叫作《象与骑象人》，他将我们的“智”比作骑象人，而将“心”比作大象，这也就是说尽管骑象人能够在一定程度上骑行和驾驭大象，但大象毕竟比骑象人的力气大出许多倍，因此骑象人的驾驭实际实施起来也并非易事。而纽约大学的一项针对认知重评情绪调节的著名实验研究也发现（Raio et al.，2013）：用认知来调节情绪无疑是有效的，但它只在人们处于正常的无应激的情况下才会有效，一旦人们遭遇应激，则认知重评的情绪调节就没有用了，这是因为这种策略的实施依赖于前额叶的功能，而应激会使额叶的功能暂时失效。举一个在现实中比较突出的例子，在2008年汶川大地震后的心理援助工作中，我们发现在灾后高度心理应激的情况下，如果采用心理干预中常用的认知重评等方法去辅导人们、帮助其调整心态，效果并不好，这也是因为应激造成了额叶占主导的心理功能模式不复存在。对此，我们提出了灾难后的“心理原始化回归”假说（应小萍 & 罗劲，2010），该假说认为：灾难会激活预埋在我们的生理遗传结构、心理反应倾向以及社会文化传承中的一整套古老的应对模式，使心理和行为反应表现出一种原始化回归的倾向。针对这种倾向，浙江师范大学任俊教授团队提出了灾后心理援助的“最近发展区理论”（任俊，周凌，& 罗劲，2010），这个理论认为，心理援助工作的目标并非追求完美，而是只要能让被帮助者在现有心态的基础上做出他目前所能做出的最优调整即可。上面的例子说明：人的心理并非总是“理性的”，人的心态也并非总是处于理性可自如调控的范围之内。事实可能恰恰相反，在我们需要进行情绪调控的时候，可能也正是我们的大脑额叶所介导的认知控制功能失效的时候，而在这种情况下，中国古代的情志相生相克的思想就显得格外宝贵和有价值了，这是因为它不过分地倚重于认知功能，而是采取了一种不同的“以情治情”的策略。比如，古代医学典籍中就曾经记载了医生通过“以悲克怒”的方法（即用悲伤情绪来消除因过度愤怒情绪所导致的疾病）来治病的例子。在情绪相生相克这个主题上，我的博士生詹鋆做了几项有价值的研究工作，第一，她用严格控制的实验心理学方法证明了“悲克怒”“恐生怒”“怒克思”等传统中医理论假设具有一定的合理性（Zhan et al. 2015，2017a）；第二，她通过实验证明了“悲克怒”的情绪调节方法与认知重评情绪调节方法相比的一个显著不同在于它不受应激因素的影响，无论你有无应激它都可以“全天候”地发挥作用（Zhan et al.，2017b）；第三，她通过脑科学实验揭示了“悲克怒”“恐生怒”的心理学原理与悲伤、愤怒、恐惧等情绪的脑认知机制的相互作用方式及有关特点（Zhan et al.，2018）。上述内容说明了东方的文化视角也许会给我们思考非智力或非认知性质的适应性行为带来新的并且是在某种意义上更加有效的策略。

二、传统文化特征的问题解决与学习方式：顿悟

我打算列举的另外一个具有东方文化特点的、与非智力或非典型认知有关的学习或适应过程是“顿悟”。宁波诺丁汉大学的李平教授曾经提出这样一种观点，他认为与西方的“理性”或“感性”的视野不同，中国文化的视野实际上可能超越于此二者，并表现为一种“悟性”文化的特点（Li，2012）。例如，在我国历史上从佛教禅宗到阳明心学，都在一定程度上强调了“悟”的重要性。而心理科学关于创造性思维的研究也表明，创意的产生过程在心理上可能并不是以按部就班的方式逐步推导而成的，创意往往以思维“跃迁”的方式突发地产生，也就是经历顿悟过程而产生（罗劲，2004）。因此，“悟”不仅仅是中国文化的特点，而且也是创造性思维赖以产生的基本心理认知过程。那么，相比于通常的认知过程，“悟”具有什么样的特点呢？

第一，“悟”是一种心理混合体，它兼具认知性和情感性。关于顿悟所具有的认知特性，早期的认知心理学家如 Ohlsson（1984）和 Weisberg（1995）等人早已做了明确的论证，即顿悟意味着心理表征方式的根本性转换或者认知重构。而近年来，我国河海大学的沈汪兵教授的一系列研究则从情绪体验特征以及情绪相关的多维生理反应的角度，进一步揭示了顿悟式的问题解决过程也具

有情绪性的特点（Shen et al.，2016a，2016b），如顿悟的产生可伴随幸福感、确定感、平静感、轻松感等，因此，顿悟并非纯粹的认知过程，它更不是典型的情绪过程，而是两者的水乳交融。

第二，顿悟是一种非线性的思维过程。常规的理性思维往往具有线性思维的特点，即它在一个思维步骤中只解决一个问题（逻辑推理就是这个方面的典型的例子）。而顿悟过程则与此不同，它具有非线性的特点，也就是在一个思维步骤中需要同时解决两个或者两个以上的困难（Kershaw & Ohlsson，2004）。我的博士生吴丽丽从脑科学层面解析了在顿悟问题解决的瞬间所可能包含的不同种类的困难及其交互作用模式，发现了当存在两种困难需要同时克服时在脑激活网络层面会产生“1+1>2”的效应（Wu et al.，2013）。

第三，顿悟是一种“兼顾思维”，它不但新颖而且有效，也就是同时兼具新颖性和有效性两个方面的特点。在这个问题上，我的博士生黄福荣和任靖远做出了较具原创性的发现（Huang et al.，2015，2018；Ren et al.，2020），他们通过巧妙地认知神经科学实验系统地分离了脑内参与创造性顿悟的新颖性和有效性特征信息加工的脑机制，发现对于不同种类不同层次的顿悟而言，其新颖性和有效性特征的心理表征的脑认知机制也各不相同。

第四，顿悟对于某些问题的解决而言具有不可或缺性。中国古代禅宗早就有以“不二之悟符不分之理”的说法，即认为某些“大彻大悟”在心灵上具有整体性和不可分割的特点，要么你通过顿悟获得和领悟它，要么不能获得，其间并无中间状态，因此，不能通过渐进积累的方式，通过一个一个的小步子逐步接近并达到目标（这个可能有点类似于神经元的激活所遵循的“全或无”的原则）（罗劲 & 应小萍，2018）。对此，我的博士生郭婷婷和武晓菲做了重要的心理学和认知神经科学研究，她们发现对于情绪调节而言，那些创造性、顿悟性的认知重评方式往往能取得较之常规的重评好得多的情绪调节效果，创造性、顿悟性的认知重评甚至能够使人们对负性刺激的看法由负转正、由消极变为积极（Wu et al.，2019）。我们的研究还显示：创造性、顿悟性的认知重评的这种超强的情绪调节效果似乎不能通过采用非顿悟的常规性的认知重评调节的重复量增加或者是调节角度的增加而获得，也就是说常规重评的简单累加并不能达到顿悟那样好的效果，这在一定程度上与“不二之悟符不分之理”的道理是一致的，即如果想要获得超强的情绪调节效果，非通过顿悟的方法不可。

第五，关于顿悟究竟是不是一种“学习”的问题（这个程教授曾在会后讨论提出）。我认为，如果抛开宗教的或者神秘主义的观点不论，就问题解决领域而言，顿悟无疑是一种学习：1. 从行为科学角度看，无论是当年苛勒经典的黑猩猩顿悟问题解决实验，还是其后以动物为实验对象的研究，都发现个体会在一旦获得顿悟的解决方式之后就长期地掌握这种方式（Epstein et al.，1984），这与桑代克经典的尝试错误实验范式所揭示的行为特征是不同的。2. 在脑科学层面，无论是我们最初的脑成像实验（Luo & Niki，2003），还是其后的脑损伤病患研究（Warren，Kurczek，& Duff，2016），都发现了顿悟的关键脑认知机制与海马体的功能有关，而众所周知，海马体是脑内负责情节记忆和学习的关键脑区，这意味着顿悟是一种学习和记忆过程。3. 在认知科学层面，相关的学习模型认为，人脑较之其他智能系统之所以能够同时兼具稳定性和灵活性的特点，是因为人脑中既有基于海马体的“快”学习记忆系统，也有基于大脑皮层之间形成直接联系的“慢”学习记忆系统（McCleland，McNaughton，& O'Reily，1995；Squire & Zola-Morgan，1991），而我认为顿悟过程则很可能能够同时调动上述两个系统，即在一个单一试次的学习中就形成和达到语义记忆层次的稳定的学习效果，关于这一点，已经被我们新近所做的关于在顿悟和创意信息加工中既能形成“新联系”（由海马体所介导）又会形成“新概念”（由后部颞中回所介导）的研究所部分地证实（Ren et al.，2020；Zhang et al.，2020）。

总而言之，上面所列举的有关情志相生相克与顿悟问题解决的例子，它们都体现出了非典型的认知特征，采取了与认知主义思想不同的思路和策略，体现了鲜明的中国传统文化特点，而与此同时，这些视角和思路还可能有助于我们去解决今天在适应与学习中所遇到的困境，使我们能够更好地创造性地适应急剧变化的社会环境，并且在这种创造性适应中不断学习和创新。

秦绍正

北京师范大学教授

儿童青少年情绪问题的认知神经机制研究

今天报告的内容是儿童青少年情绪问题的认知神经机制研究。我们将从四个方面来汇报。第一，就是研究背景；第二，是最近的一些研究现状和挑战；第三，是最新研究进展与趋势。咱们重点关注儿童青少年情绪问题对脑认知功能的影响及与遗传环境的交互作用。在这两个问题的基础上，我们会开展一些针对情绪问题的行为干预措施，最后是总结和展望。

首先，与情绪相关的问题是各个国家乃至全球都最为关注的问题。全球最新的数据显示精神障碍人群超过16亿，其中与情绪相关的就达5亿之多，中国的情绪特别是焦虑抑郁类的情绪问题超过1.2亿人次。新冠肺炎疫情期间问题更加凸显，比如说社交隔离等一系列的疫情防控措施会导致这些障碍成倍增加。我们知道，情感高负荷的压力是导致各种精神健康问题，特别是情绪问题高发的关键因素。它们会作用在我们整个人生的发展变化过程中，特别是儿童青少年期最为敏感。从某种观点来看，其实绝大多数人处于一种亚健康的状态中。再从易感人群看，中国的规模是非常庞大的，但是它占的比例偏小。最为关键的是易感人群处在没有发展成为临床障碍的水平，所以称易感人群，或者叫易受到情绪问题的困惑，它虽然没有达到临床障碍水平，但是已经相当脆弱，如果受到负性超负荷压力的话很可能就会转换为临床障碍的人群。这一系列压力的源头包括，日常生活中的各种压力，重大应激事件，中考、高考以及社会性的公共危机事件。这些压力的源头都会引发焦虑类和抑郁类的情绪问题发生。最典型的情绪问题的特征主要包括两个方面：一方面，情绪的敏感性增强，比如说紧张、易怒、冲动；另一方面，抑郁体现为低落、悲观、退缩等症状——会导致认知的损伤。儿童、青少年人群处于脑发育认知发展的关键时期，认知损伤肯定会对后续发展造成不良影响。从认知神经科学特别是脑科学心理学的角度来讲，焦虑跟抑郁相关的一些问题作用在我们的大脑上会引起我们对事物的感知、评价以及自上而下的调控功能都会受到影响。这在一些成年临床障碍人群身上已经发现，比如抑郁症、焦虑症患者的调控功能就是受到了极大的影响。目前，成年人的模型已经成型，这为长期的研究奠定了非常好的基础。但是我们知道对儿童青少年的研究并不多，他们的情绪问题在真正转为临床障碍之前有一些前驱性的特征，这些特征其实从学龄期间（6 岁左右）就开始出现了——有些是非常典型的，而有些是不典型的。更大群体在发育过程当中的一些症状，如果是不典型的症状，则很难进行早期的鉴别和预防干预。所以，国际上近些年就把研究这方面的问题往前推。就是从成年期到更年轻的儿童青少年期去开展相关的研究。现有的焦虑、抑郁，对情感认知情绪的感知、评价、调控方面的这种模型很可能不适合儿童青少年，而且发育过程中儿童青少年受生物易感性和后天的环境因素的影响，它背后作用在大脑的机制目前也不清楚。所以，前面我已经提到目前绝大多数研究主要是基于成人建立的一些模型。由于对儿童青少年时期的一些特征缺乏早期的评估、预测的指标，给我们的早期预防带来困难。所以现在国际上的研究趋势是更多地关注从成年期到儿童青少年期，这是目前的一个研究趋势。最近，随着脑成像技术的出现，研究从传统的基于量表主观性的评估，进而认知行为的一些实验，逐步朝着采用无创脑影像的方式发展。它让我们大脑的一些神经的活动在一定程度上实现了可视化。

这为我们去发展一些客观的标记，提供了一些新的手段和方法。这些手段和方向的发展，也为我们带来了非常重要的机遇！我们后续的研究主要就是采用功能性的磁共振与结构的磁共振的一种无创手段。然后再来解析它的客观指标，比如说发育过程中儿童青少年焦虑类、抑郁类情绪问题背后的客观标记。如果能找到这些客观标记的话，将为我们后期进行客观的诊断、辅助诊断还有干预提供相关基础。

前面是我讲的一些相关背景，下面我们讲三个方面的研究进展，这主要是我们团队最近几年的工作。第一个方面是我们针对成年人研究建立的模型。前面也提到，在焦虑情况下我们大脑的高级执行功能会受到一定的抑制，导致我们对情绪的感知评价这条通路被过度激活，进而会更多地引起我们一些冲动性反应，而情绪性的调控能力下降就会导致一些过激反应，这个在儿童青少年上表现更加明显。我们发现在7—9岁的儿童青少年期，情绪的感知通路会有一些过度的增强，比如杏仁核亚区里边负责情绪感知的区域，在发育过程当中会倾向于体积偏大，也就是说同期焦虑水平过高的孩子的杏仁核相对长得会更大一些，而且这个区域跟其他脑区，比如前额叶顶叶这种情绪调控相关的脑区的连接会过度增强，即我们所说的神经绷得过紧。而长期过度的紧绷神经，不利于认知能力的发展。

除了基于成年人的模型，我们还建立了动物模型。基于前期一些学者建立的研究方法，我们倾向于认为在压力情况下会引起焦虑。因为焦虑也是从压力引起的一种反应方式。那么孩子体内的压力激素是怎样的呢？

我们主要关注的是这个压力激素的其中一种，叫决心反应——每个人早上起来都会有这个决心反应模式，它还受到急性的、长期的和一些日常生活重大事件的影响。对于压力激素我们主要关注的是早上起来时候的激素水平，它是晚上或下午最低水平的3—5倍，如果依据这个特征，当人受到急性的压力还有焦虑、抑郁时，就会受到很大的影响。

我们再去看这样的一些反应对我们大脑杏仁核循环血液的功能究竟有什么样的影响？

对一百多个7—12岁的儿童青少年，我们采集了他们的压力激素，特别是早上醒来的时候，通过功能性磁共振成像（fMRI）获取他们大脑的图像。同时，看哪些负面的情绪刺激会诱发大脑的一些活动反应。我们发现了什么呢？杏仁核活动水平与负责情绪调控的脑区被激活，其功能连接是因为负性刺激调节了这个重要的通路。而儿童青少年来自家庭生活水平相对偏低的家庭，体内的压力激素的水平就会偏高，进而影响杏仁核和前额叶这条通路，还有负责情绪调控的这条连接的通路。（注意在完成这个情绪任务的时候，压力水平和压力激素是主要中介）

也就是说当我们面临压力的时候，处理情绪信息的这条通路可能就是一个关键因素。这就预示着如果我们以后要去做一些相关的干预调节，很可能就要关注如何降低儿童青少年体内的压力激素水平和一些放松的或者积极的社会支持是如何起作用的。如果使用一些基于脑的刺激手段、无创的刺激手段，很可能前额叶这条通路就是一个刺激的靶点，靠近我们额中回的这个区域则可能在我们情绪调控感知里边起到关键作用。所以，我们应该去想明白这背后的机理。

我们最近的研究成果发现：人体内的压力激素水平不光可以调节我们对情绪的感知，它还对我们的执行功能有影响。我们检测了被试在早上7—8点之间四个时间点的压力水平。六个小时后，我们让他们来完成一个类似学生听课过程的任务，叫工作记忆，并在这个时候获取大脑的图像（早上获取大脑图像有一定难度）。在这一过程中，我们发现海马区域跟前额叶区域的活跃程度会受到早上分泌的压力激素的影响。所以，压力激素水平能够起到一个关键的中介作用。任务的成绩水平高低直接受到早上压力激素水平分泌量的调节，过多或过少都会不利于下午工作的完成。其实这个数据告诉我们，早上起来后的压力激素水平要保持在一个适量的水平，这样下午完成任务的能力才不会受到影响。

对此，我们可以通过一种叫第三松的药物进行干预——剂量非常小，来抑制早上压力激素的分泌，然后下午还是按同样的流程去获取大脑图像。我们发现压力激素水平正常的时候能够促进工作记忆，特别是促进海马区与前额叶的交互来完成我们执行功能工作记忆的任务；如果压力激素分泌受到抑制，就不能很好地完成工作，大脑活动的模式就会发生一些暂时性的异常。基于这种关键的因果关系和前期的一些模型，我们建立了这样一个框架，即早上我们的压力激素水平需要分泌到一个最优的水平，我们称其为准备状态。换言之，就是让我们早上起来时的压力激素分泌在大脑里的表达，能使我们的大脑处于一个准备状态，这是一种非常重要的激励。特别是对儿童青少年压力激素水平在调节负面情绪时有中介作用。

第二方面是儿童青少年情绪问题，遗传跟环境的交互作用。这个主要是与中科院心理所李新颖团队通过对从 9 岁、9 岁半到 19 岁半这个年龄段的 1 541 个儿童青少年开展研究。研究结果显示，9 岁半到 19 岁半期间，男孩和女孩的焦虑水平、抑郁水平上升得非常快，且都是随着年龄增长。那么除此之外，还有什么因素能够对他们产生影响呢？

在此我们主要关注的是消极的教养方式。我们发现消极的教养方式能够通过杏仁核和情绪感知，对情绪调节产生非常明显的作用，即能够中介，就是如果这种连接发育过快、连接过紧，就表示能够中介。比如说 13 岁时候的负性教养方式过于严格，就会导致三年后孩子的抑郁水平偏高。这就是一个非常明显的中介效应。在负性教养环境里边长大的孩子，他这条通路的连接模式过强就会导致焦虑水平高和抑郁问题。更加严重的是，它的遗传度达到 21%—22% 之间。其实，这就意味着环境及其环境跟遗传因素的影响非常大。我们通过双生子的一个模型来研究并开展相关数据分析，发现这存在非常明显的性别差异，特别是在焦虑、抑郁问题上。被试男孩和女孩的情绪调节模式呈相反的趋势。例如，当我们将这种作用的方式拓展到中介模型上时，我们发现在负性教养方式下，通过杏仁核与相关通路对抑郁和焦虑的影响，在女孩身上的表现是显著的，也就是说中介作用对女孩影响显著，但是男孩似乎没有受到影响。这为我们后续研究提供了相关依据。

第三方面因为时间关系就不细细展开了。其实通过前面的研究结果，我们能不能基于这种脑认知的一些手段和方法来干预和改善情绪问题？我想第一个办法是通过重新暴露再激活，以及积极情绪的支持来改善我们对负性情绪记忆的一些不良反应，但背后的机理目前还是不清楚。第二个办法是积极的社会支持。就是来自父母的积极支持，能够减弱杏仁核在看到或知觉到负性刺激时的敏感性，那这其实就是一个很好的保护作用。第三个办法是我们发现积极的认知训练也能够促进脑的功能，还可以缓解学习焦虑。此外，我们最近还发现积极的提取训练能够让我们的大脑快速地重组，从而提升长期记忆。

最后，如果我们理解了脑认知背后的那个原理的话，就很可能让我们理解这个情绪，理解这个易感性的发生。但我们发现大脑网络作用在不同的关键脑区以及这些脑区之间的连接模式非常多，有的没有涉足，有的还缺乏证据，所以需要更多的研究来开展。感谢我们课题组、我们团队的同学以及线上线下的各位专家同行。谢谢。

张静

华东师范大学副教授

社会与情感能力是什么？又如何？

——基于2019经济合作与发展组织的社会与情感能力测评（SSES）结果

进入21世纪，在全球化与多元化的冲击下，日益增强的技术变革与传统社交网络的解体使人们愈发重视信任、合作与同情等社会与情感能力在应对变化与挑战中的重要作用（经济合作与发展组织，2018）。2014年经济合作与发展组织“社会进步技能”（Skills for Social Progress）大会将“认知能力和社会与情感能力均衡发展”视为应对21世纪挑战的儿童发展目标。在我国，党的十九大报告中提出，“要全面贯彻党的教育方针，落实立德树人根本任务，发展素质教育，推进教育公平，培养德智体美全面发展的社会主义建设者和接班人”。2021年颁布的《义务教育质量评价指南》将学生“品德发展、身心发展、审美素养、劳动与社会实践”的发展质量评价与学业发展评价并重，强调要促进学生德智体美劳的全面发展，培养学生适应终身发展和社会发展需要的正确价值观、必备品格和关键能力。可以说，社会与情感能力已成为培养21世纪人才的核心能力。

社会与情感能力也被称为非认知能力，软技能或品格能力，指涉人实现目标、与人合作以及管理情绪等技能。大量实证研究发现，社会与情感能力不仅对学生当下的学习与生活产生重要影响，也对其未来职业成就与人生幸福发挥着关键作用。具体而言，高水平的社会与情感能力是学生认知能力发挥作用的保障，社会与情感能力可以促进学生认知能力的发展进而使学生获得高水平的学业成就；社会与情感能力可以提高学生个体幸福感、生活满意度与生活期望，改善不良的生活方式，减少患抑郁症、肥胖症以及被欺凌的风险等。此外，社会与情感能力还能帮助学生实现更好的未来，如获得更高的学术成就、职业地位与工作收入，更出色的工作表现以及更长的寿命等（经济合作与发展组织，2015、2018）。

然而，尽管在教育政策与相关教育研究中社会与情感能力的重要性已上升到前所未有的高度，但对于教育实践中的大多数学生而言，其社会与情感能力的发展仍然是一个“运气”问题，而阻碍学生社会与情感能力发展的重要因素之一便是缺乏可靠的测量指标。因学生的社会与情感能力无法像认知能力一样获得客观有效的评价，所以教育工作者往往无法明确其教育效果，提出相应的改进策略。

1 引言

要对社会与情感能力进行测量，首先需要回应的一个问题便是“社会与情感能力可以测量吗”？通常人们认为社会与情感能力的结构比认知技能复杂，难以进行准确定义与结构划分，而且社会与情感能力不同于身高、体重等外显特征，很难通过操作化量表或行为观察对其进行可靠测量。为解决社会与情感能力的可测性问题，经济合作与发展组织邀请诺贝尔经济学奖获得者詹姆斯·赫克曼（James Heckman）等人对社会与情感能力的概念内涵、结构特征与测量框架等核心问题进行论证，并将大五人格模型（Big Five Theory）确定为社会与情感能力测评框架的模型基础。基于“大五人格”理论，经济合作与发展组织确定了社会与情感能力的评估指标，共有五个维度：即任务能力、情绪调节、开放能力、协作能力和交往能力。每个维度之下有 3 项子能力，任务能力包括责任感、毅力和自控力；情绪调节包括抗压力、乐观和情绪控制力；协作能力包括共情、信任和合作；开放能力包括包容度、好奇心和创造性；交往能力包括乐群、果敢和活力。因此对社会与情感能力的测量便是对五大能力维度及 15 项子能力的测量。

2017—2021 年经济合作与发展组织在全球 9 个国家的 10 个城市开展的“社会与情感能力测评项目”，旨在通过三角互证的方式了解参与国家和城市 10 岁和 15 岁组青少年的社会与情感能力发展水平及其可能的影响因素。苏州市下辖的 6 个区和 4 个县级市共 151 所中小学校的 7 268 名学生参与此次测评项目，包括 3 647 名 10 岁和 3 621 名 15 岁的学生。作为中国经济、文化和教育的发达地区之一，苏州的测试结果及其揭示的问题带有指向意义，对中国进一步深化素质教育也具有借鉴价值。

2 方法

2.1 样本情况

本研究的数据来源于经济合作与发展组织——苏州青少年社会与情感能力调查。苏州市下辖的 6 个区和 4 个县级市共 151 所中小学校的 7 268 名学生配合完成全部测试。其中，10 岁组学生占 50.2%（$N=3647$），15 岁组学生占 49.8%（$N=3621$）。男生占 52.8%（$N=3838$），女生占 47%（$N=3417$），性别不详占 0.2%（$N=13$）。另有 7 136 名家长（10 岁组［$N=3606$］，15 岁组［$N=3530$］）和 3 732 名教师（10 岁组［$N=1400$］，15 岁组［$N=2332$］）也分别参与整个测评项目的家长和教师问卷。本研究结果主要基于青少年自评的数据分析。

2.2 测量工具

2.2.1 学生自评社会与情感能力

经济合作与发展组织学生社会与情感能力量表包括97个题项来直接测评他们的五大维度能力：任务能力、情绪调节、协作能力、开放能力与交往能力。每个维度包含三项子能力，共计15项，各项子能力具备良好的信度。任务能力包括自控力（6题，$\alpha=0.74$）、责任感（6题，$\alpha=0.79$）和毅力（7题，$\alpha=0.85$）；情绪调节包括抗压力（6题，$\alpha=0.83$）、乐观（7题，$\alpha=0.84$）和情绪控制力（7题，$\alpha=0.81$）；协作能力包括共情（6题，$\alpha=0.78$）、合作（7题，$\alpha=0.83$）与信任（6题，$\alpha=0.85$）；开放能力包括好奇心（6题，$\alpha=0.81$）、创造性（6题，$\alpha=0.81$）和包容度（6题，$\alpha=0.73$）；交往能力包括活力（7题，$\alpha=0.79$）、果敢（7题，$\alpha=0.80$）和乐群（6题，$\alpha=0.75$）。值得注意的是，学生自评的15项社会与情感能力原始分数经过赋分、参数估计、加权似然估计、默认反应风格校正与线性变换后，最终能力值为均值500分（所有城市10岁组均值）、标准差100分（所有城市10岁组标准差）的标准分。有关各量表的信效度的详细信息及数据处理技术请参见技术报告（张静等，2021）。

2.2.2 学习氛围

经济合作与发展组织对学习氛围的测量包括合作、竞争2个维度，每个维度各2题，分别为“同学们看起来重视合作/竞争”及“看起来同学们在相互合作/竞争”。量表要求学生评价以上陈述的真实程度，采用4级计分，从1（几乎不或从未如此）到4（几乎是或总是如此）要求学生评价以上陈述的真实程度。总分范围为2—8分，得分越高，说明合作/竞争学习氛围越强。本研究中，学习氛围各维度的内部一致性系数（α系数）较高，分别为合作学习（总体：0.86；10岁组：0.83；15岁组：0.89）和竞争学习（总体：0.86；10岁组：0.84；15岁组：0.87）。

2.3　分析方法

本文首先对学生的15项社会与情感能力在人口学变量，如性别、年龄、社会经济地位等进行了描述性统计分析，结果呈现了学生的社会与情感能力整体发展水平。为探究学生社会与情感能力的可能影响因素以及影响程度如何，本研究重点考查学生的学习氛围和课外活动参与类型并以此为自变量，以学生的各项社会与情感能力作为因变量，以学生的性别、年龄和社会经济地位作为控制变量进行多元线性回归分析。最后，本研究以学生的各项社会与情感能力为自变量，以心理幸福感和校园欺凌受害行为为因变量，考察社会与情感能力对学生不同结果变量的影响。

3　结果

3.1　学生社会与情感能力的整体发展水平

3.1.1　年龄差异

图1显示了学生自评数据中15项社会与情感能力的年龄差异。从图中可以看出，在所有15项社会与情感能力中，10岁组学生的得分都略高于15岁组学生，这与其他国家的数据分析结果一致。

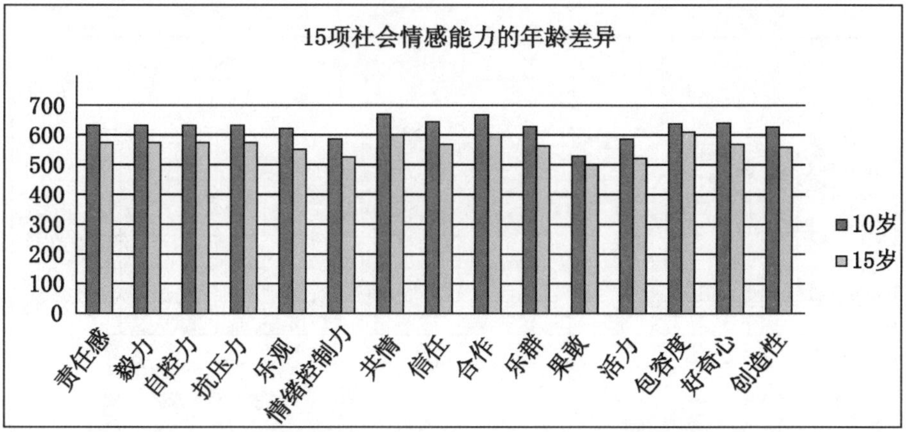

图1　10岁与15岁组学生社会与情感能力的平均数

3.1.2 性别差异

图 2 和图 3 分别呈现 10 岁和 15 岁组学生 15 项社会与情感能力的平均值，这些统计数据是根据能力的加权似然估计（WLE）分数进行计算的。总体而言，两个年龄组学生在大多数社会与情感能力方面没有显著的性别差异。15 岁组中，男生在情绪调节（抗压力、乐观和情绪控制力）和交往能力（乐群、果敢和活力）上高于女生；10 岁组学生中，女生在大多数社会与情感能力方面得分较高，尤其是在共情、合作、乐群、毅力和包容度方面。

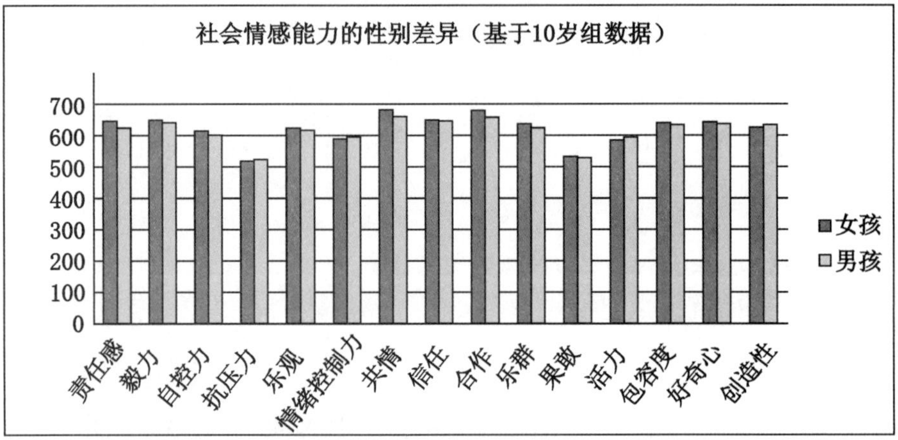

图 2　15 项社会与情感能力的性别差异（10 岁组）

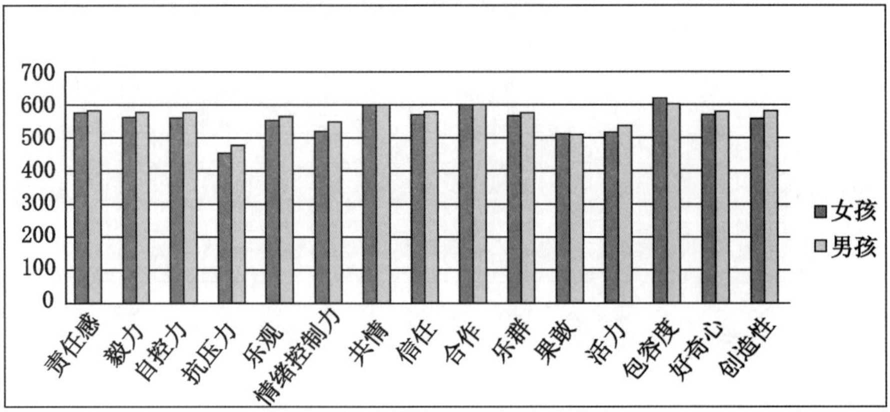

图 3　15 项社会与情感能力的性别差异（15 岁组）

3.1.3 社会经济地位差异

图4和图5分别呈现10岁和15岁组学生15项社会与情感能力的平均值。无论是10岁组还是15岁组，学生所处的社会经济地位越高，其15项社会与情感能力越高。

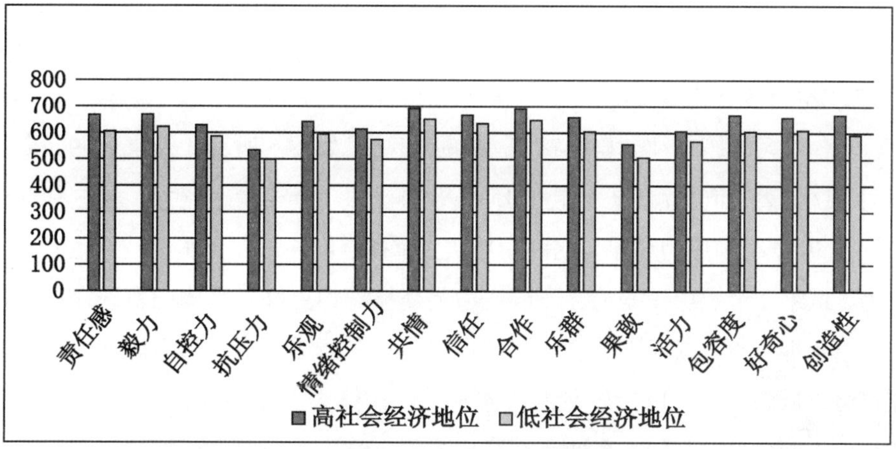

图4 15项社会与情感能力：按社会经济地位（10岁组）

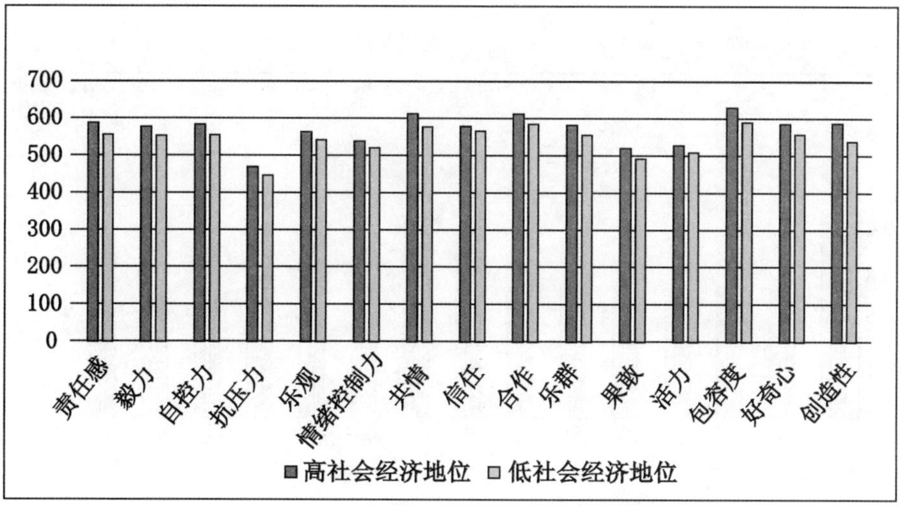

图5 15项社会与情感能力：按社会经济地位（15岁组）

3.2 青少年社会与情感能力的影响因素

3.2.1 “竞争”还是“合作”学习氛围

就学习氛围本身而言，苏州市 10 岁组的合作学习氛围显著高于 15 岁组。15 岁组的竞争学习氛围显著高于 10 岁组。从效应量的大小来看，10 岁组与 15 岁组在竞争学习氛围上的差异比合作学习氛围大。无论是在 10 岁组还是 15 岁组，在合作学习氛围上，无显著的性别差异，而在竞争学习氛围方面，10 岁组和 15 岁组男孩显著高于女孩。

合作学习氛围对社会与情感能力的回归结果如图 6 所示。结果表明，合作学习氛围显著正向预测 10 岁组和 15 岁组的各项社会与情感能力，且这种促进作用在 10 岁组中更为明显。这说明当学生重视合作并乐于合作时，学生的任务能力、情绪调节、协作能力、开放能力及交往能力更好。具体而言，在任务能力上学生拥有更强的毅力、责任感与自控力；在情绪调节上学生能够更好地控制情绪，抵御压力，保持乐观的心态；在协作能力上学生更倾向于信任他人，体会他人的感受并与他人合作；在开放能力上学生对新事物或情景更加包容并充满好奇心，也能创造性地提出自己的观点和想法；在交往能力上学生更加果敢，充满活力并善于融入集体。比较 10 岁组与 15 岁组的回归系数可发现，对于 10 岁组，合作学习氛围对社会与情感能力的促进作用更大。

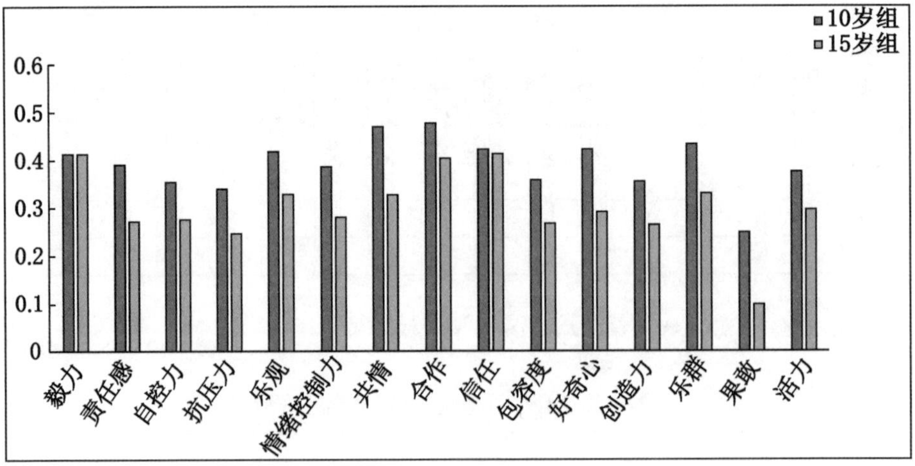

图 6 合作学习氛围对社会与情感能力的回归系数

竞争学习氛围对社会与情感能力的回归结果见图7。结果显示，对于10岁组，竞争学习氛围显著负向预测毅力、责任感、共情、好奇心、合作、乐群与活力。但在15岁组中，竞争学习氛围显著正向预测毅力、责任感、共情、好奇心，且竞争学习氛围与合作、乐群、活力无显著关联。另外，10岁组的竞争学习氛围与包容度、创造力无显著关系，但15岁组的竞争学习氛围显著正向预测包容度与创造力；同时，竞争学习氛围正向预测10岁与15岁组的自控力与果敢，但15岁组的系数比10岁组大。可见，随着年龄增长，竞争学习氛围对社会与情感能力的作用逐步向好的方向转变。然而，与合作学习氛围相比，竞争学习氛围对社会与情感能力的影响较小。

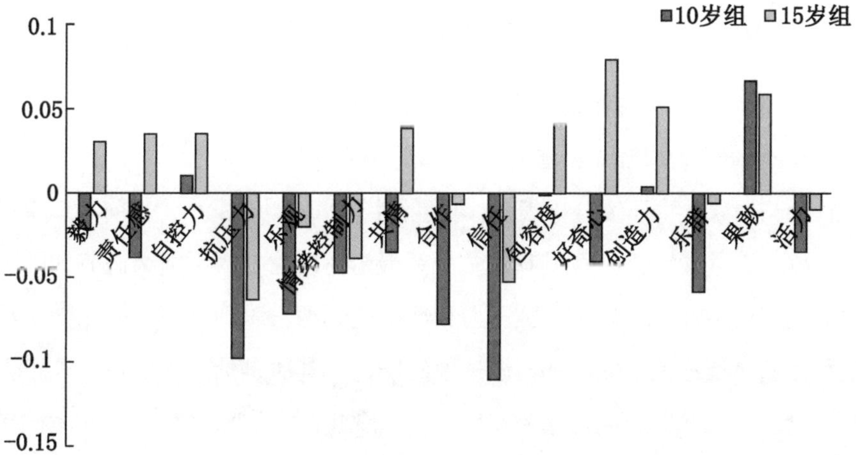

图7　竞争学习氛围对社会与情感能力的回归系数

3.2.2　课外活动

将学生的每日课外活动划分为三类：户外日常活动，室内日常活动和网络日常活动。以它们作为自变量，以学生的各项社会与情感能力作为因变量，结果发现积极参加体育、艺术类等户外活动能够显著提高学生的好奇心和创造性，但参与网络活动（包括玩电子游戏、网聊、浏览网络信息等）则损害学生的创造性和好奇心（见图8）。

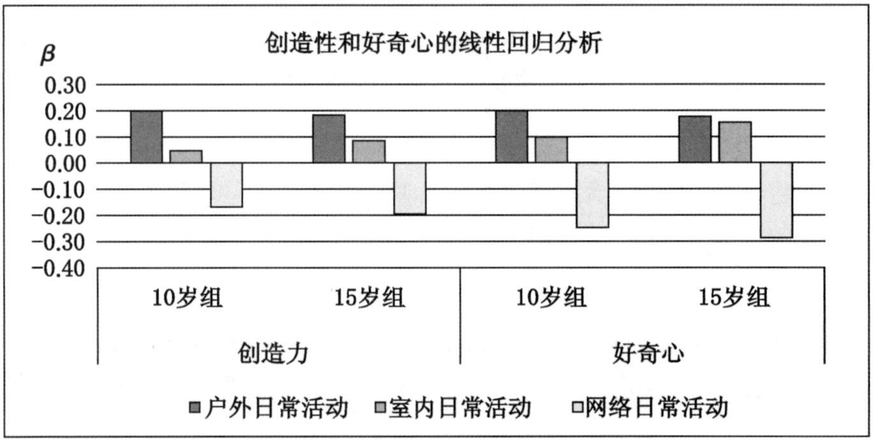

图8　课外活动对好奇心和创造性的回归系数

3.3　青少年社会与情感能力对结果变量的预测

3.3.1　学生的心理幸福感

社会与情感能力研究分析表明，与生活满意度（见图9）、当前心理幸福感（见图10）和考试焦虑（见图11）的关系最为密切的是属于情绪调节（即大五人格的情绪稳定性）的乐观、抗压力和情绪控制力。乐观是目前为止与生活满意度和当前幸福感关系最密切、最一致的能力，其次是活力和信任。抗压力和乐观与学生考试焦虑的关系最为密切，与乐观相比，抗压力与学生的考试焦虑更相关。

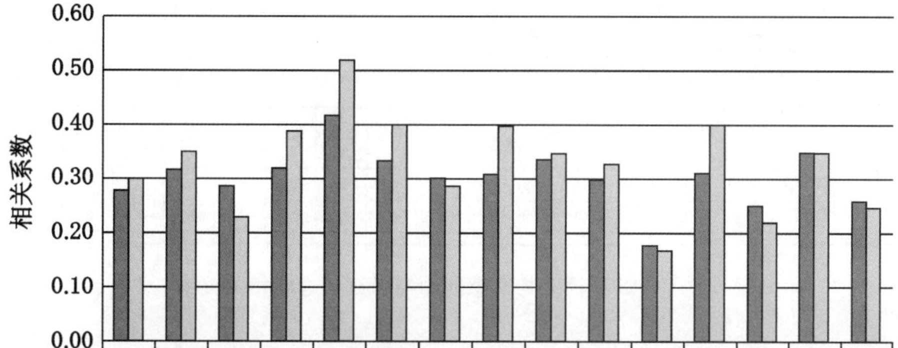

	责任感	毅力	自控力	抗压力	乐观	情绪控制力	共情	信任	合作	乐群	果敢	活力	包容度	好奇心	创造性
■10岁	0.28	0.32	0.29	0.32	0.42	0.34	0.30	0.31	0.34	0.30	0.18	0.31	0.25	0.35	0.26
□15岁	0.30	0.35	0.23	0.39	0.52	0.40	0.29	0.40	0.35	0.33	0.17	0.40	0.22	0.35	0.25

图 9　15 项社会与情感能力与生活满意度的相关关系

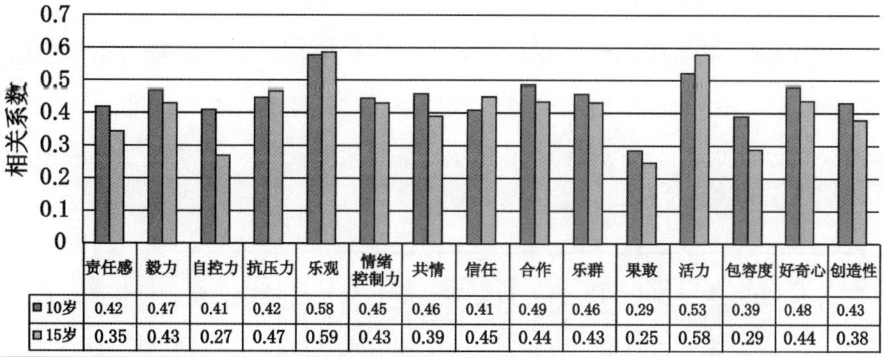

	责任感	毅力	自控力	抗压力	乐观	情绪控制力	共情	信任	合作	乐群	果敢	活力	包容度	好奇心	创造性
■10岁	0.42	0.47	0.41	0.42	0.58	0.45	0.46	0.41	0.49	0.46	0.29	0.53	0.39	0.48	0.43
■15岁	0.35	0.43	0.27	0.47	0.59	0.43	0.39	0.45	0.44	0.43	0.25	0.58	0.29	0.44	0.38

图 10　15 项社会与情感能力与当前心理幸福感的相关关系

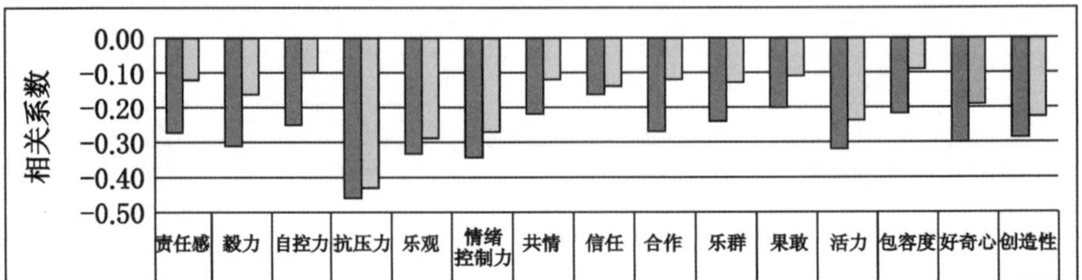

	责任感	毅力	自控力	抗压力	乐观	情绪控制力	共情	信任	合作	乐群	果敢	活力	包容度	好奇心	创造性
10岁	-0.27	-0.31	-0.25	-0.46	-0.33	-0.34	-0.22	-0.16	-0.27	-0.24	-0.20	-0.32	-0.22	-0.39	-0.29
15岁	-0.12	-0.16	-0.10	-0.43	-0.29	-0.27	-0.12	-0.14	-0.12	-0.13	-0.11	-0.24	-0.09	-0.19	-0.23

图 11　15 项社会与情感能力与考试焦虑的相关关系

3.3.2　学生的校园欺凌行为

图 12 显示了学生对校园欺凌行为的感知与 15 项社会与情感能力之间的相关关系。正如预期的那样，在学校被欺凌的程度与各社会与情感能力呈不同维度地负相关。校园受欺凌指数与情绪调节相关的三个能力（乐观、情绪控制力和抗压力）密切相关，也即 15 项社会与情感能力中，自控力和抗压力对于校园欺凌是较为稳定的保护性因素，即在 10 岁组和 15 岁组中，学生的自控力和抗压力水平越高，越不容易受到校园欺凌。对于 10 岁组，情绪控制力和信任也是保护性因素，学生这些能力越高越不容易受到校园欺凌。这与以往的研究发现相一致（Godleski et. al, 2015; Shields & Cicchetti, 2001），表明受害（或攻击行为）与情绪调节之间密切相关。

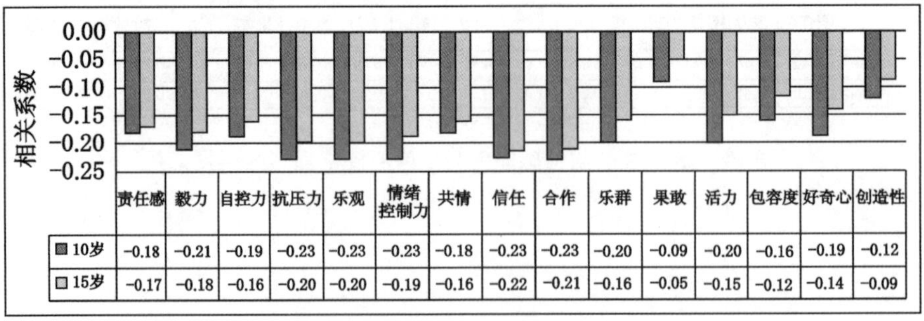

	责任感	毅力	自控力	抗压力	乐观	情绪控制力	共情	信任	合作	乐群	果敢	活力	包容度	好奇心	创造性
10岁	-0.18	-0.21	-0.19	-0.23	-0.23	-0.23	-0.18	-0.23	-0.23	-0.20	-0.09	-0.20	-0.16	-0.19	-0.12
15岁	-0.17	-0.18	-0.16	-0.20	-0.20	-0.19	-0.16	-0.22	-0.21	-0.16	-0.05	-0.15	-0.12	-0.14	-0.09

图 12　15 项社会与情感能力与校园受欺凌程度的相关关系

曹坚红

上海市静安区教育学院“做中学”研究所副所长

直面真实问题的社会情绪能力养成教育

对直面真实问题的社会情绪能力养成教育的研究，我们已经持续了 12 年，成果曾经获得 2018 年国家级教育教学成果一等奖。

不知大家有没有听过这样的说法：小时候觉得天大的事儿，长大几岁回头去看，那真的不算什么。每个年龄段的孩子在真实的社会生活中都会遇到各种各样的问题乃至困扰，之所以称它们为问题和困扰，是因为孩子们在当下不知道该如何处理才更好。然而，孩子们与这个社会互动的过程，又恰恰是其社会情绪能力逐步形成的过程。

这是我们对社会情绪能力的定义——个体在与社会互动过程中，驾驭自己的情绪、与他人建立积极的关系、负责任的决策以解决社会生活中各种问题的能力。

研究表明，这种能力除了受先天基因的影响外，主要来自人与所处社会环境的互动，这种能力无法靠单纯的讲道理、传授获得。所以，我们研究的是如何用不同年龄段孩子遇到过的真实问题来进行养成教育、提升学生的社会情绪能力，并且让这样的养成教育面向全体学生。我们的学生不但需要当下的社会生活指导，而且需要有更强的能力去应对未来，这是我们最初决定用真实社会生活问题来培养学生社会情绪能力的缘由。

那么，我们是怎么做的呢？我们的策略是：全部教育主题均来自学生生活中真实出现过的问题，并且针对幼儿园、小学、中学设计了不同的养成教育方法。想到这些策略并不难，难的是这些策略本身并不能告诉我们，那些来自学生真实社会生活的问题，我们是否有能力给学生更好的处理建议。

我们发现，在这些真实的问题面前，我们的视线无法只停留在深受困扰的学生个体身上，我们无法忽略他所处的小社会环境以及这个小社会环境中的其他人。

举个例子。有个男孩，长得胖，看起来很合群，他有一些朋友。只是这些朋友经常拿他的身材开“玩笑”，实则是当众嘲笑他，他能够感知到这一切不友善，却不敢拒绝和表达不满。他说，他表现得不开心的话，怕会被孤立。最后，以这个例子为素材设计的社会情绪能力养成教育主题，是给男孩周围的全体同学准备的。学生们有机会通过体验、分析开“玩笑”者、被开“玩笑”者、旁观者、熟视无睹者、事后得悉者等人群的不同立场和想法，在此基础上，不难得出一个结论：这不是玩笑，开玩笑的目的是让所有人，包括被开玩笑者开心；如果不是，就不是开玩笑。这个例子里的“开玩笑”是公然的欺辱和伤害。接下来，老师引导学生重点讨论：那么，旁观者应该怎么做？形成共识之后，起草一份班级友好相处公约，列明当看见有人被同学欺负，遇到什么情况，我们应该怎么处理。当然，也包括当事者可以怎么做，如何求助，求助谁……最为关键的是，在他拒绝不合理的要求和伤害的时候，会得到班级舆论的支持。

我们认为，社会情绪能力不是让个体独善其身，或者被动适应环境，而是让个体能够自觉对社会环境施加积极影响。那么，学生愿意自觉对社会环境施加积极的影响吗？我们的经验是，当老师以身作则，学生的自觉程度是极高的。当然，我们还需要注意另外一个现象，就是学生明知故犯。再举个例子，近年来我们发现，一些小学低年级的学生，在同学回答问题出现失误的时候，会哄堂大笑起来；一些小学高年级学生上台演讲的时候，自己能够感受到紧张，但当他人登台出现失误的时候，却又集体表现得非常不耐烦，完全不顾自己的言行会加重台上同学的尴尬和紧张这一后果。当我们分别在不同的年级将类似问题设计成养成教育主题的时候，却发现无论是低年级还是高年级学生，都会对这个行为的后果富有同理心，他们很清楚自己的做法欠妥当。当被问到为什么还要这样做的时候，他们的回答高度一致：别人都在那么做，而我一时没有想到应该怎么做。

由此可见，仅仅帮助学生知道“这样不对”是不够的，比强调“不要去做”更有效的引导是让大家知道应该怎样做才更好。

从以上两个案例可以看出，直面真实问题的社会情绪能力养成教育是需要将价值观教育、心理辅导、社会认知教育融为一体才可以实现的。

不难想象，这样的养成教育对老师们的挑战极大，提供尽可能具体的资源支持必不可少。为此，我们每一个教育主题设计都会给出非常具体的指导思路和方案，老师们无论是以此为基础设计教案，还是将其作为与学生谈话的依据，都会比较清晰地知道该怎么做、这样做的目的是什么。

举个例子，在实施已经完成设计的主题的时候，老师们曾经反映过一个令大家束手无策的问题：学生之间攀比的心思时时处处被表现出来，而它的害处显而易见。比如，有学生将自信建立在与某位同学的比较上，一旦发现不如她，失落、悔恨、嫉妒，甚至报复心都出现了；有学生仅仅因为觉得自己家庭经济条件比不过同学就感觉自卑；一些学习成绩一直处于垫底的同学压力巨大，逐渐丧失自信，他们认为自己永远不可能赶上同学了，凡此种种。老师们坦言，虽然自己经过培训，知道应当引导学生将“与他人攀比”变成“与自己的过去比较”，但正如研究者指出的那样，社会情绪能力的提升，靠说教无用，老师们普遍觉得自己在引导的时候力不从心。

于是，我们及时给老师提供了更具体的突破点：引导学生从关注人变成关注事。为了帮助老师们理解，我当时还打了一个不算很恰当的比方，就是考驾照的时候，别人都考出来了，而我们暂时没有通过，通常情况下，懊恼之余我们会加紧练习，极少会花费时间精力去嫉妒那些先考出来的人。为什么？因为每个人都知道自己终将会通过考试的，考出驾照是有一个标准的，只要达到，人人都可以，所以，我们的注意点都在如何让自己达到那个标准上。同样的，学生遇到的每项任务，完成程度好坏优劣都是有一定标准的，成绩好的同学先达到了优秀的标准，而另一些同学只是暂时还没有达到这个标准。将学生的注意点集中到每件事的达成标准上，致力一步一步根据自己的节奏去达成标准，从“与别人攀比”到“关注自己的努力”。

事实上，社会情绪能力养成是持续一生的功课，润物无声是其适宜的学习状态。因此，在学前、小学、中学阶段需要采用不同的实施途径和做法。

我们就拿一个在不同学段学生都遇到过的问题来说明为什么要有不同。当下学生在课堂上分组学习的机会很多，我们发现，或多或少总会有学生由于种种原因在分组的时候并不受欢迎，每到需要分组学习的时候，对于他们就是一个难熬的时刻。

在幼儿园我们的养成教育策略是，向幼儿示范良好的社会情绪能力表现应该是怎样的，因为幼儿每时每刻都在学习模仿身边的成年人对问题的处理，因此，我们的养成教育就需要融入幼儿一日所有的活动之中。当发现一名幼儿在分组中落单的时候，老师首先会示范，比如说“这一次老师也有组，谁愿意和老师一组呢”，随机邀请几位小朋友，当然，其中包括了这位落单的幼儿。当活动全部结束后，老师会用很短的时间和孩子们一起订立一个规则，因为“今天老师发现，大家没有在全部小朋友都完成分组的时候就开始活动了，这是不可以的，就像我们一桌子人吃饭，人没有到齐，可不可以先动筷子呢?”“不可以，”小朋友会说，“如果我们先吃了，那个小朋友会不开心。”老师就会提议，为了避免这样的情况，我们需要定一个规则。就像人没有到齐不可以动筷子一样，还有人没有找到小组的时候，我们要耐心等待和提供帮助。在示范之后，制定一个人人需要遵守的规则，这个规则让环境更温暖。

同样的事情，在小学也会发生，处理方式则有所不同。小学生通过体验式主题学习，将自身的社会情绪能力运用到营造积极的小社会环境上，类似于一个项目化学习。小学有一个相关主题叫“我也想参加”，学生们先以同理心去了解不同人的立场，包括孤立他人的发起者和被孤立者，最终任务是作为旁观者选择一个有助于维护良好社会环境的决策。值得注意的是，我们没有要求小朋友一定要喜欢、原谅、接纳一位本身有许多缺点的同学，而是强调：你可以不喜欢他，但不喜欢不是你可以排挤和伤害他的理由。

在社会情绪能力养成教育中，初中阶段又采用了更不一样的实施方法。中学生更接受拥有参与主导权的学习方式，因而，他们拥有了一个很开放的学习形式：剧创体验课。需要说明的是，它并非我们熟悉的心理剧，首先，学生会拿到一个微型剧的剧本，它是不完整的，或缺少中间关键的一段，或缺少结尾，或者两者都缺。学生通过完成填空，来使关键行为和结局呈现合理的因果关系。和排挤有关的一个主题叫“我在告密吗”，内容包括：朋友们在传同学的流言，很快这位同学在线上线下都被刻意针对、孤立，要不要去报告给老师呢？如果报告了，自己是否就是一个告密者，也许会是下一个被孤立的人。学生通过这样一个微型剧本，可以推演出近 10 种不同行动带来的不同后果，在这个过程中，反反复复，还查询了相关法律法规，最后仔仔细细地把告密和报告的区别标准争辩清楚：一则告密是为了自己的目的不惜损害他人利益，而报告是为了帮助他人；二则告密对整个社会环境有害，而报告则有助于维护健康的社会环境。有了这样的共识之后，当学生今后面对类似的不良行为以负责任、有方法的方式去求助报告的时候，内心不再有“自己是不是告密者”的负担。

很多熟悉我们社会情绪能力养成教育的专家、老师都知道，我们每个教育主题里都设置了一个“家庭对话”活动，目的是让家长了解学生正在学习的社会情绪能力内容和养成教育目标，毕竟家庭环境是学生又一个日日沉浸其间的小社会环境。家庭对话部分同样基于真实需求和问题，比如学生学习了“尊重他人与自己的不同之处”这一内容后，会有一个“给家长神秘礼物”的家庭活动，三年级的学生需要送一份家长喜欢的礼物，为了避免送出“只是自己认为他们会喜欢”的礼物，同学们用一周时间去关注家长的生活，关注他们的愿望，这一切都不能直接问，得悄悄进行。

这项研究仍在继续深入中，我们最新的研究进展是将社会情绪能力教育融入各科教师一日工作常态中去，将视线进一步聚焦到教师群体，将每日那些琐碎、即时发生的师生互动，变得更科学有效，成为提升师生双方社会情绪能力的契机。

我们希望，无论是学生、家长还是老师们，都能够拥有自信；在压力和挫折之下驾驭情绪，坚持实现目标；富有同理心；有健康的人际关系，能够预防和妥善处理人际冲突；做出更多负责任的决策。以上这五大方面，正是社会情绪能力养成教育的目标。

分论坛四　学习创新的条件与可能

郑太年

华东师范大学教授

学习创新如何可能

在过去的三十多年中，随着学习科学等领域研究的不断深入，关于人类学习的研究取得了巨大进展。这些进展包括三个大的方面，一是在核心的理论主张上，学习的建构性、情境性、社会性、合作性的本质获得不同背景、不同领域研究者的共识，这些共识丰富和改变了人们对于学习发生机制的认识，也为分析教育实践问题和革新教育实践方式提供了新的视角，并反映到教育政策中。二是对于学习发生机制、影响学习的因素等主题的实证性研究，研究进展集中体现在美国国家科学院、工程院和医学院2018年推出的共识报告《人是如何学习的Ⅱ：学习者、境脉与文化》及2000年出版的《人是如何学习的：大脑、心理、经验及学校》等著作之中，研究主题涉及学习与迁移、概念性理解、先前知识和知识结构、元认知、学习的文化本质和社会性、学习过程中文化——生物——境脉之间的动态交互、不同类型学习的发生机制及统合、技术与学习等。三是基于理论观点及实证研究成果设计创新性的学习环境，R. 基思·索耶（K. Sayer）主编的《剑桥学习科学手册》（2006，2014）及弗兰克·费舍尔（F. Fischer）等人主编的《国际学习科学手册》（2018）呈现了世界各地研究者的相关成果。概括起来看，学习科学研究和相关实践的整体方向是：基于学习者的自主能动性和其自身的复杂因素来理解学习的发生机制，创设有效的学习环境，促进深度学习和概念性理解，培养自主性、问题解决能力以及创新能力等高阶能力。

教育实践的实际情况和学习科学所描绘的图景却大不相同。经济合作与发展组织基于对全球数学教学的视频研究发现，集体教学仍然是大部分国家和地区的主要教学方法，学生在数学课堂上仍然在通过重复练习发展其数学技能。我本人做的一项课堂视频研究发现，在我国基础教育课程改革进程中，课堂教学的变化较为缓慢，整体的课堂教学结构和主要形式以及课堂讨论的问题类型和师生互动的方式都相对稳定，整体上看，教师的主导性仍然较强，虽然学生自主进行探究的机会有所增加。学习者中心的、自主建构的、情境化的、合作性的、个性化的学习方式，在实践中仍是非常有限，学科中心、教师主导、反复练习仍很普遍。那么，学习创新如何可能呢？

从教学方式上讲，实现学习创新的一条重要途径就是以育人目标、学科课程目标为指引，将课程内容转化为学生探究的问题或者承担的任务，学生在教师的指导下解决问题或者完成任务，并在此基础上进行观点、方法和结果的呈现、互动和发展。作为有目的、有组织的教育活动，学校教育自然需要关注目标的达成度，具体到创新性的学习活动中，教师需要确认学生学习的结果，必要的时候给予支持以及组织补充性的学习活动。简单地说，教师不是仅仅把目标转化为学科知识的传授和操练活动，而是从学习者自主性、能动性的角度，设计和实施让学生能够主动参与问题解决和知识建构的学习活动。

那么，这种学习创新，政策层面是否支持？从我国政策看，这本身就是倡导的方向。我国的基础教育课程改革将学习方式的转变作为目标之一，自主、合作、探究的学习方式正是转变的方向。2019 年 6 月发布的《中共中央国务院关于深化教育教学改革全面提高义务教育质量的意见》中更是明确提出，“优化教学方式，注重启发式、互动式、探究式教学，……引导学生主动思考、积极提问、自主探究。融合运用传统与现代技术手段，重视情境教学；探索基于学科的课程综合化教学，开展研究型、项目化、合作式学习。精准分析学情，重视差异化教学和个别化指导”。可以说，政策的方向是明确的，在学科课程标准、教师培训中，这些政策要求和背后的教育理念、关于学习的新的理论主张也是贯彻其中的，在教师评价、学校评价中，这些要求也有所体现。

政策要求和理论主张到了学校层面会是如何？学校何以愿意探索和推进学习创新，并且有能力和资源付诸实施？学校意愿至少需要三个方面的协同支持：一是学校在价值观上认同以学生的发展为办学目标，认同学习创新对于实现这一目标的重要性‘二是政策的效力能够触及和支持学校的实践行动；三是教育行政部门和社会（主要通过学生家长）评价学校的方式与学习创新是一致的。在能力和资源方面，既包括教师的专业能力——推进学习创新涉及对于教师专业能力的全新要求，也包括学校能够利用的教育资源——注重学生参与和真实实践的学习方式比基于书本和习题的学习方式需要更多的财力物力，更好的空间条件。而且这些条件中每一项的缺失都可能制约学习创新的发生，如同木桶定律所示，木桶上最短的一块木板决定了木桶所能盛水的量。

更进一步看，即便学校整体上愿意推进学习创新，也有能力和资源支持，具体到教师这里，仍面临着学校推进学习创新的所有类似条件：教师要有动力，其教育价值观和教育信念要支持学习创新；学校评价教师要注重考虑学习创新的要素，学校运行机制要给予教师支持；教师要有专业能力，能够设计和组织实施支持学习创新的课程教学；教师要有精力、有时间，去进行创新设计和开发工作。

在整体的观念系统、管理和评级体系、课程教学组织方式、教师专业能力和教育资源等多方面都没有也难以在短时间内改变的条件下，学习创新确实难之又难，这些方面在多大程度上改变了，学习创新也就在多大程度上成为可能。

在学校中教师常常是认同学习创新的教育价值观的，其专业能力是可以培养的，不少区域和学校也具备相应的资源条件。学校和教师最忧虑、也最常提及的是评价方式对于推进学习创新的影响。通俗地说，就是采用了创新的学习方式，学生的考试成绩和升学机会是不是会受到影响？虽然我们的教育评价制度在淡化考试和升学，但其重要性仍是不言而喻的。在实践中有些学校锐意创新，学生学业成绩不进反退，学校面临来自社会和家长的压力，甚至有校长因此被免职。这里要思考的是：是不是学习创新和成绩下降有内在的关联？

著名学者布里基·巴伦（B. Barron）和琳达·达林-哈蒙德（L. Darling-Hammond）基于大量研究分析，总结了三类学习创新模式："基于项目的学习""基于问题的学习"和"通过设计学习"及其效果。由此得出的结论是：当学生能够将课堂上学到的知识应用于现实世界的问题时，他们会学得更深入；基于探究的方法是培养沟通、协作、创造力和深度思考的重要途径；探究式学习依赖精心设计的评估，评估既用于定义学习任务又用于了解学生所学的知识；探究方法的成功往往高度依赖实施者的知识和技能。如果对这些方法理解不够，或者误认为是非结构化的，那么，与那些意识到实施这种方法需要广泛的脚手架和不断评估以明晰其方向的人相比，它们的好处会大大减少。

就是说学习创新并不一定会导致学生成绩下降，相反，更大的可能是学生学业成就提升，但条件是学习创新需要良好的课程教学设计、评估设计及有效的实施，而教师的相应能力是最为核心的要素，也蕴含着最大的突破可能。全面地学习创新是个系统的工程，需要系统性的转变才能成功。但是系统工程并不意味着没法推进——在不少情况下系统工程成了不作为的方便借口。从现有的研究看，教师的创新设计和有效实施能力才是关键的支点，而且可以从支持个体教师、小群体教师（比如一所学校的教师、一个教研组的教师、一个年级或者班级的教师）的专业能力提升和实践探索入手，推进学习创新的实践，同时以基于证据的行动研究来分析如何做才最有效、最可行，还有学习创新给学生带来的学业成绩和关键能力以及创新发展上的结果是什么。当我们有越来越多的成功实践，并获得学生、社会和教育行政部门的认可的时候，学习创新的星星之火，在不久的将来就会呈现燎原之势。

夏雪梅

上海市教育科学研究院研究员

项目化学习的设计与实施

——素养视角下的上海实践

各位老师，各位线上线下的朋友们，大家下午好！

首先，非常感谢主办方的邀请，也谢谢郑教授的邀请，有这样的机会和大家进行交流。这也是一个命题作文，讲一下上海在推进项目化学习方面的设计和实施以及在实践当中的发展。

学习的创新会带来在理论和实践层面上非常深刻的变革。刚才郑教授已经讲了很多理论方面的内容，我们会看到关于人是如何学习方面一系列新的进展。那么，当这些理论落到课堂中，落到真实的学习和教学中，它将是什么样子的呢？我想，我们可以先从一个案例开始。

这个案例发表在前天晚上的“预见学习”公众号上。这个案例中，学生组成了教育软件的开发团队，来为他们学校中有软件需求的教师设计符合他们需要的、简便易行的软件。学生面对的是来自现实世界中教师的真实诉求，他们需要运用计算思维去解决这样的挑战性问题，同时在解决问题的过程中去学习编程的相关知识。这样的信息技术知识是“活”的，是被编织在这个项目中的。

在整个过程中，学生们会经历与真实世界中专业的软件开发人员类似的真实实践。他们要作为软件需求的调查师调查、筛选老师们的要求，把要求用比较简洁可行的方式呈现出来；他们要对这些软件的需求进行分解，设计相应的程序；他们要考虑如何在软件初稿中设计界面、按钮、算法；他们要作为调试员与用户老师进行沟通。而在成果检验中，他们不仅要考虑成果本身是否达到了标准，还要听取用户老师的意见和专业的软件设计师的评价，进行反思。这样的项目不是在做一个活动，而是一个非常严谨的学习历程。同样，这样的项目也需要设计者严谨的教学设计。

这样的教与学价值何在呢？如果只是掌握一些编程知识，是不需要经过这样的学习的。而当我们的目标不仅仅是获取信息、技能，而在于知识与能力在真实世界中的“远迁移”，这样的设计和实施就变得有价值。尽管素养有很多种概念或界定，但都很强调素养在真实而复杂情境中的“迁移”性，而要获得素养，意味着学习知识的方式也要发生变化，不是孤立地记诵大量的知识，而是需要在真实的问题情境中学习，学会在情境中分析自己已知了什么，还需要知道什么，如何进一步学习，如何调用以往的知识，进行整合与重构。素养目标的出现，会带来对整个学习过程重新地定位和理解。

从这个案例，我们还可以看出上海在推进项目化学习中所体现出来的一些普遍的特征和可能呈现出的四个特点：

第一，始终植根中国教育的现实。很多概念和理论都非常好，可是如何落地到现实教育，需要面临各种限制性的条件。比如说班级规模，在我们所做的比较研究中，国际上采用创新的教学方法的学校一般都是 20 多人的班额，但是今天我们 40—50 人的班额还是比比皆是，甚至很多地方有 60—80 人的班额。班额是推进学与教变革的重要限制条件之一。此外，还有课时的限制、教学进度的要求、以知识为主线的逻辑组织方式如何转变为以问题解决为核心的逻辑。这些限制条件都需要我们对国际上通行的项目模式进行本土化的处理。从哪些学科入手，从哪些知识入手，要进行非常审慎地选择，并不是所有的知识和所有的学科都可以或都需要进行项目化。上海的推进并不是一蹴而就的，而是从实验室开始进行教育实验，从小规模的课堂探索开始，然后再慢慢扩大规模。

基于这些实验，我们形成了素养视角下项目化学习设计的框架，在这个框架中，有几个要素是具有本土特征的：通常国际上的项目非常关注驱动性问题，而我们增加了驱动性问题背后的本质问题，因为本质问题可以与大概念、核心知识关联，可以带来超越情境的迁移；当前国际上的项目化学习的流派也强调项目不仅仅是培养软技能，也要指向核心知识，但是我们更强调项目中整个高阶知识包裹、驱动低阶知识的网络建构；比如在项目设计过程中引入高阶认知策略和学习实践，深化学生在项目中的学习导向，为项目评价埋下伏笔。

第二，始终坚持国家课程的高质量实施。上海的项目化学习起源于国家课程的高质量实施。基于课标结合教材是在进行学科项目设计中的一个重要的原则，这是为了改变长久以来课程改革“两张皮”的状态，将探究进入到学科领域。研究性学习、探究型课程改革的历史表明，如果项目游离于课标和教材之外，在实践中就会成为边缘的活动。为此基于国家课程方案，上海的项目化学习围绕创造性问题解决，发展出活动项目、学科项目和跨学科项目等不同的类型。在综合实践活动中融入项目要素，进一步明确综合实践活动的通用性素养目标的导向；在国家课程中，基于课程标准将教材作为学生解决问题和深化思维的载体，构建出从微项目到单元项目，到同一个年级当中的跨单元的项目，到以大概念为引领的跨年级的项目，到跨学科项目，引导学生像专家一样思考和实践。

第三，始终关注学校和教师内生的变革动力。如何促进广大学校和教师成为变革的主体？我们希望通过我们探讨和实践，赋能实践者成为主动传播的火种。这些年来我们发现确实起到了作用，很多学校和老师会主动成为传播的力量。我们主要做了这样几件事情：针对教师在项目化学习设计和实施上存在专业能力短板的问题，我们在国内率先将设计、实施、资源、质量评估反馈、专家支持、区域与学校管理等功能整合为网络平台，线上线下融合形成“伴随式”的支持系统，支持大规模教师开展项目化学习实践；构建市、区、校三级研修培训网络并纳入继续教育学分体系，组织开展200余场“做中学”工作坊，为教师提供项目化学习行动指南、实用工具、线上备课资源库、评价指南和案例，赋能教师创造性使用教材，从接受者转变为主动的引领者和创新者。以2021年度的“种子教师”工作坊为例，通过进阶工作坊的实践体验，“种子教师”了解并掌握了项目化学习设计和实施的基本流程和要素以及相应的方法与策略，创生出了符合项目化学习要求的典型案例。我们要让老师看到新的课堂样态是怎么样的，向他们的同伴学习，同时也进行自我反省与改进。

第四，始终坚持基于证据教育的变革。我们在上海的探索当中比较强调的是研究先行。因为用研究先行可以避免在实践过程中出现的盲动，只有在理念和实践互动过程中，才会达到对问题更加深入的理解。所以规模的追求可能不是我们最关注的，我们更关注的是怎么做出高质量的项目。用理论、用证据、用来自一线学校和教师最真实而及时的反馈迭代行动。

我们进行了语文、数学、科学学科项目的中美比较，明确什么问题情境、什么样的项目、什么样的评价设计可以更好地培养素养；我们进行语文项目单元的准实验的研究，考察项目对于学生的高阶学习和低阶学习质量是否会产生影响；我们和华东师范大学的教育心理学系联合考察实验区学生的学习素养课堂变革的特征；我们也从去年年底开始启动对高质量的项目设计和实施的质量标准进行本土研制和验证。

面向未来，素养视角下的项目化学习实施将继续深入与当代学习科学的新发展、新成果相结合，与深化教育评价改革相适应，进一步发挥过程性评价、综合评价和增值评价在学生项目化学习和创造性问题解决能力评价中的积极作用，进一步加强信息智能技术在项目化学习过程中的场景应用。素养视角下的项目化学习将致力为每一个学生带来开阔的课程学习视野与格局，让每一个学生都能成为面向未来的“心智自由”的终身学习者。

好，我报告的内容就到这里，希望能够获得大家更多的批评指正，谢谢大家。

张丰

浙江省教育厅教研室研究员

重新定义“学习”：浙江项目学习的积极实践

本次论坛的主题是“学习的创新”，大家就当前的“教育之变”展开前瞻性的讨论。在这个充满变化的时代，我们讨论“教育之变”，有一些问题需要思考：我们是否清楚当前相对稳态的教育实践有哪些特征？有无体会到昨日曾发生的“教育之变”？这些变化究竟是积极之变，还是消极之变？哪些是积极之变，哪些是消极之变？我们能否保证未来的“教育之变”一定是“积极之变”？是积极迎接时代发展的实践创新还是克服“消极之变”的实践回归？……

如果要说改变，有一个趋势十分明显，就是人们越来越多地以学习（Learning）来表达教育（Education）的真谛，这反映了教育活动的学习本质。但现实中的“学习”与“教育”，许多其实已被异化。我们今天讨论“学习”的创新应回归本质，再论创新与发展。今天与大家分享我们关于项目学习的探索，就是一类创新实践，但我更愿意将其理解为教育的固有之道，自然之法。

一、在“双减”中反思学习

我们有必要从当前“双减”的大背景切入，在实践反思中寻求对“学习”的真正理解。

从文字看，“双减”政策是就加强作业管理、开展课后服务、规范校外培训这三大方面的具体要求和措施，但我们必须透过这些具体要求看到“双减”的实质其实是教学与评价改革的深化。必须要规范教学秩序、落实教学常规、改善教学过程；要端正评价导向、完善招生制度、改革质量评价，才能使“双减”真正落地。

当前中小学作业量攀升、题海泛滥的背后是不正确的学习观的广泛存在，是我们成年人，包括老师与家长对被动学习、低阶学习的漠然与无视。很多人将被动学习、低阶学习视作学习，但被动学习、低阶学习未必是学习。人们对被动学习、低阶学习的姑息甚至推崇，使得现实中的“学习”只是训练而非成长。其背后是长期以来，短视的、不正确的评价导向未能及时扭转的结果。它主要体现在：迷信存在技术局限的纸笔测验与“唯分数”的评价结果运用。

校外培训的蔓延及其消极影响在于其迎合与强化了“唯分数”的不正确的评价导向的影响，以营销的手法助推规模化的焦虑，以提前学习为主要方式，以简单训练为主要特征的不当的学习取向被强化和推广。家长们热衷于将子女托付给机构，强化了学生对“教”与“管”的依赖，这貌似有利于学生在纸笔测验中取得好看的分数，但却掩盖了长期依靠外驱与管控将决定孩子“缺钙”的事实。“唯分数”的评价同时使人们只重授知，忽略育人，认知学习与社会性成长脱节。

因而在加强课后服务与改进作业时，必须重视正确的学习方式与评价导向。但凡在这两方面依然采取消极取向的加强，就绝不是我们所期待的学习。

二、重新定义“学习”

我们认为，学习是促进人思维发展的过程。

学习是人主动思考、独立思考的过程，在意义建构的过程中发展批判性思维；要关注学习活动中低阶学习与高阶学习的区别，强调基于理解的迁移以及在迁移转化中的思维发展；要强调学习是一种真实性的实践，以及学习者在其中的社会化交往与个性化体验。

我们认为，学习是促进人形成自我教育能力的过程。

学习应该是为学生成长“植芯”的过程，是促进学生“学会学习”的过程。一要帮助学生理解学习的意义，理解学习方式多样化的价值，唤醒学生的内在动力；二要帮助学生形成自我监控和指导的能力，建立自我管理体系。

我们认为，学习是促进人的社会性成长的过程。

学习也是一个社会活动过程，是促进学习者形成积极的社会理解，具备良好的社会技能的过程。如何以积极的态度理解社会现象，以同理心理解他人，形成关于自己及发展的正确定位与规划；如何以有意义的方式组织信息，通过口头或书面的形式与同伴进行有效交流或公开表达，在倾听的基础上给予同伴建设性的反馈；在与同伴一起面对任务时，如何通过积极沟通与观念整合形成共识，合理分工或协同配合地解决问题……

美国惠普基金会（William and Flora Hewlett Foundation）曾提出深度学习能力框架。(见下表)

领域	能力	具体表征
认知领域	掌握核心学术内容	形成和获得关于知识点的基本理解，能将知识迁移到新情境中，进而解决问题
	批判性思维和问题解决能力	运用某一学科的核心工具和技术阐述及解决问题
人际领域	有效沟通	以有意义和有效的方式组织信息和数据，通过口头或书面的形式对复杂概念进行交流，并在倾听之后为同伴提供适当的建设性的反馈
	合作	通过合作完成和解决共同的任务，包括共同的团队目标、解决问题的步骤规划、识别所需资源、合作过程中的沟通和观念整合等
个人领域	自我导向的学习	学生形成自我监控和指导的学习能力，包括设置学习目标、跟踪学习进程、掌握学习技能和策略等
	学习心志	对于学习的理解与态度，影响学生学习参与度的动机。如对学习共同体的归属感，将学习理解为一个社会过程，学术追求与自信，理解学习的艰巨并积极努力的意愿等

我们对学习的重新定义与其框架非常接近。日本学者佐藤学先生曾说过："学习是通过创造世界（认知的实践）、人际交往（交往的实践）和完善自我（自我内在的实践）这三种对话性实践而完成的。"夏雪梅博士曾从学习者所经历的探究性实践、调控性实践、社会性实践、技术性实践与审美性实践来分析学习活动。各位学者都已在从不同的研究视角去寻求对"学习"的重新定义，而且所见略同。

不过，对"学习"的重新定义，看似是一种创新，但更是返璞归真，是希望因为功利而迷失的教育尽快返途的呼唤。

三、从 STEAM 教育到项目学习的发展

我们对"学习"的认识的突破，源于我们对 STEAM（是科学［Science］，技术［Teachnology］，工程［Engineering］，艺术［Arts］，数学［Mathematics］五个学科首字母的组合）教育的探索。STEAM 教育实践并不只在于科技创新教育，而是探索教育教学的变革与寻衡，从偏重"学术取向"的学习向兼顾"应用取向"的学习发展，从"讲中学""听中学"为主向增加"做中学""实践中学习"发展，从"知识积累"的学习向同时注重"素养发展""思维发展"的学习发展，逐步将理论性的科学思维、试错性的工程思维和现实性的设计思维相结合，使学生真正实现认知学习和人的社会性成长的结合与进步。

回顾浙江 STEAM 教育的五年实践，可以用四个时间节点描述其发展的轨迹。

2016 年 10 月 22 日，首届中美 STEAM 教育论坛开启了浙江 STEAM 教育探索的脚步。在此后的一段时间，我们其实也经历过"盲人摸象"的阶段，在实践与学习中逐渐形成对 STEAM 教育的理解。

2018 年 3 月 8 日，浙江省 STEAM 教育协同创新中心筹备会上，我们提出

“让学生每学期至少经历一个项目学习”的目标，随后通过“浙江印州课程平移项目”，组织学生项目学习、教师实践研修、学校跟进实验，展开“洋为中用”的探索，在 STEAM 实践中认识与推广跨学科项目学习。

2019 年 10 月 30 日，我们召开省 STEAM 教育试点地区第一次工作会议。在我们对跨学科项目学习已有较好掌握的背景下，我们邀请原山西省教育厅副厅长张卓玉先生和上海教科院夏雪梅博士作辅导讲座，作学科项目学习的最早启发。随后在孕育学科项目学习探索的同时，以示范引领策略推进跨学科项目学习，2020 年的“抗疫情”项目学习案例征集活动、项目学习网络公开课、项目学习博览会，形成浙江推进项目学习“三部曲”，影响很大。在案例征集活动中，我们发动教师开展项目学习，顺其自然地体验与反思项目学习的过程；然后通过“项目学习公开课”，让老师们有机会解构多类型的项目学习与指导的过程；然后在第三届 STEAM 教育大会上组织“项目学习博览会”，通过项目学习的多样表达呈现，帮助老师们更加全面地理解项目学习的意义与方法。

也正是在 2020 年 10 月，我们提出推进项目学习的三条路径，指导后继工作。一是融入学科学习，在常态学科学习中增加项目学习活动，赋能学科教学；二是融入课程发展，深化综合实践活动课程，拓宽丰富综合学习课程，让综合性、实践性的学习活动更深入、更为常态地开展；三是融入学校教学制度，开展项目学习综合实验，在课程教学计划中整体设置项目学习时间，让 1/4 至 1/2 的在校学习活动呈现项目学习特点。今天来看，当时的主张意义深远。

2021 年 3 月 18 日，我们召开听众规模 3 000 多人的推进项目学习在线会议，在部署基于在线研修的 STEAM 教育教师挑战赛的同时，安排了若干学科项目学习经验与案例的分享，明确提出加强学科项目学习的部署，鼓励各学科就项目学习的要素与特征展开深入研讨，并计划通过学科项目学习的跨学科交流来推动研究。2021 年，跨学科项目学习探索如火如荼，先是研究开发了《项目学习慕课》，再以“研修第一，比赛第二”为口号组织 STEAM 项目化学习教师挑战赛，通过看慕课参与研修；交作品，设计项目；学量规，互评反思，组织数千名教师展开 STEAM 项目学习的研习与实践，通过微型研究与校本研修的引导，试图以一个项目带起一个团队，撬动一所学校。

教育科学出版社出版的《项目学习慕课》就是活动的重要成果。其中，我们聚焦了项目学习设计与实施的关键问题，开发了《如何设计驱动性问题》《如何基于驱动性问题设计任务》《如何培养学生高阶思维》《项目学习中的学习支架》《项目学习的组织策略》《项目学习评价量表的设计与应用》等 6 个慕课，并基于项目学习网络公开课开发了典型案例解析的 3 个慕课《智能门禁系统——基于课程标准的项目学习》《交通工具狂想曲——基于有效合作的项目化学习》《婴儿产品改进设计——基于设计思维的项目化学习》。这组教师研修课程成为教师学习的重要资源，将项目学习过程中的驱动性的学习因素、支持性的学习因素、引领性的学习因素和过程性的学习因素阐发清楚，促使教师进行学习的认知重构。

我们说，项目学习看似一个舶来的新概念，其实它是教育的固有之道；它看似一个实践研究课题，其实是国家课程改革的方向要求；它看似今天的创新探索，其实是研究性学习的波澜再起；它看似研究性学习的实践继承，但其内涵已有新的发展。推进项目学习，是要促进学科教学以“听中学”为主向增加“做中学”发展，促进学生从被动学习走向主动学习，从简单、机械地学习走向基于丰富实践的学习，转变学教方式。推进项目学习是要促进认知学习与社会性成长的结合，从知识传授走向素养发展，促进批判性思维、创新思维的发展，以及学生合作能力、沟通交流能力、社会认知的发展，进而实现课程育人。

谢谢大家！

徐光涛

杭州师范大学副教授

基于网络三维（Web3D）的探究式学习环境设计与应用

本研究隶属于国家重点研发计划“多模态自然交互的虚实融合开放式实验教学环境（应用师范类）”（项目编号 2018YFB1004900）。该重点研发项目设立 5 个课题，杭州师范大学教育学院科研团队与中山大学、同济大学科研团队共同承担第三课题“探究式学习模型与交互行为分析”相关工作。

课题三主要分为探究式学习模型与评价体系构建、多模态学习行为智能识别与分析以及个性化分析与智能推荐三部分。我们团队主要承担了探究式学习模型与评价体系构建，基于“任务—证据—行为”模型构建探究式学习评价体系；中山大学团队主要承担多模态学习行为智能识别与分析，利用视频切割和视频识别技术对学生外显行为进行深入分析，包括学生实验行为是否规范，实验操作顺序是否正确等；同济大学团队主要承担个性化分析与智能推荐，采用虚实融合的方式进行学习评估方面的研究。

接下来重点讲解本研究团队的相关研究工作。本团队研究目标与内容主要围绕探究式学习模型与评价体系的构建、基于历史数据和实时学习行为分析的个性化智能推荐以及网络三维（Web3D）探究式实验平台的技术实现这三个方面展开。网络三维（Web3D）技术采用三维实时分布式渲染技术来实现无限大规模场景的实时渲染，并具有压缩和网络流式传输的功能，无须事先下载客户端或者外接其他设备，便可直接在网页内边浏览边下载。本研究采用网络三维（Web3D）技术搭建虚拟实验平台，在此基础上实现学习评价体系构建和个性化智能推荐。

本研究在开发前对国内外相关科学探究学习环境进行深入调研，包括美国加州大学伯克利分校的马西娅·林（Marcia C. Lin）团队设计开发的 WISE 平台（一个功能强大的在线学习平台），科罗拉多大学团队运营的免费数学和科学虚拟实验平台 PhET 以及北京乐步教育科技有限公司发布的 NOBOOK 虚拟实验室。我们在分析此类探究式虚拟实验平台的基础上，提出技术赋能的探究式学习模型，如图 1 所示。该模型分为三个层次，分别是学习环境设计层、教学设计层和探究活动层。其中探究活动层分为情境创设、探索发现、科学演示、测量检验、协商交流和创作分享六个环节，再依托信息技术在各环节对学习主体进行评价反馈。

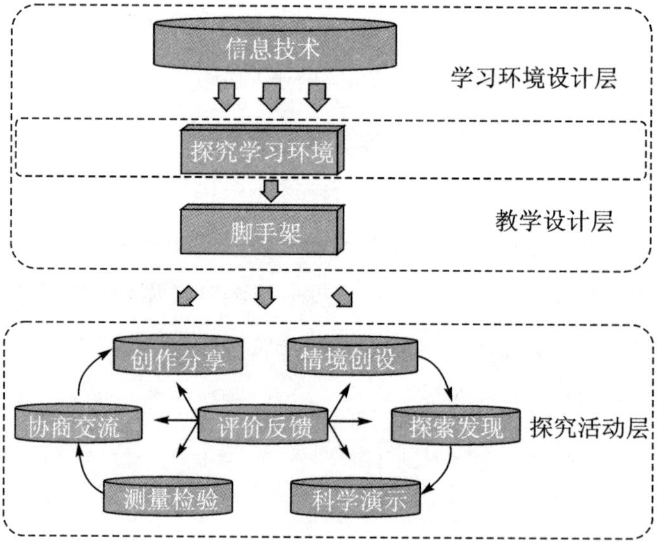

图 1　技术赋能的探究式学习模型

在以上模型的基础上，本研究团队围绕中学科学实验建立虚实融合开放式实验环境中的探究式学习模型，如图 2 所示。该模型立足于帮助学生实现高阶学习、提高学生科学探究的能力以及对所学知识进行迁移等目标，鼓励学生在探究过程中进行小组合作与协商交流，从而主动建构科学实验方面的知识，提高相应的科学实验能力。

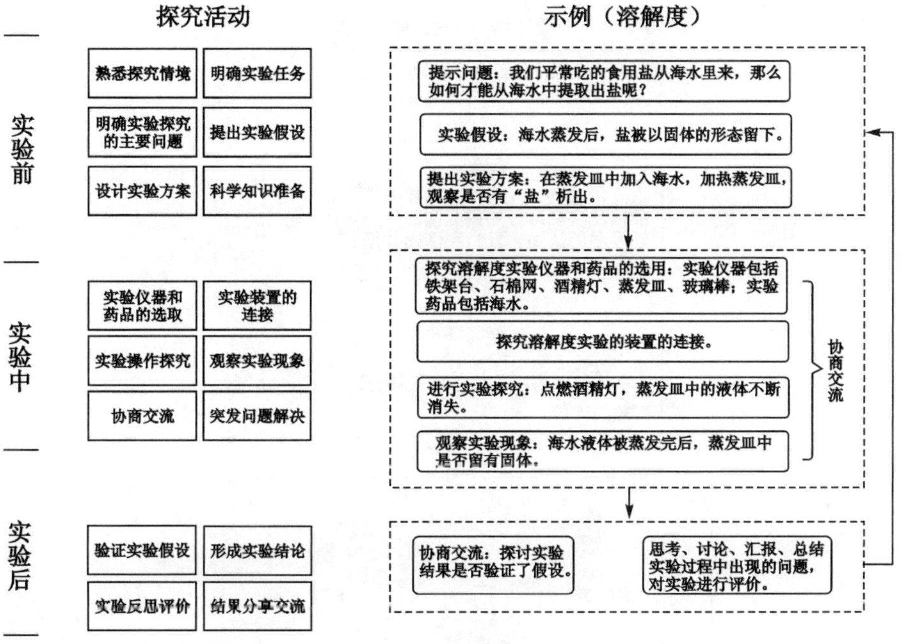

图 2　虚实融合开放式实验环境中的探究式学习模型

为了更好地开展探究式学习活动，平台对学习者整个学习过程进行监控，对相关学习数据进行收集，在数据收集的基础上对学生任务完成情况进行评价。由此，本研究构建了“任务—证据—行为”模型，如图 3 所示。学生在问题情境和任务情境的引导下进行科学实验探究，在实验过程中通过多模态自然交互，包括与虚实仪器、其他学习者、教师、虚拟教师以及虚拟学伴的交互，反映学习者知识建构、能力掌握以及心理发展情况。在此基础上，结合学生实验任务完成情况数据，作为学习评价的证据对学习者的探究式学习效果进行全面、客观、有效的评价。

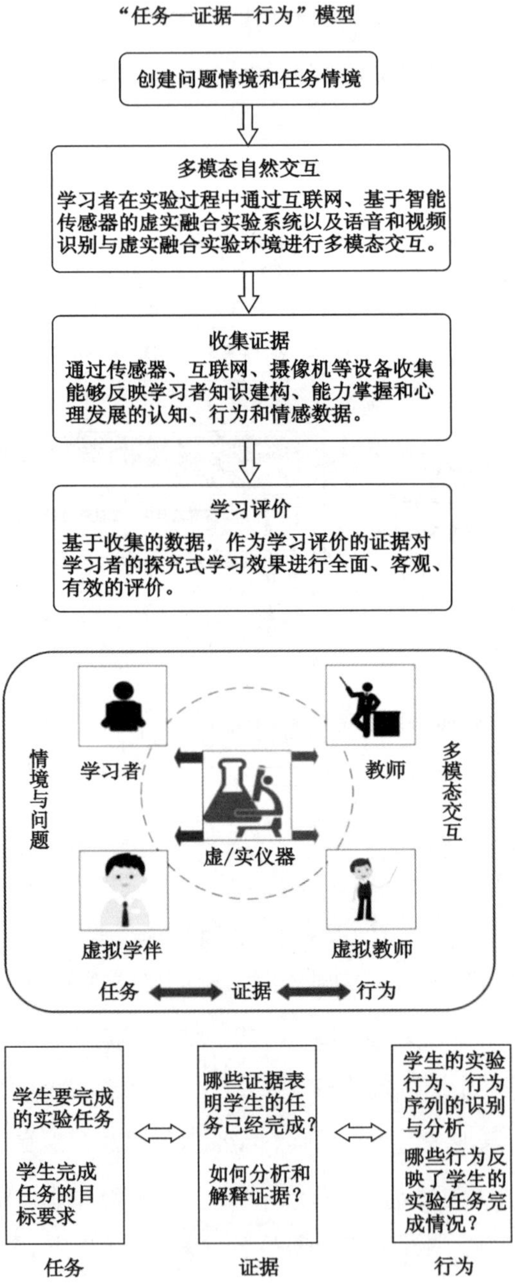
“任务—证据—行为”模型
创建问题情境和任务情境
多模态自然交互
学习者在实验过程中通过互联网、基于智能传感器的虚实融合实验系统以及语音和视频识别与虚实融合实验环境进行多模态交互。
收集证据
通过传感器、互联网、摄像机等设备收集能够反映学习者知识建构、能力掌握和心理发展的认知、行为和情感数据。
学习评价
基于收集的数据，作为学习评价的证据对学习者的探究式学习效果进行全面、客观、有效的评价。
情境与问题
学习者
教师
虚/实仪器
虚拟学件
虚拟教师
多模态交互
任务
证据
行为
学生要完成的实验任务
学生完成任务的目标要求
哪些证据表明学生的任务已经完成?
如何分析和解释证据?
学生的实验行为、行为序列的识别与分析
哪些行为反映了学生的实验任务完成情况?
任务
证据
行为

图 3　“任务—证据—行为”模型

在“任务—证据—行为”模型的基础上，进一步提出虚实融合实验环境中探究式学习评价模型，如图 4 所示。该模型评价构成要素包括虚实融合实验环境、评价变量、学习活动、评级指标与标准、评价方式与工具以及学习证据六个方面，评价阶段包括确定评价变量、活动设计与证据提取、评价呈现以及实施评价四个阶段。从不同阶段、不同维度对学习者学习过程与结果进行综合评价。

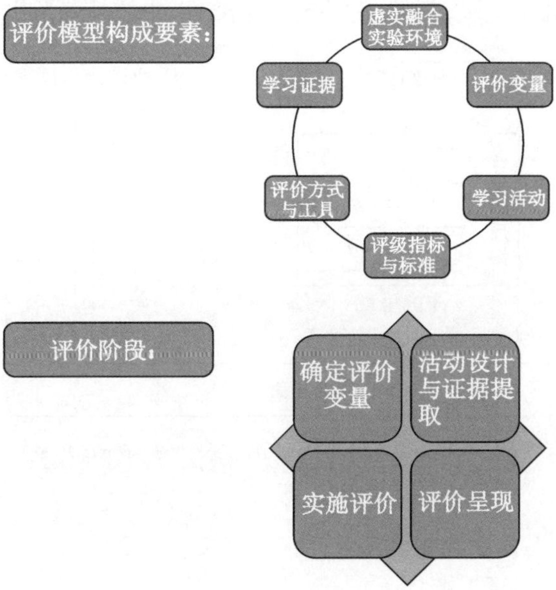

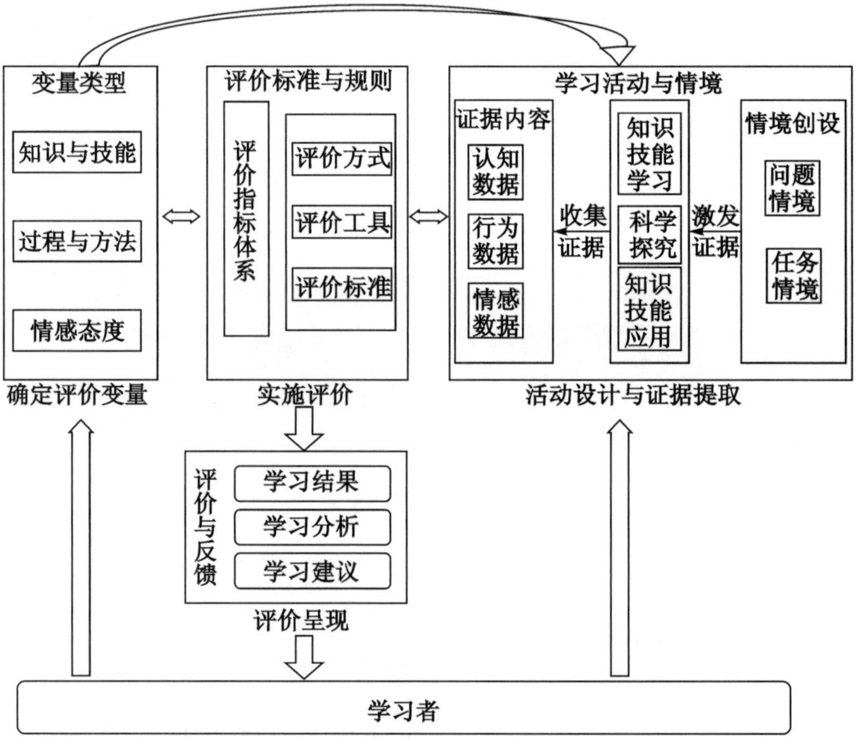

图 4　虚实融合实验环境中探究式学习评价模型

除此之外，本研究还构建了虚实融合实验环境中探究式学习评价指标，如图5所示。该评价指标从知识与技能、科学探究过程以及情感态度与价值观三个层面，对学生各方面学习行为进行记录、考查以及评价。该评价体系具备以下三个特点：首先是指标范围覆盖知识、技能和情感领域；其次是该评价体系结合探究式学习特点和流程进行评价；第三是该评价体系利用虚实融合实验环境中互联网、智能传感器以及语音和视频分析技术等，获取学习者学习过程中的行为、生理和心理数据作为评价依据。

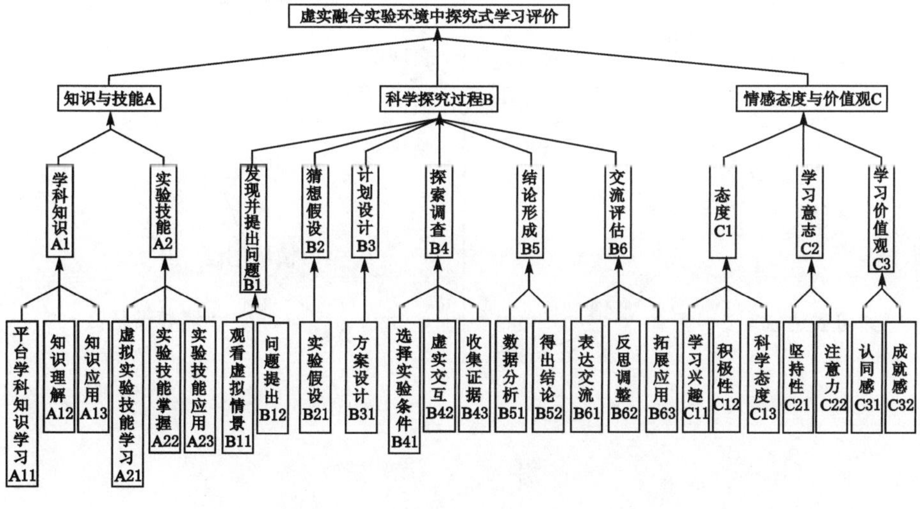

图5　虚实融合实验环境中探究式学习评价指标

为了引导学生更好地进行探究式学习，本研究团队在数字化学习环境中提出引导与反馈设计模型，如图6所示。开放式探究学习环境存在学生不明确教学目标、教学目标难以达成等问题。引导与反馈设计模型则围绕目标展开，清楚告知学生学习目标是什么、需要做什么、如何在虚拟实验环境中根据引导反馈去探究学习以及结果是什么，从而提高实验教学的目的性与有效性。

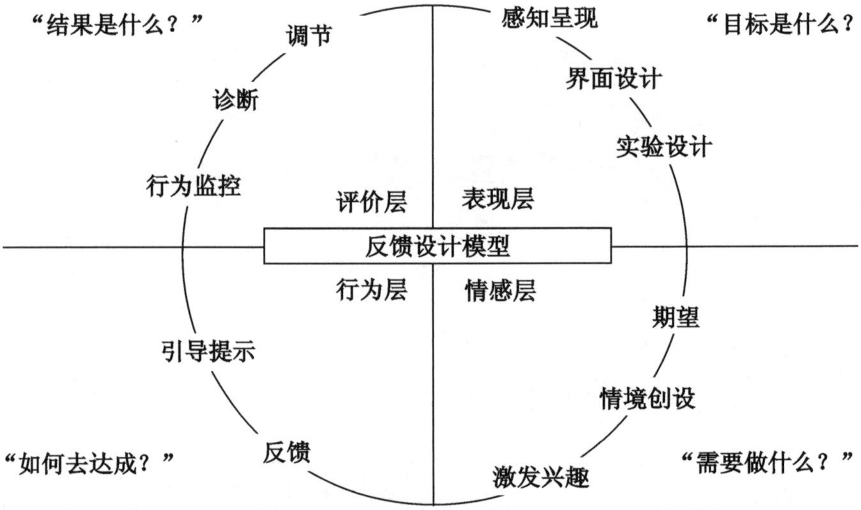

图6　引导与反馈设计模型

基于以上理论研究，本团队基于网络三维（Web3D）技术设计开发了探究式实验平台，在该平台上实现了实验前、实验中、实验后的全过程行为记录与评价反馈引导。目前平台上有5个探究式虚拟实验，包括摩擦力、盐的溶解、pH值测定、酸碱中和实验以及空间认知实验；4个真实实验，包括稀盐酸与铁丝反应、固体药品取用、蜡烛燃烧的探究以及胆矾与氢氧化钠的反应；2个虚实融合实验，包括稀硫酸的化学性质探究、钠和水的反应。其中探究式虚拟实验基于网络三维

（Web3D）技术，在浏览器中开展实验。真实实验是指学生在现实世界中开展实验，利用摄像机拍摄学生实验情况并上传平台，平台对学生所有的实验行为进行实时分析与评价。真实实验与中山大学团队合作开发，相关技术可应用于目前初中科学实验操作考试，对学生实验情况进行综合客观评价。虚实融合实验与浙江大学、同济大学以及中山大学的团队进行合作，可依靠相关技术对学生的实验过程进行评价。

本平台上的探究式虚拟实验分为实验前、实验中、实验后三个阶段。在实验前平台提供实验相关知识，学生可以对相关知识和技能进行学习和回顾；在实验中平台对实验行为进行识别分析与评价引导；在实验后平台进行实验评价、统计分析和反馈，给出学习者实验学习的分析报告，对学习者错误行为进行正确指导，并给出相应的学习资源链接，方便学习者后续学习与巩固。2021 年上半年本平台通过了第三方测评。

本平台重点解决了实验引导与反馈问题，设计了实验引导与反馈的相关模型与机制。除此之外，本平台整个评价基于知识图谱，构建了相关知识图谱模型，对知识进行分类、联系。平台在监测学习者学习行为的过程中，依托知识图谱对学习者实验情况进行实时分析与评价。

例如：中山大学团队设计的真实实验，利用摄像机等设备将实验操作拍摄实时传输到我们团队开发的平台服务器上，平台可以远程同步对实验行为进行分析，同时将分析结果实时传回中山大学实验室。实验完成后，平台给出相关评价报告，指出有问题的操作并进行正确指导，在此基础上给出复习建议。

在整个平台设计开发的过程中遵循设计研究（Design-based Research，DBR）的规范，经过三轮的实验应用。在此过程中我们邀请了很多一线教师提建议，并基于他们的建议进行改进。本平台的实践应用最早可追溯到 2020 年初，受疫情影响，通过在线形式在宁波蛟川书院进行第一轮试验。此后，来自全国 10 余所中学的师生申请试用，基于本平台开展探究式实验教学活动。我们团队也基于以上的实践应用情况撰写了网络三维（Web3D）虚拟实验平台用户体验报告、探究式虚拟实验与传统实验学习效果对比研究报告等多份研究报告。

以上为我们团队近三年的研究工作，欢迎大家与我们团队交流。

庞舒勤

江苏省扬州市梅岭小学副校长

像数学家一样

——基于儿童自主学习的小学数学教与学改革的实践研究

（一）

一直在思考，小学阶段什么样的数学学习对孩子而言是有价值和有意义的？如何让数学的教与学能尊重生命生长节律？如何唤醒学习者的原始冲动，使数学变得有吸引力？

“像数学家一样”是一种学习的精神样态，是理想中孩子尊重而热爱数学学习的表征，是对数学学科在小学阶段育人价值的描摹。

郭华老师在《深度学习及其意义》中提道：社会发展相对缓慢时，知识来源相对单一，在“知识就是力量”、信息需要索取而非选择的时代，当发布的知识具有权威性而无须个人做评判只需接受的时代，“传递”（甚至只是“灌输”或知识的“平移”）足以应对，因而有着实践的合法性基础，也是合理的。然而随着信息时代来临，知识迭代迅速、来源多样，需要选择、独立判断甚至加工…… 如果还只是“传递和接受”，教与学只能停留在“浅层”，知识罐装化、认识肢解化、学生思维固化、创造力弱化等诸多典型问题会不断涌现。同时，一线教师还面临很多现实问题：学生学习起点不一；教师教学“按惯性”；学习过程“非独立”……

诸多背景共同作用，教学愈发苍白无力，学生反感、畏惧甚至厌恶数学，学习失去意义与力量。我们不禁要问：学校、教师、学科教学，到底为什么存在？又应该为了什么而存在？

如何让孩子们能喜欢、热爱甚至为数学学习而痴狂？作为一名小学数学教师是有使命的，需要捍卫自己的学科专业、呵护孩子们的身心和未来，必须要破题。

自2009年起，笔者开始小学数学教与学改革实验，此后的12年，不断校正对培养目标的再认识：通过小学数学教与学，培养有创新意识、有学习热情、有学习信念、可持续发展力强的学习者。

（二）

“像数学家一样”，绝大部分人看到这个表达，第一反应一定是：这可能吗？不可能吧！怎么可能?!

固然，一定有对数学天赋秉然者，然而绝大多数孩子都不会成为真正意义上的数学家。“像数学家一样”更多是在呼吁：保有一种数学家在研究数学前沿内容的忘我投入的热情以及发展更优的数学思维。

一次偶然的机会，寻访了前期两轮教学改革实验班（2014届3班、2020届7班）部分学生及家长，寻访结果既在意料之中也在意料以外。受访学生无一例外表示：一直不畏怕并愿意尽最大努力投入数学学习；怀念小学的数学学习时光；惦念当时的数学课；想念庞老师。目前接手一年的班级（2018级16班）所有家长均反映：一年的学习，孩子改变大，喜欢上了数学课、数学学习和数学老师，回家常常第一时间迫不及待完成数学研究性作业，数学成绩有了很大提升（三年级上学期期末，班级成绩前进10名）。

现就读于浙江理工大学的学生小邱的来信，更是带来了别样的提振。

邱：庞老师，感谢您对我的培养。您知道吗？中学期间我做了 4 年数学课代表，数学成绩斩获若干年级第一，现在大学数学成绩在院系也是数一数二。最近我在忙于筹备数竞国赛和物竞省赛，还在和老师搞科研（高密度聚乙烯膜方面），总之富有新奇和挑战，长期目标是想考上浙江大学的土木材料力学专业的研究生，我在持续向前奔跑。想到您在临毕业时写给我的寄语：未来的你，逸夫同学，会是一名数学家吗？我想说，目前的在学专业虽然不是纯数学，但心中那份理性与热忱却不会磨灭半分！谢谢您！很怀念在梅小的时光，它们给了我在前进道路上更多的踏实与笃定。

当我试图表示，这更多是天赋和自身努力使然，小邱说："不是，不是，小学的兴趣太重要了！我弟弟也很聪明，但他对数学就很排斥，他们学习更多是填鸭式的……"

（三）

"没有一种数学思想，以它被发现时的那个样子发表出来。一个问题被解决以后，相应地发展成一种形式化的技巧，结果使得火热的思考变成了冰冷的美丽。"（弗赖登塔尔）

数学的学习对象绝不仅仅是教材里记录的表象，而应是每一个数学学习对象之于学习者再次被发现、被发明、被创造出来的炼制过程。"事实是，人在打铁中成为铁匠，在写作中学会写作。"只有处于完整的学习过程之中，学习才会深度发生。

我试图让小学数学的教与学回归到"0"起点，即便非零起点，也努力引导孩子们进入一种破"1"归"0"的相对原始状态，努力帮助他们最大限度地保有数学学习的完整性。我提出以一套特殊的数学作业——"大任务研究单"，打开以"前置独立研究性学习"为载体的整体学习，以"前置独立研究"的方式，从“研究”的角度定位数学的教与学，将学生角色重塑为“小小‘数学家’”，通过特殊的数学作业“大任务单”，引导学习者独立地将所要学习的内容发现或再创造出来，帮助其经历知识完整的成型过程，实现深度学习。尊重个性、落脚自主的学习和成长。

卡尔·罗杰斯在《自由学习》一书中提出：涉及学习者整个人的自我发起的学习是最持久、最深刻的。

对焦“前置”，因为对于学习者而言，每一次学习都是一次旧的意义向新的认知自我迭代的过程，学习后的自己是一个重构的产物，是区别于学习前的自己的新产物，学习者必须完整地经历自主发生的概念系统转换，学习才会有深度；提出“独立”，则是基于对“发展每一个”的思考。

其范式特征是关注全人发展、知识本源、学习本身，尊重学习源流以及渐进嬗变的过程，大体包括课时教学三重建构以及单元、条块教学整体建构：

主要思路是以课时教学“主任务”为舵，学习一体化；单元教学“知识点”结网，单元统整化；条块教学“内容链”成块，领域序列化。

课时教学三重建构是指前建构、互建构和深建构的三重样态。

具体操作流程为：

（1）前建构——前置“大任务”。课前，设计特殊的“独立研究作业”，学在教之前。

（2）互建构——“多观点”交互。课上，创设开放系统非线性对话场域，教在学之中。

（3）深建构——拓展应用，进一步合作、探究，在应用中促成新的认知探究循环。

单元、条块教学整体建构（着重关注）

（1）如何设计单元学习时系统“大任务群”。

（2）如何在“大任务”设计时关注“真问题”“真任务”，驱动“真思考”

“真行动”。

（3）如何设计体验活动和反思支架以引领或支持学生“悟中学”。

具体策略和途径

（1）展现知识脉络——生活逻辑与知识逻辑相互融合

（2）经历认知落差——理解经验与发展经验相互融合

（3）走向思维深处——运用知识与激发思想相互融合

结构及原则 课标为纲；教材为例。

实施要素 儿童先行；思维可视化；前置与独立；对话与干预。

三个关注 目标和过程和谐统一；生成与预设和谐统一；知识和能力和谐统一。

三个特征 学习空间从封闭到开放；知识结构从平衡到非平衡；认知过程从无序到有序。

（四）

以“前置独立研究性学习”为载体的整体学习通过设计特殊的研究型作业，配套苏教版教材，面向全体学生，代替“操练型作业”引领孩子将作业视角放在“学习研究”上，在实现作业的改革与创新的同时，推动课堂结构变革、教与学方式的改变，进而促进深度学习。

同时，经过12年改革探索，一个改革创新衍生物跃然出现，且价值斐然——学生“个人研究本”，这是进入高年级后学习者学习力扎根、延展、不同程度燃爆的有力体现。其内容和教材内学习无关，均为孩子独有的个人“学习生长型研究”，完全属于个人意向与迫切愿望（3个实验班均有）。

“像数学家一样”是对“学科育人”价值的进一步认识，是对学习者发展之无限可能性的自信，点燃每一位学习者，帮助他们得到适合自己最好的发展，成长为能成为的那个人是学科教学的使命。

赵楠

上海青浦兰生复旦学校科研室主任

教师话语类型及其对学生科学推理学习的影响

本研究采取课堂视频分析的方法，探索了科学推理学习的机理，目的是揭示在真实的课堂教学中可以有效促进学生科学推理学习的教师话语。

一、研究缘起

科学推理是科学思维的主要组成部分，它关涉到学生的思维发展，对提高科学教育质量具有重要意义。我国教育部已将发展科学推理能力、培育使用科学语言进行交流与沟通的能力，纳入自然科学类课程的基本理念和重要内容。然而，国际测评项目的数据却显示，我国学生科学推理的实际表现并不理想。以国际学生评估项目（PISA）测试为例，与程序性和认识性知识相比，我国学生更擅长解决与内容性知识有关的问题，而新加坡、美国、法国、韩国等国学生则更擅长解决与程序性和认识性知识有关的问题。更为重要的是，从高水平学生的占比看（即科学精熟水平达到5—6级学生的占比），我国与美国相比处于劣势。美国学生的总体表现一般（第25名），但其高水平学生的比例居世界第一（21.7%），明显高于我国（13.1%）。可见我国经济发达地区学生在科学推理能力方面不如新加坡、日本、美国等先进国家的学生。这暴露出课堂教学对科学推理等科学思维培养的轻视。因此,“如何开展科学推理的教学,怎样更有效地促进学生科学推理发展”,已成为课堂变革的理论诉求。

课堂潜藏着宝贵的数据可以挖掘,它既是我们的实验室,又是我们的工作场所。已有研究发现:(1)在科学探究的过程中使用科学语言表达和交流,有助于学生共同建构知识和理解,对养成科学推理的思维习惯有积极影响。(2)课堂对话尤其是教师话语质量是影响学生科学推理学习的一个关键因素。现有研究主要聚焦于小组对话场景,并找到了一些能有效推动小组科学推理进程的教师话语,但只有少数研究关注到全班对话这一我国课堂交谈的主要模式。2019年,豪尔(Howe)、默瑟(Mercer)等发表了基于72节课的实证研究。他们以整堂课为分析单元,检验了不同类型教师话语的频次与学生推理纸笔测试成绩的相关性,但未发现二者之间存在相关性。研究者推测这一结果可能与因变量的测量指标本身有关。那些依据心理测量学特征编制的试题无法测出学生在科学推理表现上的真实变化。可以说,“教师应如何在全班对话中,有效运用话语策略支持学生科学推理学习”,仍然困扰着当前研究者。

为此,本研究想要探索:全班对话场景下教师话语对学生科学推理学习有怎样的作用?具体研究两个问题:(1)在我国科学推理教学的课堂上,教师主要的话语是怎样的,有哪些类型?(2)不同类型的教师话语与学生科学推理学习之间存在何种关系?

二、研究设计

1. 理论基础

本研究将学习的社会文化观作为基本理论立场,并认为科学推理学习本质上是一种逐渐内化的社会性过程。在话语丰富的全班对话中,适当的教师话语将有助于学生习得科学推理能力。结合已有研究成果,将口头语言科学性作为衡量学生科学推理能力的指标。

科学推理类型理论是本研究的第二个理论基础。该理论强调，学生对科学推理基本内涵的理解会制约他们科学推理能力的发展；科学推理教学应围绕科学推理所必需的本体性知识、程序性知识和认识性知识而设计，帮助学生理解这些领域特殊的知识形式，并发展科学推理能力。

2. 研究假设

根据科学推理学习的认知和社会过程，按功能将理论上可以促进学生科学推理学习的教师话语分为两种基本类型：一是“推动推理进程型”（简称“I型”教师话语），指的是引导和推动学生持续说出自己观点的教师话语，其功能是在言语互动中帮助学生在科学现象、科学证据与知识主张之间建立起认知关联，从而产出合理的推理结果。二是“指向科学本质型”（简称“II型”教师话语），指的是直接切入科学推理所需的知识形式的教师话语，其功能是帮助学生理解并运用本体性知识、程序性知识和认识性知识来执行科学推理。

本研究通过实证研究，考察在真实的课堂互动中，教师不同类型的话语对学生科学推理学习影响的具体表现，为此需要确立研究假设。经理论推演，形成三个研究假设。H1：I型教师话语与学生科学推理学习之间存在显著的关联关系。H2：Ⅱ型教师话语正向作用于学生科学推理学习。H3：I型教师话语正向调节二者之间的关系。

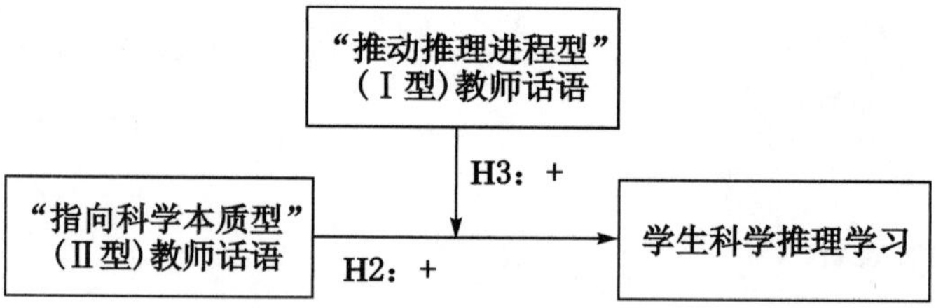

图1　教师话语类型与学生科学推理学习的关系模型

3. 分析工具

在前人研究的基础上，本研究构建了各变量的分析工具，包括I型和Ⅱ型教师话语的编码表、学生口头语言表现及口头语言科学性的编码表。

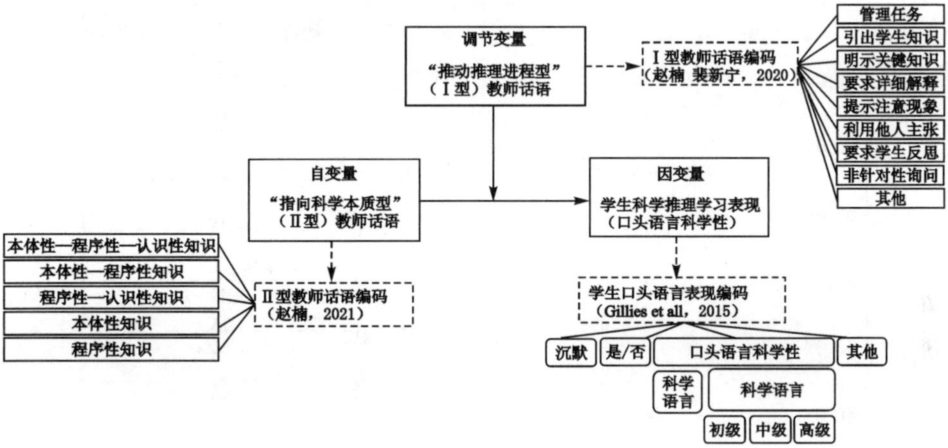

图 2　分析工具

4. 研究样本

实证部分以上海为考察地区，以初中 6 年级至高中 12 年级为考察学段，以物理、化学、生物、综合科学为考察科目，以目的抽样的方式，从教育部“一师一优课”项目的 225 节部级优秀课中，最终筛选出 9 节符合理论预期的代表性课例。共收集到 1 106 个话轮样本，其中全班讨论的话轮总数为 999 个，按会话主题被划分为 183 个会话片段。

三、研究发现

1. 上海部级优课科学推理教学的总体特征

以整节课为分析单元，对上海地区部级优课的教学特征进行整体摸排。研究显示，多数部级优课仍未摆脱教师中心的束缚，由教师承担执行科学推理主要环节的工作。只有少数课堂能将学生沉浸于科学推理的话语实践之中，赋予学生执行科学推理的权利，支持学生运用三种知识形式，完成与科学推理本质有关的学习环节。由此，本研究找到了我国科学推理教学的最佳实践案例，这为探索教师话语对学生科学推理学习的影响提供了可能。

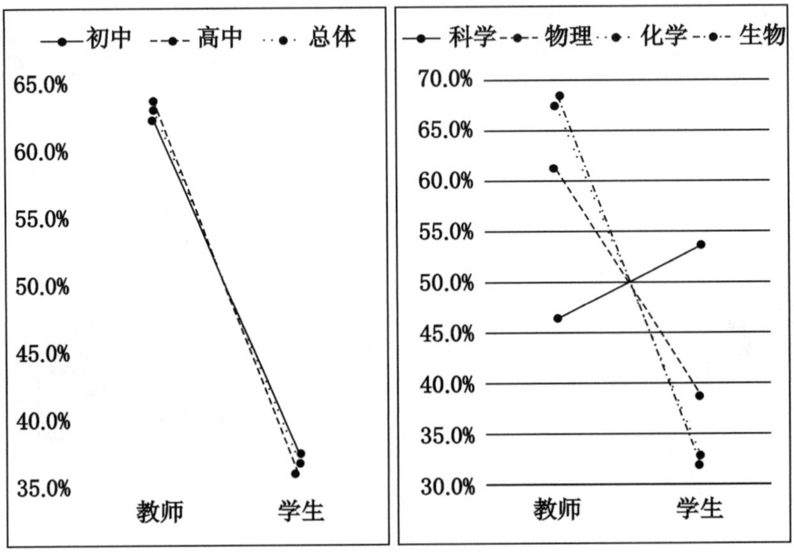

□执行科学推理的主体

（N＝225 节）

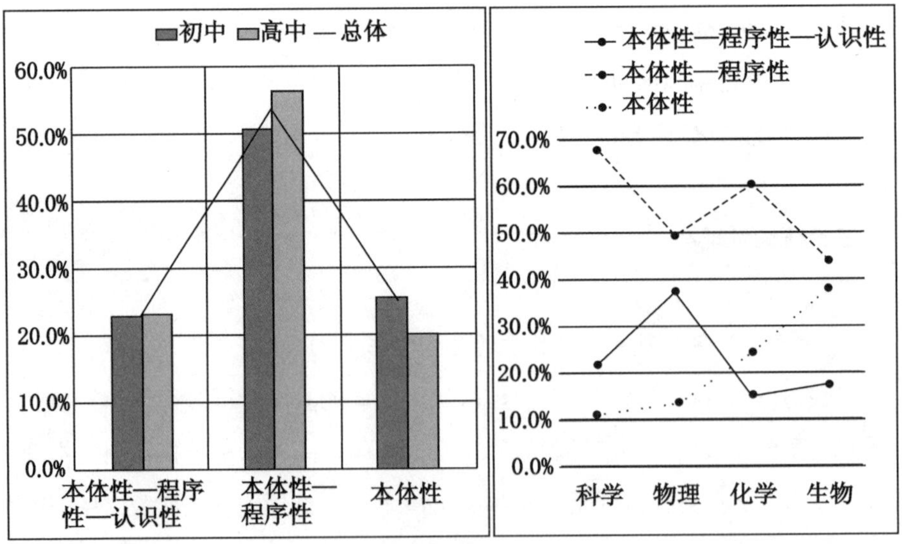

□知识形式的使用情况

（N＝225 节）

2. 假设检验结果

首先，以话轮为分析单元，对师生话语分别进行编码，运用对应分析和内容分析的方法，对Ⅰ型教师话语与学生科学推理学习的关系进行假设检验。结果表明：在全班对话中，Ⅰ型教师话语与学生科学推理学习之间存在显著关联（接受原假设 H1）。在一个完整的会话片段内，Ⅰ型教师话语的运用方式存在差异，表现在水平和复杂性两个维度。就推动学生推理进程的效果而言，Ⅰ型教师话语的水平存在差异，分为高阶和低阶两种水平。就话语策略的运用方式而言，Ⅰ型教师话语的复杂性存在差异，包括单一和组合两种形式。由此确定了探索调节作用的维度。

接着，以会话片段为分析单元，对师生话语分别进行编码，运用有序逻辑的回归分析和内容分析的方法，对Ⅱ型教师话语对学生科学推理学习的影响进行假设检验。结果表明：在全班对话场景中，（1）Ⅱ型教师话语正向作用于学生科学推理学习，且教师话语涉及的知识形式越全面，学生口头语言科学性越高（接受原假设 H2）。其中，认识性知识在学生科学推理学习中发挥着极为重要的作用，它有助于学生理解科学知识的本质，尤其是理解科学家是如何使用程序实体来产生并定义科学主张的。（2）Ⅰ型（推动推理进程型）教师话语对Ⅱ型（指向科学本质型）教师话语与学生科学推理学习的关系起调节作用。

上述发现共同揭示：当教师兼顾使用指向三种知识形式的Ⅱ型话语以促进学生理解科学推理，并组合运用高阶水平的Ⅰ型话语以推动学习活动进行时，教学效果更佳。

四、研究结论

通过理论构建和多轮实证研究得到的主要结论有两个。第一，在教授科学推理的课堂上，存在着两种基本类型的教师话语，它们具有不同的功能。其中，

“指向科学本质型”教师话语的功能是促进学生理解科学推理的基本内涵；而“推动推理进程型”教师话语的功能则是促进对话流动、驱动学生持续说出自己的推理过程，包括促进关联、促进解释、促进反思、促进协商四种具体功能。第二，确立了“教师话语类型与学生科学推理学习的关系模型”。该模型揭示了在不同类型教师话语的作用下学生科学推理学习发生和展开的机理。即在全班对话场景下，适当的教师话语能有效促进学生科学推理学习。其中“指向科学本质型”教师话语对学生科学推理学习起关键的促进作用，并且这种促进作用又受到“推动推理进程型”教师话语的调节。

本研究建议，科学推理应作为专门的教学任务和教学目标纳入科学课堂，且应建立更具学术性和开放性的话语模式。具体而言，教师在设计科学推理教学时，应注意四个方面。第一，注重学生对科学推理基本内涵的理解；第二，应精选科学现象或科学任务，注意引出学生的观点并帮助学生建立认知关联；第三，教师需要转变观念，努力挣脱传统课堂话语模式的桎梏，用合适的话语支持学生谈论科学推理；第四，引导学生讨论科学推理的学科差异和跨学科共性。

分论坛五　面向未来的学校创新

罗才军

浙江省杭州市卖鱼桥小学教育集团党委书记、总校长

成就每一个孩子的更多可能

——杭州市卖鱼桥小学未来学校创新实践

首先向大家介绍这所学校，这是一所拥有良好群众口碑的优质公办小学。它走过近百年，依然朝气蓬勃，而且始终致力不断迭代自己、超越自己。我们所有的力量和灵感都来自学校的一切，始终坚定地指向学生的发展，学生将来可能会成为什么样的人，这是我们孜孜以求念念不忘的事情。作为一个校长，我有足够的清醒和认知。最多的时候，我们能培养的就是平平凡凡的人，但是希望他的面孔一定向着阳光，能悦纳身边的人；希望他对祖国有着强烈的认同感，对世事有着强烈的同理心；希望他始终坚持肯定自己、超越自己、创造自己；希望他知道，人生就是不断地成就自己更多的可能性，这是我们要为每个孩子打下的温暖的底子。

那么，如何成就每一个孩子的更多可能？第一方面想和大家谈的就是课程。课程是一个学校的产品，决定了这个学校能培养出什么样的人。所以，我们依据物理学上的光谱原理，与赤、橙、黄、绿、青、蓝、紫对应，提出多元智能理论，努力让每一个孩子都能找到自己的事情。

学理依据：多元智能理论——生而不同，教育可能，成就契机

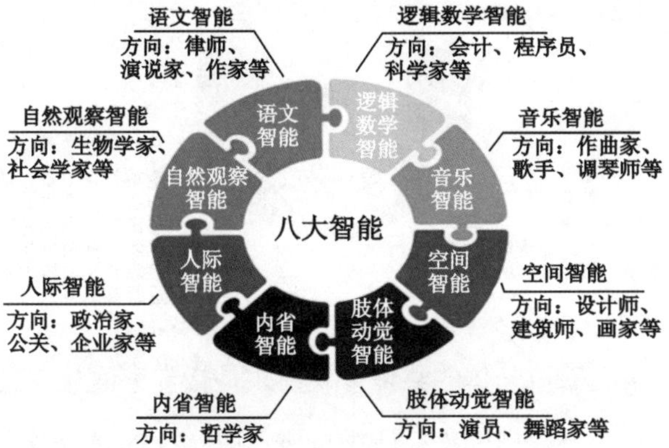

你会看到在这个课程的支撑之下，我们的教学时间都能够指向每一个孩子的生活。自主合作探究、项目化学习（包括综合实践学习），每一种学习样态都不一样，都是为了让每一个学生找到自己的事情，都能够得到自由个性的充分发展（包括把校园的时空都设置得更加开放），也是为了让每一个学生的梦想和愿望都能够实现。实现人人可学，人人都掌握面对未来生活情境的复杂学习能力，具备高阶思维，夯实核心素养。

今天我要和大家介绍的第二点，是我们实现人人可学的另一个层次，另一个维度，那就是我们的全纳教育实践。我们努力构建家—校—社—医四位一体的共赢育人模式。之所以想推进这样的教育模式，在学校里进行这样的教学改革，为的就是接纳不同，全心包容。我们重新思考中国的教育，城市小学的教育，是不是在教育的公平性上还可以再往前走一步，真正探索和实践教育公平。这种教育公平才是我们所期待的。

全纳实践：接纳不同，全心包容，构建家—校—社—医四位一体共赢育人模式。

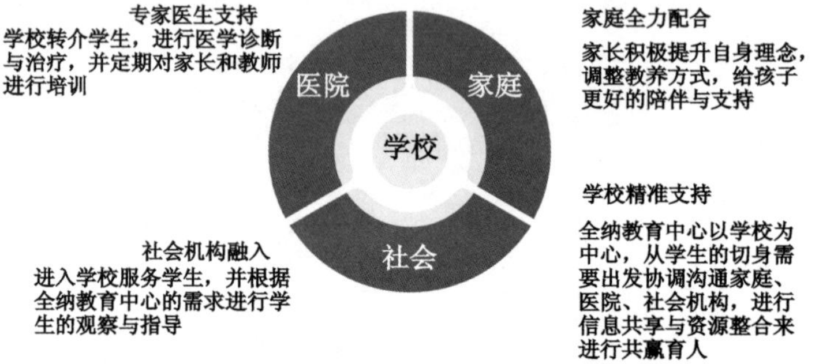

家一校一社一医四位一体的共赢育人模式是指专家医生支持，社会机构融入，家庭全力配合，学校精准支持四维推进。以学校的融合教育心理健康为基础，不断改变教师、家长的观念。我们认为这是衡量学校品质，考量学校教育国际化、个性化、现代化的重要指标。所以，我们成立了全纳教育中心，邀请全国心理学方面的专家担任心理健康工作的导师。通过全纳教育中心的流程，关注每一个学生，让每一个学生都可以更好地学，即要有心理健康的指导，资源教室和家庭教育的指导。

全纳教育中心操作流程：

- 全纳教育中心
  - 心理健康指导工作
    - 全体学生
      - 课程
      - 心理广播
      - 团辅
    - 特殊群体——色码学生支持体系
    - 个体学生——个别化教育计划
  - 资源教室工作
    - 感统失调学生训练
    - 随班就读学生训练与课业补救
  - 家庭教育指导工作
    - 智慧家长课程
    - 家庭成长沙龙

我们期待打破家校的壁垒。随着目前经济社会发展和生活质量的提高，家长对孩子的关心过度、防护过剩，致使孩子情感脆弱。基于此我们要传递全员家委的理念。每一个家长都应该为学校、为班级、为孩子做点什么。为此，我们构建了自主化的管理体系，以三级管理方式，采用会长负责制，构建灵活有效的运作机制。

另外，我们还有普适性的家长课程和专业性、个性化的家长课程来推进不同家庭的发展，来关照不同孩子的成长。比如说智慧家长课程、智慧育儿论坛、空中阳光广播等活动，都已在校内实行。1—2 年级，3—4 年级，5—6 年级，智慧育儿论坛均配置相关的主题，力求关注孩子每一个阶段的发展。这是普适性的家长课题，关注普遍的共性问题。增加的课程当中还包括心理广播——亲子成长加油站。这里面许多内容已经被收录在学习强国 App。我们也寻找了 100 个智慧育儿故事，祖辈的智慧育儿其实是现在很多家长需要认真读，认真了解的。

个性化的家长课程主要用于支持有个性化需求的学生。青春亲子成长俱乐部、家长辅导员课程、智慧育儿故事分享、主题沙龙、医校联合家长，都是直面一个个不同的家长和孩子。我们以亲子“6+1”的亲子成长俱乐部的课程，来让具有相似家庭问题的孩子和家长聚拢在一起，一起来探讨，一起寻找朋友圈，一起找到同声相应、同气相求的理由和勇气。在这个过程中，我们还有通讯员计划来推进医校联合课程，帮助家长展开主题成长课程，为家长答疑解惑，认识自己的孩子，科学地认识教育本身。我们也有公众号，开设家校直通车，组建学生成长的支持群。联动区设有学生心理成长中心，还开展个案研讨干预动态跟踪。如此就实现了家—校的紧密联动。我们以这样的方式来推动资源的联动，来见证每一个孩子的改变。除了心理行为有偏差的孩子，还有一些各领域的资优生（具有潜在优秀特质的在校生群体），我们也在全纳中心里面全心接纳他们，并让他们有不同的发展，给予他们不同的平台。

除了家和校，社会力量的支持使我们形成一个筛—讲—管的工作模式。比如每年暑假的定期筛查，学期初全体新生的定期筛查，根据一个月学校生活观察的筛查……这样的几次筛查之后，我们就可以进行前置的心理干预，定期开展家长讲座来提升家庭、学校的效果，为初入学的孩子们如何更好地度过小学阶段制定适合的个性化计划。此外，我们还可以借助社会力量，引入相关社会机构到学校来，为学生制定个性化的教育计划——教育还是应该让专业的人做专业的事。

目前我们全纳中心已有四个编制，是专门做全纳工作的。他们没有日常的课务，已经算是学校里边比较专业的人员，但是我们依然引入社会和医院的资源。因为我们认为，每个孩子都是不一样的。我们能够建构的维度，能够拿出的丈量标尺越多，学生成长得就越好；越能个性化，就越能实现人人可学。

所以如果是特需学生，我们就要制定个性化教育计划，召开研判会，与特教机构合作开展督导会、研讨会，并进行综合的静态观察，包括进一步确诊之后再制定安置计划、行为训练的模式等等。而到了医院这个维度，家—校—社—医的“医”的维度，则主要以同心圆计划为支撑，定期普及心理知识，提高心理问题的识别力。

我们小心翼翼地把握着这个维度，既不过分，也不越位。因为孩子在成长，每天都在变化，我们担心一个医生的判断有时候不一定判断得准，如果判断不准，会给他贴上标签，所以我们做这些都会小心翼翼，慎之又慎。但是如果事实真实存在，我们越早发现，越早跟家长沟通，越早形成家—校—社—医四维联动的个性化干预体系，对每个孩子就越有意义。所以，医院也对我们优先开通心理通道，增强我们学校对于心理事件的应对力。我们在学校公众号上有家校直通车；从学生的个案角度集结成《小学生教育问答手册》，并在杭州市的心理健康活动月上进行发布；同时也开展家长的心理培训，进行需求调查，相关讲座由临床医生和高校心理研究员在公益家长课程上进行分享。所以，现在的“双减”之下，除了学生的课后托管，我们还将学习有困难的、需要心理干预的、或者资优生的家长们请进学校来，利用傍晚接孩子的时间进行培训。

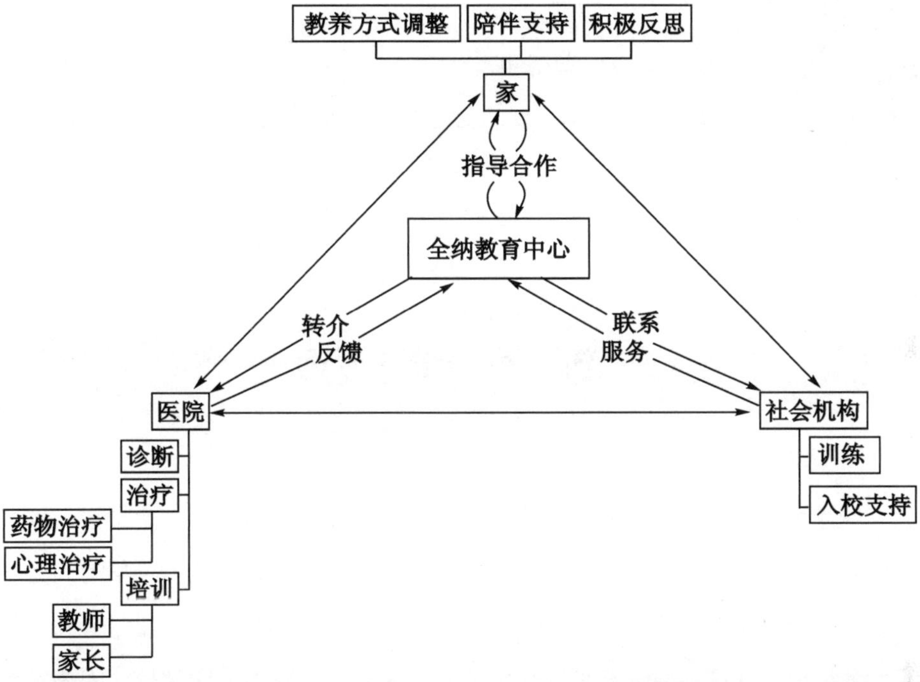

学校、家庭、社会、医院作为全纳教育中心的构成要素，各自承担着重要的育人职责。学校位于四方合作的中间地位，负责联络多方、整合资源、充分利用和发挥其他各要素的育人价值。

到现在为止，对学校来讲，能够得到家长赞扬最多的，全部来自全纳教育中心的支持服务，而不只是课程部教学、学生发展中心。所以，教师的专业发展，学校的整体提升，全是因为我们育人模式的转变而得以实现。

当然，我们还在路上，还在继续探索个别化的支持，还在继续探索怎样使每一个孩子都能实现自我发现、自我成长，怎样让每一个孩子都愿意学习，学得会、学得快乐、学得开心。

曹晓澜

深圳市华南师范大学附属龙岗大运学校党支部书记、校长

“新”香一瓣芬芳远

——深圳市龙岗区华附大运学校管理改革创新探索

华附大运学校，全称深圳市龙岗区华南师范大学附属龙岗大运学校。校名给人的第一个感觉就是非常长，但是校园给人的第一个感觉是新。华附大运学校是一所新型公办九年一贯制学校，于 2016 年 9 月开办，2021 年是学校开办的第六个年头。有着六年校史的华附大运，在深圳龙岗算不上新学校，因为龙岗区每年都会新建或改建十几所学校。但是相对于其他有着几十年甚至上百年悠久历史的学校来说，华附大运学校绝对是一所新学校。这种新不仅体现在学校新、教师队伍新、管理团队新，更体现在办学体制新、管理模式新。这是第一个关键字“新”，既是新旧的新，也是创新的新。

华附大运学校是龙岗区引进名校办名校和政府资助学校双重改革任务的试点学校。学校从诞生之始就自带创新基因。龙岗区教育局评价为“四新”优势，分别是建设新、承办新、管理新和评价新。建设新，指学校由开发商建设好之后直接交给政府办学使用，而不是由政府负责学校建设。承办新，指学校由教育集团或知名教育品牌承办。管理新，指教育局变直接管理为间接管理、变微观管理为宏观管理、变教育管理为教育治理，执行理事会领导下的校长负责制；执行按岗定薪、多劳多得、优绩优酬的薪酬制度；执行去编制化人员自聘，管理自主的人事制度。评价新，指区政府引进第三方评价机构对学校办学情况进行评估。实现管、办、评分离，赋予学校更多自主权，真正激发办学活力。

在实际工作当中，围绕落实办学自主权，我们还做了一些创新探索。比如在薪酬方面，我们积极探索实行等级制年薪。教师入职之初，学校便根据教师以往的学历、职称、业绩、工龄等数据为教职工定级。学校的行政干部、教师和教辅人员都分别有自己的晋升体系，每一次晋升都意味着职级的提高和年薪的增加，真正实现升职加薪齐步走。

在人事管理方面，我们大力推行项目制管理。学校建校之初，我们就根据工作的需要，设置了若干专项项目组。当时的项目组包括但不限于校园宣传项目组、人事管理项目组、高质轻负项目组。这些项目组在全校广泛招募组长和组员，既可以是老师自荐，也可以是组织推荐，经过登记备案就可以上岗履职。项目组的设置和有效运营，解决了学校建校初期成熟干部较少、社会性工作多、教师如何快速融入学校等问题，同时为学校培养和储备了大量可堪重用的干部。现在学校共有 12 名干部，其中 9 名是项目组长，都是从这个位置上遴选提拔起来的，占现有干部总数的 75%。其中遴选和提拔时仅有两年教龄的有 4 人，占整个团队的 33%。随着行政团队的逐步稳定和学校各个部门的规范运行，有些专项项目组的工作汇入了各部门，有些专项项目组成为常态化的年级组和学科组，也有全员参与、纵横并存的项目组群已经完成使命，退出了历史舞台。

现在随着学校工作的发展创新，一些新的项目组又应运而生。一是校本作业开发和校本教材研发的项目组。为贯彻落实中央的“双减”政策，立足减轻学生的学业负担，我们着力探索适合学生学情的校本课程，开发最有“大运”味的校本作业。二是创新研发项目组。本学期我们由校务办牵头建立研发平台，向全校教师征集学生发展活动和学校制度创新的创意。由老师们自愿组团，每 3—7 个人为一组，就学校发展当中的某一项活动或某几项活动制定方案，再由学校各个部门提出修改意见。接着研发平台举行会议，各项目组进行宣讲。学校对宣讲达标评审通过的项目策划进行评分评优，对项目组予以认证、颁证和颁奖。三是年级治理项目组。

学校要创新发展的第二个关键字是“心”，就是爱心的心。我们都说“人心齐泰山移”。对此，我们进行了一系列的制度设计并推出了一系列的“凝心”举措。

第一是民主管理聚心。学校按照办学章程推进依法治校，一是按时召开教代会，充分发扬民主。在教代会召开之前，先进行充分的调查研究，充分讨论酝酿，让讨论的问题更有代表性，让会议开得更有效率。二是充分发挥学校年级组的作用，为年级组破权赋能，积极推进年级组治理。我们先在个别年级组试点推进年级组治理的全员参与项目制分工、梯队培养、梯度管理，充分发挥年级管理项目组在年级治理工作中的作用，后面再把这个试点的工作扩大至全校，这样就构建了充分参与、活力高效的年级组治理模式。三是学校的工会和各年级组定期开展团建活动。既交流了感情，又活跃了团队气氛。

第二是关心关爱暖心。学校积极开展教职工的关心关爱工作。一是广泛开展谈心谈话活动。对于出现工作变动、工作困难和情绪波动的教职工，学校和各年级组及时组织个别谈话和集中谈话，帮助大家解决困难化解压力。二是组建在校就读的教职工子女家长群。定期分享家庭教育经验，给予适当的帮助。三是支持教职工在职进修，外出研修。

第三是激励体系动心。激励能促进学校和教职工共同进步。我们在这一方面做了一些探索。统筹现有的激励措施，比如职称职级、绩效工资、创新争优、荣誉展示、年度考核、外出学习等，制定完整的制度，使激励工作有章可循、有法可依。在执行晋升的时候，对于特别优秀的人才予以破格晋级。对于教师为学校做出贡献的活动或行为，给予额外的工作补贴，并对每月每学期出勤为全勤的教职工授予全勤奖等。同时，探索完善学校的荣誉体系，进一步激发教职工干事创业的热情，增加大家的荣誉感和获得感。

第四是互帮互助开心。在谈心谈话的交流中，几乎所有的教职工无一例外地对学校互帮互助、互相支持的同事关系非常认可，感到非常开心。这一点也是基于我们长期坚持的一个做法，那就是突出对团队的考核。比如我们每年进行优秀年级组、学科组和备课组的评选，这就要求教职工要非常重视整体的协同和内部的团结，单打独斗的个人英雄主义是不提倡的。

第三个关键字是“芯”。这个“芯”是芯片的芯，也是芯蕊的芯。我们着力从四个方面来打造“大运”之“芯”。

第一是建立健全以自我学习为花根，以“幸运银行”为花茎，以“三员”为花叶，以“四典”为花瓣，以“五星”为花蕊的学生多元发展评价体系。这里的“幸运银行”为学生储存仅在我校流通的代用货币“幸运币”，“幸运币”通过幸运小红花贴纸换取，“三员”指以班主任、值日教职工为主体的学生一日常规教练员，以优秀团队、干部为主体的团队骨干构成的领航员，以校级家委、班级家委为代表的家校共育示范员。“四典”指以每年的开学典礼、爱国爱校歌曲合唱比赛为主要内容的前进“大运”号庆典，以队形队列比赛、“大运”体育文化节为主体的崛起进行时庆典，以班主任节、元旦文艺汇演为主体的欣喜新起点庆典，以“六一”儿童节系列活动为主体的成长同行庆典。“五星”指以“大运”之星为总领的五星评价。我们就是要通过该体系促进学生的全面发展，培养一批批自信、阳光、好学、笃行的好少年。

第二是建立健全以自我规划为底盘，以青蓝工程和伴飞工程为前轮，以云青沙龙和云青小沙龙为后驱的教师发展体系，促进教师的专业发展和长远发展。

第三是建立健全以学科组长、备课组长为主干，以学科辅导员、学科研究员衬托，以学术委员会为标尺的学校课程和学术发展体系。

第四是建立健全以党支部为圆心，以支部大会、教代会、家代会、学代会、学生委员会为内圆，以行政会议、一线组长会议为半径的教职工和广大同学为外圆的学校治理同心圆。

第四个关键字是“欣”，这是针对学校的发展结果而言。具体来说，就是学生欣喜、教师欣悦、学校心仪。经过五年多的发展，学校的学生在各级各类大赛中斩获非常多的荣誉，广大教师也在学生成长的同时，收获了自己成长的喜悦。在特色发展方面，学校培育和发展了以七彩体育、阳光心理、馨香传统为主的校园文化。所以，学校也得到了长远的发展。

我们要全面贯彻创新、协调、绿色、开放、共享的新发展理念，向管理要创新力，靠人才出生产力，靠学校发展核心竞争力。“问渠那得清如许？为有源头活水来”，我们将以新的姿态凝心培心，促进学校创新。

刘义兵

甘肃省陇南市宕昌县兴化乡磑子坝小学校长

“村校合一”：甘肃省陇南市宕昌县兴化乡磑子坝小学的创新探索

甘肃省陇南市宕昌县兴化乡磑子坝村位于甘肃省南部山区，海拔 2 450 米，距离县城 70 千米，曾属于国家重点扶贫地区。磑子坝村藏在群山深处，这个甘肃南部的村庄被称为“悬在木轮车上的村庄”。时至今日，村里仍在使用原始的木头车——木轮、牛车、老座。1 500 人的村庄仅有 1/3 的常居人口，多为老人和孩子。每到过完春节，村子里的青壮年便要外出务工，留守老人和留守儿童便成了村子里的主要成员。在这样的环境中，学校除了是教育的主阵地，还要和家庭一起来养育孩子，关照整个村子的老人和孩子的健康以及生活。

磑子坝小学建于 1949 年 9 月，当初为四年制初级小学。1969 年发展为五年制完全学校，2007 年 9 月升为六年制学校。学校占地面积并不大，共 1 235 平方米，校舍建筑面积 439 平方米，操场 338 平方米。目前学校共有 6 个教学班，108 名学生，9 名教师。其中 5 人为代课教师转正，3 人是新入职的特岗教师。

教师年龄结构偏高。学校地处偏远，优秀的年轻教师进城成为一种趋势，学校教师紧缺的局面成为学校最大的困难。原本教师就少，还要承担照顾孩子和村里老人的工作，而且条件差，工作压力大，学校留不住年轻的优秀教师。能够坚持下来的大多是本地年龄较大的教师，更多的则是以前坚守在村子里的代课教师。教师结构是学校开展各项工作的最大困难。

2014 年之前，学校教学基本上都是一些年龄较大的代课教师来进行。因为教师数量不足，专业教师缺乏，学校只能基本维持语文、数学的日常教学。2014 年随着两名特岗教师的到来，学校开设了 3—5 年级的英语课程，在教学内容上达到了大纲要求，但学校日常的教学也仅限于语文、数学、英语的教学活动。教学过程封闭僵化，生活类课程、艺术类课程因为缺少专业老师，还处于停止状态。

2018 年，磓子坝小学迎来了一场关乎乡村教育未来的教育实验。21 世纪教育研究院农村教育中心主任赵宏智团队来到学校，给学校带来一些外界的观念，同时，准备挑战教育环境，探索如何关爱留守儿童和探索儿童全面发展的创新模式。我们在研究院杨东平教授、康健教授的指导下，完成了学校的发展计划——4C 模式的教育理念。4C 指的是关爱（Caring），迷人（Charming），创意（Creative），乡土（Countryside）。

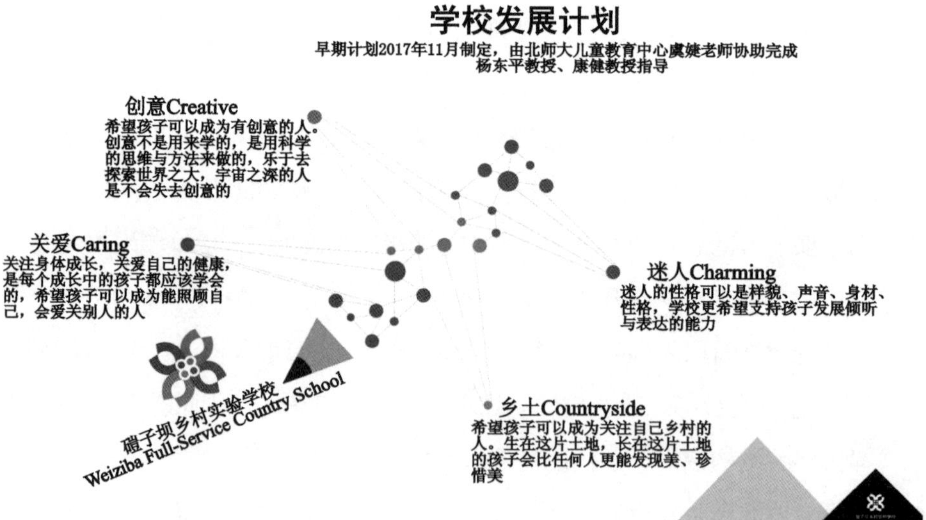

首先，“关爱”体现在生活教育，而生活教育是从功能室的建设开始的。学校为什么要建这些生活教育的功能室呢？因为我们学校地处偏远山区，孩子们的父母也常年在外务工，无法照料孩子和老人的生活起居。孩子们在上学前，没有洗手、洗脸这样的习惯。我们每天看到孩子的手和脸，都和炭似的，黑乎乎的。孩子们常年就是那一两身衣服，而且衣服也都变成了黑色。看到孩子们这样的精神面貌，我们就想该怎么样去解决。于是我们开始家访，走进每个孩子的家中去了解。我们发现，我们所看到的孩子的问题不仅只是孩子，那些留守在家的老人也是如此。于是，学校决定在校内建设公共浴室和洗衣房。同时，我们发现村子里仅有的自来水因为长期积垢而混浊，于是又新建了聚水系统、直饮水系统，来保障全校师生的饮水健康。

磁子坝村共有八个社、四个自然村。不少学生上学需要早上六点出发，步行一个多小时到达学校，中午无法回家吃饭。早上从家出发时，大多数学生都从家里带方便面或自家做的馍，中午就在学校里随便吃一点，直到放学才能回家。学生处于严重的营养不良状态。在这样的环境中，有的孩子冬天因为吃了家里的冷食物而生病，生病便不能来学校。所以，学校决定建立食堂，为孩子们提供午餐。

生活教育的功能室建成了，但是孩子们因为长期没有洗漱、洗澡和洗衣服的习惯，怎么办呢？于是，学校把这些习惯的养成都设置进课程里，安排老师去带领、去引导。慢慢地，孩子们的精神面貌改变了。但是村里的老人怎么办呢？于是学校发动孩子们去教、去改变。慢慢地，村里的老人也愿意来学校洗澡、洗衣服了。现在学校的公共浴室和洗衣房，不仅供学校的师生使用，而且在周六、周日对全村开放。

其次是乡土。我们希望孩子可以成为关注自己乡村的人，希望在这片土地的孩子们会比任何人能更加发现美、珍惜美。

由于学校周边的社区教育还停留在传统的模式，于是我们结合学校周边的资源，让孩子们从身边最熟悉的事物起步，比如说木轮车文化这样一个课程。木轮车是磁子坝人重要的运输交通工具，它之所以能在当地延续至今的原因，一是该地区偏远闭塞的特殊地理环境；二是草场众多，发展畜牧养殖业有得天独厚的条件，拉车的动力充足；三是许多人都有造车的手艺和习惯。但目前木轮车的制作面临失传的处境。

为开设木轮车课程，我们还邀请了碴子坝村文化馆的老人，来为学生们讲解木轮车的发展、用途以及制作过程。同时，为了让孩子们认识和亲近身边最熟悉的乡土文化，感受乡土课程的快乐，我们还带领孩子们参观村史馆。了解农用工具，了解农业，感受浓浓的乡土情；带领孩子们回归自然，观察农作物成长，记录季节的变化，询问村民生物生长的规律并用秋天的树叶进行文艺创作这样一些课程。为学校接下来开办农庄，建立农耕畜牧之乡的全方位服务型学校打下基础。

此外，假期里学校还在一些教育公益组织的支持下，多方链接资源，邀请音乐家、艺术家志愿者来到学校，开展音乐会、艺术展、绘制乡村地图等形式多样的夏令营。平时学校也会利用远程设备联系外界教育资源，建设艺术教育空间，为学生开展艺术类课程。

最后，是创意和迷人。我们希望孩子可以成为有创意的人，创意不是学来的，是用科学的思维与方法来做的。难道乐于探索世界之大、宇宙之深会就失去创意吗？同时，我们也希望孩子可以成为一个迷人的人。迷人可以是样貌，可以是声音，可以是身材，可以是性格。通过学习，我们期望孩子发展倾听与表达的能力和展现自我的能力。这两个课程刚刚展开，我们期待探索后的进一步成熟。

通过 4C 课程，我们希望能够和村庄的发展做一个有机的结合。第一，从生活方面去改善村民的生活条件，给他们温暖和关爱。第二，通过我们引进的艺术课程，让村民参与其中，感受艺术的魅力。第三，和村民一起开设非物质文化遗产课程，让他们协助教学，一起关爱孩子的成长。让学校变身田园，变身博物馆，变身村民生活的中心。乡村教育将不再是封闭与僵化的一池静水，而是村校合一的欢乐大家庭。我们将继续探索联合村庄模式，开办学校农庄实验基地，逐步完善课程建设，改善学校常规教学模式，发挥社区教育力量，最终建成全方位服务型学校。

邢天骄

深圳国际预科学院 NuVu X 未来高中校长、蔚来教育创始人，PBLWorks 中国主理人

深圳的，世界的：深圳国际预科学院 NuVu X 未来高中创新课程的中国特色实践

NuVu X 未来高中是一个很新的教育创新项目。2019 年 9 月，我们依托深圳国际预科学院和在美国麻省理工学院（MIT）成立的一个创新学校叫 NuVu，成立了 NuVu X 未来高中项目。我从五个方面来给大家分享我们 NuVu X 未来高中项目在国际视野下创新课程的一个中国特色的实践。

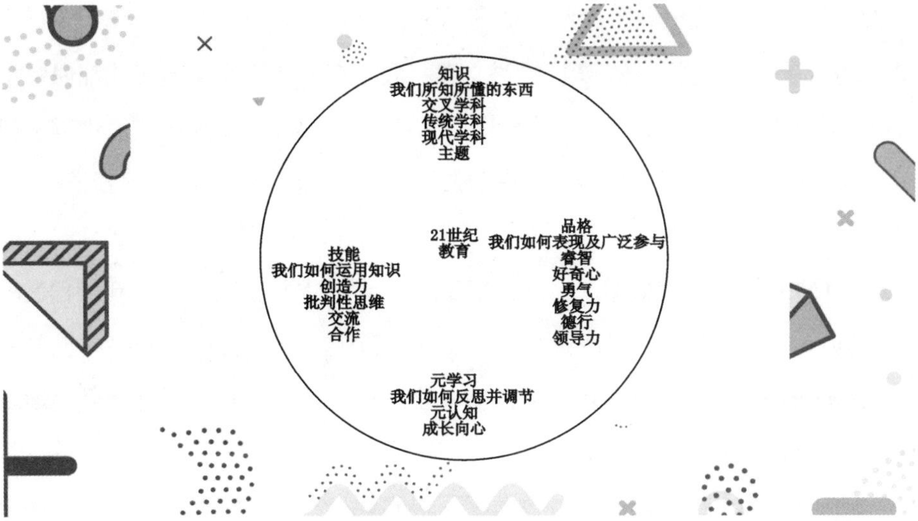

我们的整个教学模式是依托哈佛大学教育学院推出的思维教育展开的，其实跟我们中国学生的核心素养是比较相关的。但我们当时选择这个模式的时候是因为它除了我们经常说的创造力、批判思维、交流合作之外，还有一个品格的培养和一个元学习，就是及时学会学习、学会反思并调节的教育理念。

我们最初是从一个班开始的。一个班有 12 个孩子，我们先去做了这样一个教学尝试。在四个星期的课程里面，我们真的看到孩子们身上发生了肉眼可见的变化，孩子、老师和家长都很满意。于是，我们把这个项目从一个年级的项目，扩展到一个学校。

我们选择和 NuVu 合作，就是考虑到我们的孩子可以同世界其他地区的孩子去共创一样的项目，可以同世界各地的孩子交流、互动，让世界也能听到我们中国孩子一些创新的声音。选择 NuVu 的第二个原因是一张成绩单。其实现在国内很多的学校也有这样的素养成绩单，但是 NuVu 做的是一个平台，是将六大核心素养分拆为 36 个技能和能力，这张素养成绩单能看到孩子们每一项能力在每一个学期的增值评估，据此我们就可以对孩子有一些个性化的培养。

我们并不希望把海外的课程拿过来直接用，所以 NuVu 的课程现在只占我们课程的 1/4，而且也做了非常多的落地融合改变。第一个部分，我们还是维持了原有的学科基础，原有学校的语文课、数学课、英语课和体育课都保留了传统的教学方式。在此之上，我们把社会科学和科学课，就是历史、地理、科学等传统科目变成了用项目化学习的方式。但我们也依托课标，顺着课标走，只是换了一种教学方式。最终，NuVu 的创新主题课是以跨学科的形式呈现的。

除了课程之外，我们第二个融合就是线上线下的融合。NuVu 创新课程是由美国 NuVu 的老师直接连线授课。这样我们的孩子就有机会通过网络同世界其他地区的孩子们直接沟通交流，共同做一个项目。除此之外，所有项目化学习与基础学科的课程都在线下进行。

相应地，我们的支持和服务也做了一定的优化，比如提供升学指导和社会实践。每一个学期，我们都会带着孩子们去参加不同的比赛，去参观跟他们现在做的项目相关的一些社会组织和机构。比如说这个学期我们的孩子正在研究“如何通过技术来改变和提升老年人生活质量”的项目，那么，我们就会在这个学期带着孩子们到养老院，去真实地了解老人们现在的生活情况，然后再在真实场景下去研究解决这个问题。

还有就是个性化发展。比如说我们之前做过一个项目叫作“可穿戴时尚”。针对这样一个主题，2—3 个孩子一组，有的做背心，有的做帽子，有的做手环，他们的选择都不一样——背心可以保护安全；手环可以提醒人们走路的时候不要总看手机，要安全驾驶，安全走路。所以，在这个过程中我们可以实现一定的个性化学习目标，老师也对每个小组进行了一对一的辅导。

对创新课程而言，有一些关键的原则。第一，所有的课题都以围绕一个真实世界的问题为基础。第二，每一个课程都着重强调孩子们的实践和动手学习能力。第三，个性化的学习。一个主题下面其实可以分出非常多不同的分支，那么孩子们就可以做到个性化的发展。第四，本土与国际的连接。我们希望对孩子的成长可以最终达到一个全面的支持。

在课程设计当中我们用到了斯坦福大学的设计思维，就是孩子们发现一个问题，如何解决问题，如何在过程中根据对方的需求去不断地优化反思，最后整合创造出一个解决办法。这就是我们希望在孩子们学习当中逐渐培养和形成的一个思维逻辑。这样不管他们以后在职场，还是生活中，这套解决问题的思维方法都可以用得到。

整个课程落地的过程我们也遇到了非常多的挑战，但没有想到最大的挑战是学生。我们在推动教育创新时，认为这是围绕学生去做的，给了学生自主权，让他们去选择自己喜欢做的事情；给了他们很多时间，让他们去研究他们想做的项目。但没有想到有很多学生在一段时间之后的反馈是觉得太累了，这很有趣。对此，我们做了一对一的学生访谈，发现可能因为这个课程是在高中上的，很多孩子已经习惯了传授式的学习方式，习惯了坐在课桌前，老师告诉我今天要干什么，等待老师发出指令。而我们的教学方式是丢出一个问题，完全没有解决办法，所以孩子们就会觉得很抓狂。

我觉得经过这么多年的教育培养，反而我们的孩子不会自主思考了，这是一件蛮可怕的事情。孩子需要一个适应的过程，即从一个传统的讲授式的教育方式过渡到一个完全创新的方式需要一个过程。所以，我们把课程根据孩子们的进度做了一些调整。

第二个方面就是家长。虽然入学的时候家长都非常支持这样的教育理念，但是真正上了半个学期的时候就开始焦虑了。我要看成绩，孩子的成绩是多少呀？到底考了100分了没有啊？回来有没有写卷子，有没有写作业呀？当我们跟他们说这是一个过程式的评估，最后有个项目展示的时候，家长还是会以结果为导向地去看待孩子们完成的项目。对此我们会和家长说要以鼓励为主，给孩子们一个成长的时间和过程，他们不可能一下子就那么完美。

第三个方面就是老师。在这其中老师的角色也有一个转变。老师到底给多少指导，给多少答案，到底应该做到什么样的辅导，其实老师也在学习如何掌握这个度。

最后就是学校的配合。像我们这样一个创新课程，涉及学校的方方面面，比如课标的整合、课程的选择，其中还包括内容的重叠。全校从管理层到老师、到行政服务人员都需要非常支持这样一个创新项目在学校落地。我觉得大部分老师和教育领域的工作人员都是有情怀的，大家都希望一个新的、好的教育生态能落地发生。

另外，文化的碰撞也是一个有趣的现象。我们有时候会连线美国的老师，美国的老师非常坚决地不会给孩子们答案。不管孩子们在下面多么地纠结，即便是放弃了、不做了，老师也不会给他们答案；而我们中国的老师就有点着急了，就想给他们一点帮助，想告诉他们怎么做。所以，如何去融合这个部分也是很难的，这是一个文化上的差异。美国的孩子、苏格兰的孩子、欧洲的孩子，他们表达自己的欲望非常强，他们会直接告诉我们中国的孩子，你们的项目哪里做得不够好，我认为还可以做什么。思路非常清晰，不管对错，他都可以表达出来。但是我们中国的孩子就有点太谦虚了，他们不怎么表达，就说你们做得都很好。所以，我课下就会跟我们的孩子说，希望你们后面也可以越来越多地表达你们的想法。你们的项目做得非常优秀，你们也要把你们的想法，你们对他们的建议说出来。现在其实是越来越好了。

“面向未来的学校创新”圆桌论坛实录

主持人：

杨东平　21 世纪教育研究院理事长，国家教育咨询委员会委员

嘉宾：

罗才军　浙江省杭州市卖鱼桥小学教育集团党委书记、总校长

曹晓澜　深圳市华南师范大学附属龙岗大运学校党支部书记、校长

刘义兵　甘肃省陇南市宕昌县兴化乡磑子坝小学校长

邢天骄　深圳国际预科学院 NuVu X 未来高中校长、蔚来教育创始人，PBLWorks 中国主理人

杨：我想问问你们学校现在有多少学生？

邢：学校一共有 300 多个孩子，这个项目上的孩子不到 10 个。但是也会有其他普通班的孩子到这个项目来上课。

杨：好的。因为学生的规模跟教育品质的关系还是比较密切的，我还想问问罗校长，卖鱼桥小学大概有多少学生？

罗：我们卖鱼桥小学是一个大的集团。现在如果按照核心校区算是 2 913 个学生，核心校区就是主校区，如果再加上集团的话，人数大概是在 6 000—7 000 人左右。

杨：集团里有几所学校？

罗：集团里按照校区算有 6 所学校。

杨：我想顺便问一下，你们学校旁边是有一个桥叫卖鱼桥吗？

罗：是！

杨：这个桥还在吗？

罗：在。

杨：那是一座古桥？

罗：对，是一座古桥，而且古时候在这里它就是一个鱼市。所以，对杭州的老百姓来讲，说哪条路他可能不知道，说卖鱼桥他就知道。

杨：现在已经不卖鱼了？

罗：（笑）那肯定没有了。

杨：那我想问问罗校长，你刚刚听了其他几所学校的介绍，你对哪所学校，或者哪些点比较感兴趣，比较有触动？

罗：三所学校我觉得都有可以学习借鉴的地方。深圳龙岗的这所学校，曹书记在介绍的时候，我特别感兴趣的是他可以把每个教师的潜力，每个团队的潜力进行挖掘，做了很多细致入微的工作。其实我们做学校最难的就是细致入微。他可以用一定的时间和所有的老师都做一次沟通交流，这个说实话我做不到，所以这一点上我就很有感触。为什么？因为教育是人的事，只能用人去影响人。只有把老师们的思想都统一到你这里来，他们才可以去影响学生。所以是人的传递。刘义兵校长（分享）的这个模式，我真的很感兴趣。以后有机会我们可以去看一看。

杨：我有个很重要的建议，希望我们罗校长以后跟刘校长，你们可以结对形成一个合作和支持的关系。

罗：好呀。我们可以给到刘校长的，比如说每个老师的课程是怎么样建立起来的，怎样更好地贴近学生的发展，如何统一家长的观念，诸如此类，我们是有一些经验，有一些做法的。我们也希望跟刘校长结对，如果我们的老师都能看过刘校长这样的学校，他会在杭州更有拼搏和奋斗的勇气。

刘：提前欢迎罗校长到我们学校来。

杨：他们每年夏天会举行夏令营，到时候可以请卖鱼桥小学的师生一起来参与。

罗：是的！我看邢校长的学校那真的是高大上，它给我们的教育提供了更多的可能性。而且这个学校的生态已经完全就是我们想象中的未来学校。那我们呢，因为体量很大，又服务周边的小朋友，又是一个公办学校，没有可能拒绝任何一个孩子。所以我们在探索过程当中，努力向这样的方向靠。我们课程当中最大的一块就是项目化学习，是在浙江省做探索最早最快，也是走得最远的。像邢校长那样的学校，其实是可以变成既像刘校长这样的学校，也像邢校长那样的学校的。既可以脚踏实地，又可以仰望星空，那才是我们教育应该的行走姿态。

杨：我想再问问罗校长，因为我认为你们提出的全纳教育这个概念，并把它转化成学校的教学和管理的现实，这是相当超前的。那么这里面有两类群体，我听你在介绍中也谈到了。一类就是所谓弱势学生或者叫后进学生，怎么给他们提供更多的帮助；另一类是所谓资优生，就是优秀学生要怎么给他们提供支持。这方面你能不能再多一些介绍？

罗：就今天这四个学校比较来看的话，我们体量大，在城市里边。事实上，城市的内在闭塞环境，尤其是经济的飞速发展裹挟着的这种家庭生活的变故，导致像我们这样的学校就会产生一定绝对值的在心理和行为上有偏差的小孩。他们在发育之前，包括整个小学阶段过程当中会产生许许多多的心理问题，那会影响他们的学习质量、生活质量，甚至影响整个学校的生态，也影响一个家庭。所以我们痛定思痛，也是基于我个人的教育行走的轨迹，基于我自己的教育主张，总是想让每一个孩子都经历学校的生活，成就他们更好的自己。所以，不能让一个孩子掉队，一个也不能少。我们当时就想，应该有这样一个专门的支持机构来推进这件事情。所以我就直接让当时德育处的主任成为全纳中心的主任。因为他跟家长的沟通能力特别强，而且我能观察到他在与小朋友的沟通交往过程中，特别地耐心和细致。但他只是个有教育背景的老师，有时候面对那些病理性的孩子，他也束手无策。所以基于这些原因及我对国内外的考察，结合自己的一些思考，我觉得要成立这样一个部门，要创新我们目前的管理模式。所以，我们建立了这样一个全纳教育中心作为一个中层的推进机构。全纳中心主任在推进过程中没有抓手不行，我就向区里特别要求，跟编制委员会办公室沟通，让他们在我们学校搞试点，搞编制使用创新的试点。因为你如果说不动他，他是不可能给你编制的，老师的编制都很紧张，凭什么给你这个学校搞几个特殊的编制？都不需要进行教学？所以，为了让编办的主任能够同意进行这样一项实践并在我们学校成立全纳中心，每当全纳中心获得一定成果的时候，我都要进行汇报。希望我们学校成为搞这种编制使用创新的范例。

杨：你的四维一体里面有一个维度，是医。它是校医，还是通常我们认识中医生的医？医学维度是怎么加入学校的教学体系当中来的？

罗：在成立全纳中心的时候，我们就考虑到了让专业的人干专业的事。所以我们就把杭州市在心理教育方面比较突出的浙大心理学和杭师大心理学的这些教授，以及他们所在的临床的医科大学，附属医院里临床研究生的项目组引进到学校里来。因为他们缺的是面对实践的学校个案，而我们有的是个案，但我们做不了科学的支持。所以我们就是把朋友圈建立起来，我的任务也就是把朋友圈建起来。

杨：那我想再问问，你们对那些资优的学生采取什么样的支持方式？

罗：资优学生，目前看到的就是他们往往在自主行为习惯上是有偏差的，或者是在学科科目上有偏差。所以当有科学的测量工具和专家的意见帮助家长一起梳理，认定他们是在某一方面的资优生，家长就会对这个孩子有清醒的认知，我们的老师也会对这个孩子有清醒的认知，不至于以同一根标尺要求他们必须把书整理成什么样，不能这么干。因为每个人不一样啊，你不要限制他们，把他们箍死，像一个紧箍咒一样。既然有了这样的理念，再推进课程的时候，发现他们在某一方面智能特别强大，在某一方面是自由的，那么就要搭平台——不只可以找学校里的老师，还可以找外面的教授。

杨：我再问一下曹校长。刚才罗校长也提到，就是编制使用的创新。但是在你们那儿，好像一开始就给你们一个新机制——好像是要去编制化的一个制度改革。你能不能再多说几句？

曹：我们大运学校开始在设计这个制度的时候，教育局给我们的设计就是去编制化，全员聘任，没有给学校编制。那么不给编制，怎么操作呢？它是把钱给了我们。按照整个龙岗区上一年度投入教育的经费除以参与教育过程当中的那个学生的数量，就是平均到每一个人能够分到多少的教育经费。以我们现有的学生总数拨款到我们学校，然后人员实行学校自聘、自己管理，这样的话，编制上就没有数量的限制；但又因为你的总金额数是固定的，于是人员也就得到了相应的控制。而且它有一个比例，就是用于人员经费的比例不能超过70%。最开始第一年它是要求不能超过65%，现在是要求不能超过70%。

杨：用这种管理方式你们是不是编制比较宽裕啊？就没有其他学校的那种教师短缺的问题了？

曹：其实我们不存在编制的问题，只能是说我们要多少人员的问题。虽然编制没有了限制，但如果你的人员多经费占比就会高。因此教育局在制度设计的时候，设置了一个人员占比的上限，相对来说也就控制了我们去请多少人。所以一般情况下，我们也是一个人能干的事情——或者说这个本来是由两个人干的事情，我们就一个人干。那么这个钱每个人就会得到的多一点，这么一种安排。

杨：其实我对大运学校整体管理体制的变革，包括实行管、办、评分离改革是非常关注的。因为在学校管理层面的这种总体制度变革现在是非常稀缺的，所以我们会继续关注大运学校。下面问一下刘校长，你刚刚听了几个校长学校的案例介绍以后，你自己最大的体会或者收获是什么？或者对这些学校的做法能不能做些评价。

刘：刚才听到三位校长的介绍，有很多东西都在深深地吸引着我。他们的课程，我觉得即使不是非常完善的，也是非常漂亮的。结合我们学校的实际情况，和他们相比较而言，好像还处在教育的一个原始状态。但是呢，我们其实也在变，也在想着去改革。我们主要就是想利用社区以及村民，发动周边的资源来进行探索。刚才我提到接下来我们可能要做一个农庄，也就是说，我们利用学校现有的经费，去结合学校现有的课程去做一个自己的实验基地。吸引村里有才华的人来帮助我们教学，尝试着改变我们学校的现状，比如说老师紧缺呀，资源缺少呀，这样一种现状。我们不能说只是依赖于外界的一些教育观念和外界的教育资源，我们自己现在也要这样去做。

杨：其实磴子坝学校在教育创新的意义上也是非常前卫的。他们提出了一种村校结合，全方位服务型的学校。也就是说，把学校和社区整合到教育方案当中。他们既为留守儿童服务，也为留守老人服务，从而使学校获得村庄和社区的力量来发展。这个想法对于很多，尤其是农村学校是非常重要的。所以，我们希望刘校长的这个探索能接着再往前走，但我也感到他们的不足主要还是师资。因此一些创新型的课程怎么样开发研究和落地有一定难度，得有一个过程。随着教师的逐渐年轻化，这种（情况）可能会有所改善。最后，我们还有几分钟时间还是回到我们深圳的未来高中。我觉得邢校长讲到一个很有价值的评价，就是教育改革的难度或者阻力主要来自哪里？她的结论是学生和家长。其实我本来是想把它变成一个讨论性的话题，因为我们每一个做教育创新的人都会遇到挑战，都会遇到困难。我觉得邢校长就把这个问题说明了，这个问题肯定是具有共性的。那么对改变学生多年来在这种应试模式下形成的学习习惯、心理状态等态度和行为，你们有什么具体的解决方案呢？

邢：我觉得我们也还在学习。非常实在地说，刚入校的时候，我们就想课程是很难的，文化融合是很难的，学校配合老师是很难的，但至少这种课程给到孩子们，孩子们肯定是超开心的。可高中跟小学的情况是不一样的，因为这是一个成长的过程。如果是从小就接受这样的创新教育，他们就能慢慢养成这样的思维方式，觉得这是很自然的。但是当前面的基础教育阶段都是传统的，然后突然跳到高中是这样一个学习模式，孩子们就会觉得比较困难。现在我们只有慢慢地鼓励他们去探索，一步一步引导他们，给他们更多的支持和辅导，让他们更多地去深入探索、深入思考。如果按照原来的方式老师是不会给答案的，要完全培养他们自主学习的能力，但是现在我们也会迁就一下孩子们的程度，给一些支持，给一些辅导。现在就是这样的情况，其实我们也还在探索当中。

杨：谢谢！你们高中已经有毕业生了吗？

邢：没有。2020 年有一届，但他们只上了我们一年的课，就是相当于 11 年级都上了我们的课，孩子们的成绩还是很不错的。包括 2021 年我们有一个孩子在创新研究项目大挑战（CTB）中得了全球一等奖。

杨：好的。那还有几分钟时间，我再问问我们的罗校长和曹校长关于减负的问题。现在杭州、深圳到底是怎么做的？是不是也跟全国大多数学校的情况相似，就是把学生圈在校园里面，到天黑了再放回家？

曹：其实深圳落实“双减”政策还是比较全面和深入的。就是我们这边全部规定作业量要减下来，您说的另外一方面“圈在学校里面”，那个其实是课后延时服务。

杨：教师在学校的时间过长，这会也成为一种新的负担。

曹：对对对。一方面，国家现在讲“双减”，但教育培训机构我们是管不了的，然后学生在校时间是延长了，学生的作业量是减少了，这个确实是真的。但是有些东西我们做教育的人都知道，比如说学习过程当中的考试和测试其实是一种学习方式，但是现在强硬推行“双减”，其中的一种措施就规定不能够考试，只有初中可以考一次期中考试，其他年级是不能够考试的，限时的测验都不允许。于是，现在很多家长和孩子就很焦虑，因为他们不知道自己学得怎么样了。特别是一些家长说，孩子不考，那我就买几本书，买几本练习册来给孩子做，对这方面，其实我是有点担忧的。另一方面，减的同时有一定数量的增加，比如说要求课后延时服务两节，这是一个声音。第二个声音就是说要学生“5+2”，就是五天在校，每天增加两个小时。那么这样其实是增加了老师的工作量，而且深圳也在推午餐、午休的辅导，就是午餐、午休学生也是在校的，那么这个时候老师也是要去看午餐、午休的。

杨：我想问问罗校长，你们学校有没有什么考虑来帮助老师解决一下在校时间过长的负担，为教师减负。这方面有没有过想法？

罗：我们觉得杭州的学校还是比较有自信的。因为“双减”的目标是提升教学质量后，为家长提供适度服务。所以，我们学校做的时候是应托尽托，不需要托的就不需要在（学校）。

杨：那你们现在接受托管服务的学生大概占百分之多少？

罗：约占60%。另外，我们怎么样帮助老师减负呢？比如说，像我们这样的学校是窗口学校，新冠肺炎疫情之前会有许许多多全国各地的人员（当然疫情期间不可能）到校参观，跟岗学习。我们的减负措施是每周不超过两个团队，会议能在线上开的在线上布置，绝不线下开；每个老师参与本周活动应该达到哪一个维度，哪个会开到哪个层级，都有明确说明。另外，凡是参与晚托的老师，我们的食堂准备有三种方案。第一种是完全在这里吃饭，老师可以带家属；第二种是把净菜带回家，只收你的成本费；第三种是把烧好的菜带回家，可以回家去吃。以类似这样的行动来跟进。再加上我们有外围的入离校系统，可以帮助学生、家长、老师尽快地疏散。因为，在杭州我还担心一点，就是原先学生的放学是跟晚高峰错位的，现在要晚托了，刚好碰上晚高峰，像这样的系统问题我们都要想办法一一解决。

杨： 我们的时间也已经到了，我再说几句。首先，是在我们城乡各式不同的教育环境当中，各位校长都做了巨大的努力，做了巨大的变革，有改善、也有改革、还有创新，是非常令人欣慰的。我从今天下午的交流当中也获得了很多，也改变了我原先的一些想法。另外，改革是没有终点的，所以会不断地碰到新问题、新挑战，那么只有靠我们第一线的教师、校长在实践中去探索、回答和应对这些问题。我相信随着时间的推移，一些问题还是会逐渐地得到改善。那我们就再次做一个告别。我希望我们在座的几位校长能形成一个新的学习共同体并相互取长补短。因为每个学校都有各自的优势，可以在我们今后的发展中继续合作和交流。今天就到此结束，谢谢各位。

罗陆慧英

香港大学教育学院教授

香港学生作为数码公民的学习生活：现状与未来（香港主题报告）

各位早上好，很高兴有机会在第四届世界教育前沿论坛上同大家进行分享，第四届世界教育前沿论坛的主题是："新常态：教育有什么新前沿?"新常态这个词是在新冠肺炎疫情出现以后流行起来的，但是常态不常是根本的定律，特别是世界进入数码时代以后，社会各方面变化的速度越来越快。另外，新冠肺炎疫情出现以后，各方面的不确定性增加了不少，我今天讲的题目是：香港学生作为数码公民的学习生活。让我展示一下现在香港学生学习生活的常态是什么。与学习科学研究的前沿进行对比，以探索香港的教育可以在哪些地方改进。

我今天的演讲大概有以下几个重点：首先，我介绍香港大学近年领导的两个研究项目：一个是数码时代公民素养的学习和评估；第二个是数码素养 360。接着我介绍国际上是如何定义数码能力和数码素养的，从香港大学的研究结果了解香港学生的数码素养到底达到了什么水平。还有就是为什么香港学生的数码素养水平不高。其次，我也说明一下为什么儿童的数字权利是数码公民有效学习的先决条件。最后，了解香港学生的学习生活、认识情意学习与维护、保障儿童数字权利的关系。

数码素养 360 研究项目

香港很多教育界人士都知道，数码素养 360 计划是 2020 年 6 月进行的一项重要合作研究项目，目的是更好地了解学生、家长、教师和学校在停课期间的表现，目标涉及重点社区行动，帮助家长应对他们遇到的挑战。2020 年 6 月中到 7 月中进行数据收集，通过各方的帮助我们从香港、九龙、新界一共 53 所中小学学校以及一所特殊学校收集了数据。学校方面我们收集了一共 5 050 份中学生和 1 279 份小学生的问卷。

从 2020 年 7 月底，数码素养 360 出版了六期简报，有些人可能还记得，数码素养 360 是由 2020 年 4 月份发表的研究结果引发的，这个研究结果显示好多学生没有在家进行在线学习的必需条件。其实这个报告是缘于数码公民学习与评估项目里面发现的香港学生存在三个显著的数码鸿沟，包括数码设备、数码素养以及家庭在数码学习方面的支援。项目是从 2016 年底开始，是一个为期五年多的研究，到 2022 年 3 月底结束，期间我们把研究成果及由此总结的建议逐步向公众推广。

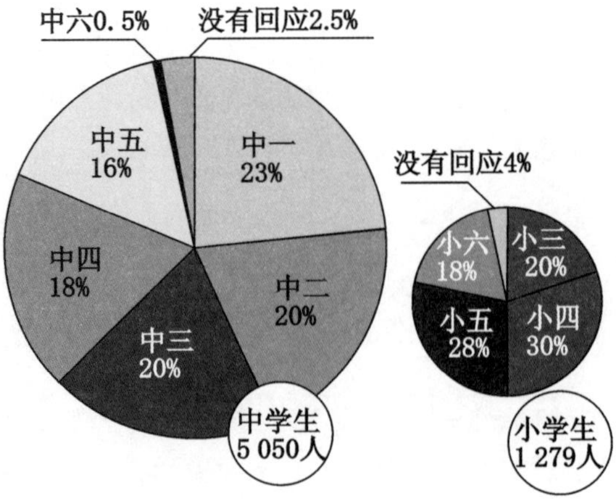

参与数码素养 360 的学生分布

数码时代的公民素养是什么？

为什么我们要研究数码公民？数码公民的学习生活又是怎么样的呢？首先我想问一问大家在衣、食、住、行、医保、交友、工作、娱乐这些领域，你可不可以举出起码三个对你来说或者是你知悉的比较重要的应用程序？我相信你一定可以，因此你我都是数码公民。但是你认识的人当中，有没有一些是在日常生活里面，在应用电子科技方面有困难的呢？我相信你我都认识一些。而对一般的青少年、儿童而言，你觉得他们在以上各方面的数码应用都精通吗？还有，有没有一些领域你可以有信心地说，数码科技一定不能派上用场？

在未来的日子里，随着互联网、人工智能、数据科学等领域的技术发展，数码科技的重要性肯定与日俱增。面对数码时代的挑战，人们需要的能力不单是知识和技能，因为这些都变化得很快。情感、态度、价值观不但影响一个人是否愿意或者成为社会正向力量的一员，更影响他是否有动力不断学习、自我完善。

情感、态度、价值观，也影响一个人的自我效能感，影响他们是否有足够的自信抵抗逆境，在实体与虚拟交织的社群中，进行辨析、参与、选择，并能领导社群的发展。因此，数码能力并非单纯的数码技能，而是数码时代全面发展的基础。

数码公民的重要性

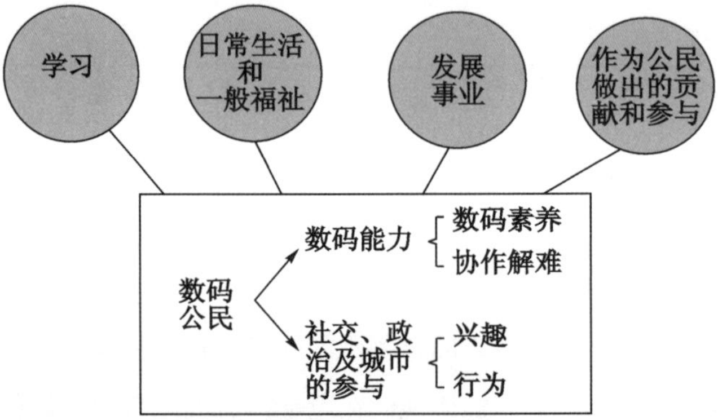

为了理解和支持学生学习数码的能力，我们需要评估框架和工具，联合国教科文组织在 2018 年发表的评核数字素养的全球框架，是香港大学教育应用资讯科技发展研究中心为其进行调研和编写的。

欧盟委员会联合研究中心在过去的十年中持续开展研究以建立一个全面和可以与时并进，并具可持续性的学习和评估数码能力的框架。比如他们为 2022 年 2 月推出的数码能力框架（Digital Competence 2. 2）做了准备。重点是根据以前订立的数码能力框架（Digital Competence 2. 1）为三个重要的领域制定所需的知识、技能和态度要求。这三个领域就是人工智能和数据相关的系统，媒体与信息素养，以及福祉和环境的可持续性。据此，我们可以看到数码能力的覆盖面是需要与时俱进的。

香港学生的数码公民素养水平及其对学生学习的影响

现在让我来介绍一下，我们就香港学生数码素养的调查，有什么研究目标，并达到怎样的研究成果。

一个孩子的数码素养到底是怎样发展的？这个可能与语言和数学等传统学科的学习大不相同，因此我们对两个重要的问题进行了探索。第一个是研究在数码时代至关重要的能力方面，从童年到青少年时期的规范发展轨迹是怎样的？

第二个问题就是个人、家庭和学校的因素怎样影响数码能力的发展？就这个题目我们在2019年初，评估了三个级别学生的数码素养，包括小三、中一和中三学生。两年之后，也就是2021年初，我们再次评估了相同样本的学生。

从2019年初收集的数据当中，我们发现总体而言我们的学生在较低水平的能力方面表现良好，但在批判性思维和以数码技术解决问题等要求比较高的那些能力方面表现不佳。

同时我们看到学生进入中学以后的数码素养，没有真正提升。这些都是令人担忧的发现。因此我们需要了解儿童和青少年究竟是如何学习数码素养的，这也是为什么我今天的演讲标题中提到"数码公民的学习生活"。

数码公民学习与评估项目2019的研究结果

正面发现

- 学生已掌握基础的数码素养
- 学生能运用通信软件进行交际和分享资讯
- 整体而言，学校及老师能为学生使用科技提供辅导及支援
- 学校能为处理网上欺凌及数码安全提供适当的辅导及制定政策
- 部分中小学能协助学生发展高阶数码能力，致力缩窄校内差异

具体挑战

- 校内和校际之间的数码能力表现存在巨大鸿沟
- 数码能力鸿沟随着学生年龄增长而广阔
- 数码设备普及率的鸿沟，广泛影响网上学习
- 只有约40%的父母能支援其子女正确及安全地使用数码科技
- 学生缺乏高阶数码能力：分析及评估资讯的可信性及相关性、实现数码安全及数码福祉
- 缺乏广泛使用数字化学习（e-Learning）的经验
- 需要有系统地提升数码公民课程、支援专业及学校领导层的发展

需要的条件

系统层面的政策及支持

- 科技基建及专业发展，有效的网上学习成为学校课程的组成部分
- 确保学生能连接互联网及拥有适合作网上学习的个人数码设备
- 数码课程框架的核心，应配合21世纪必要技能的发展

父母及社区

- 社区网络协作，支持家长及学生学习使用科技辅助学习

数码能力必须通过日常生活来掌握，这里我想回顾一下索尼娅·利文斯通（Sonia Livingstone）在主论坛中的主题演讲。在过去的十多年里，索尼娅·利文斯通（Sonia Livingstone）通过一系列的研究，推动数字环境中的儿童权利。她提出，我们需要保护儿童免受网络空间可能出现的风险的影响，但是我们不能因此阻止或者限制儿童参与在线活动的权利，因为他们需要这些体验来促进他们的认知和社会能力发展的健康成长。她的努力促使联合国批准了关于数字环

境中儿童权利的评论，成为儿童权利公约的一部分，她在这方面做了不少的贡献，这份文件对立法政策及其他的措施都有详尽的说明，包括家庭和照顾者的责任。我非常希望更多人能够阅读和理解这份文件，它的许多建议都专注于学习科学和社会学的研究。其实我很担心我在香港看到的情况，跟这份文件建议的内容并不相符。

必须提高香港学生学习生活的自主性，
使他们成为为未来做好准备的学习者

在这里我想分享一个关于香港学生学习生活的真实故事。这是我一个硕士生进行的一个小规模的研究项目。许多人抱怨学生沉迷于数字游戏和数字媒体，损害了他们的学习和健康。我这个学生设计了一个为期三周的课程，教学生怎样设定自己的目标，设计时间管理的计划，以实现更健康、更平衡的生活方式。他还教学生如何利用智能手机等数字设备，来监控自己的时间使用情况。这个研究使用了实验组、对照组的设计，在同校四个中二班级当中，随机在每一班分配一半到实验组，参与课程并自我监控时间管理，另一半就是对照组，没有参加相关的课程。

这个研究的结果令人非常惊讶，实验组、对照组的前测和后测的结果没有区别，较高成绩班级的学生反而对自我规划课程的态度更消极，他们认为自我跟踪的程式没有用。那研究员就觉得很奇怪，就问学生为什么为自己设定目标是没有用的呢？学生的回应发人深省，他们都说自己根本没有办法掌握自己的时间。就算他们早点完成作业，父母也要求他们去做更多的复习，他们深深觉得自己基本没法掌控自己的生活。所以他们对学校安排的作业的投入也是被动的，一切都已经被其他人决定。这个研究员（我的学生）后来跟我说，在学校里面成绩好的那些学生，从老师和家长方面得到的压力更大。虽然这位硕士生的研究成果只是一个案例，然而他与我们在数码素养 360 研究中的调查结果是相呼应的。数码素养 360 调查了父母对子女的管教行为，如何影响学生在停课期间的学习和社会情绪健康。我们发现父母对孩子在学习上进行直接的教导越多，他们的孩子在在线学习方面的自我效能感就越低。父母与孩子之间的良好沟通，是孩子学业和社会能力健康发展的最好预测指标，这就是说父母能否跟子女沟通，真正理解他们的想法是非常重要的。

因此，我们研究在社会成长中学习的重要性，向家长、学校、非政府组织和政策制定者提出建议，并且希望通过不同界别的协作与努力，把我们的孩子培养成自信和“为未来做好准备的学习者”。这个词在英语中翻译为 future-ready learners。

到此，我的演讲结束了，把时间交给我的同事陈嘉琪教授，她和陈介明教授将会主持以下三个论坛，检视香港社会如何在新冠肺炎疫情停课之下，在不同界别的岗位上支持香港中小学的社会情意学习，谢谢大家！

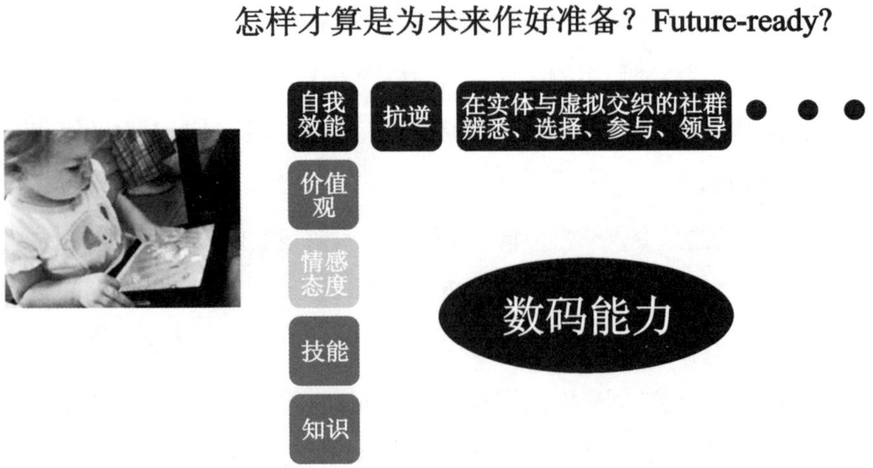

分论坛六　情意学习与照顾学生学习的多样性

正向教育作为对学生多样性的文化响应策略：八乡盆菜

香港八乡中心小学黎婉姗校长、邓镜河副校长、杜国权主任

八乡的百年光辉历程

从 1921 年成立至今，八乡中心小学（以下简称“八乡”）已走过了百年的历史。百年历程，百年奋斗。“八乡”完成了从乡村私塾到新界第一所政府资助学校的华丽转变。“八乡”历史悠久，已有超过一百年历史的校舍，早前更分别被香港特区政府及古物古迹办事处评定为二级保护文物和三级历史建筑。

黎婉姗校长和“八乡”的故事

现任八乡中心小学校长的黎婉姗校长和八乡中心小学有着深厚的渊源。黎校长的爷爷从 1921 年“八乡”创校伊始就在“八乡”求学，之后出任“八乡”的校董。他的女儿（第二代）在“八乡”担任老师。其孙女（黎校长）更先后出任“八乡”老师及校长。至今，黎校长的家族已经在“八乡”经历过三代。

盆菜是起源于香港元朗围村的传统菜式。一盆菜里可荟萃百菜百味，共冶一炉，其基本原则是“和味”。自 2013 年担任八乡中心小学校长起，黎校长带着使命感，带领着学校的老师们，继承“八乡”有教无类的优秀传统，秉承构建和谐共融校园的“盆菜”理念，致力为学生打造一个和谐有爱、正向积极的校园环境。

“八乡”的天时地利人和

八乡中心小学能成功构建有教无类、文化多元的和谐校园得益于“天时、地利、人和”三要素。

天时：自2015年起，“八乡”和北山堂及香港城市大学合作，为教职工提供“正向教育”的培训，旨在缓解学生的学习压力及教职工的教学压力。2017年，“八乡”获赛马会资助，正式开始在全校范围内推动“正向教育”，也就是清华大学正在推行的“积极教育”。“八乡”相信“正向教育”以人为本的核心思想能最大程度地发挥学生的潜力，让学生们享受积极正向的学习生活。这也体现了教育的意义——博爱。

地利：不知大家对村校的印象如何？“八乡”作为一间村校位于乡郊，接近大自然。优越的地理位置为“八乡”建构天人物我的学校创造了得天独厚的条件，所以“八乡”成立了爱猫组、蝴蝶组、松鼠组等，来推行生命教育，培育学生的正确价值观念。

人和：从2003年“八乡”招收了6位外籍学生起到现在，八乡学子来自世界上超过11个国家及地区，外籍学生占全体学生五成。“八乡”不分种族、文化、语言、背景，只秉承互相尊重、和谐友爱、幸福校园的理念，八乡坚信，通过校长、老师们的团队合作和全情投入，学生、老师都能感受到看得见的幸福。就像香港围村饮食文化的代表——盆菜一样，各种食材和而不同、共冶一炉、一盆多菜、有滋有味。在“八乡”来自不同文化背景的学生在老师们的精心“烹调”下，都能同心同力，不分彼此，其乐融融，团结和睦，实现人生理想。

“正向教育”在“八乡”的推行

八乡中心小学是中西文化交融的地方。为照顾不同种族、不同文化背景学生的学习需要，我们在课程设计和学习活动方面，制定、运用了不同的策略加以配合。我们注重培养学生的同理心，教导他们欣赏他人的长处，尊重不同的文化。通过引入“正向心理学”的理念，我们教导学生恰当地运用自己的“性格强项”，培养他们的抗逆能力，发展全人教育并帮助学生建立起积极正面的人生观。

同时，我们希望“八乡”师生能关注自身和他人的情绪，全情投入学校生活，互相尊重，在教与学方面找到意义感和成就感，从而提升师生们在“八乡”的幸福感。

在正向教育的理论框架下，“八乡”根据本校校情、教育理念及发展愿景，量身定制了四个策略以照顾学生的文化多样性。为落实这四个策略实现文化共融，“八乡”会在每一学年举行不同的文化学习体验活动。这些活动旨在让学生体会到正向教育中的幸福五元素，它包括正向情绪、全心投入、生命意义、正向人际关系和成就感。

策略一，积极向非华语学生推广中国文化。

中华文化源远流长，博大精深。“八乡”积极向非华语学生推广宣传中国文化，从而使他们可以更好地理解、尊重、欣赏中国文化。例如，我们会以中国的传统节日为载体，通过丰富多样的文化活动，让外籍学生了解这些节日的起源、传统和意义。

在中国文化推广方面，“八乡”主要将文化活动分为动态和静态两种。

动态。在课外活动课上，学生可以学习并表演舞龙、舞狮、中国鼓和中国舞。静态。在春节期间，“八乡”举行正向新春嘉年华。所有学生练习书法，写春联，欣赏、学习中国茶艺，品尝中国传统茶。在正向活动课上，学生们还在老师的带领下进行静观（冥想）练习。

策略二，学习香港本土文化。

香港本土文化饶有特色。在大力推广中国传统文化之余，“八乡”也积极向学生介绍香港本土文化，从而协助不同文化背景的学生更快、更好地融入香港的生活。例如，在音乐科，学生会欣赏到传统粤剧；在中文科，老师会带领学生在位于香港岛的电车上进行绘本阅读活动。此外，我们还会带学生去茶楼体验独特的广东饮茶文化，参观香港的渔村和岭南书室。

策略三，认识和体验世界不同地方的文化。

我们还会举办世界各地不同文化的主题活动来拓展学生的国际视野，培养学生正向的世界观。例如，在跨文化日活动中，我们会根据学生的国籍设计不同的文化活动并安排学生体验这些活动，以建立起理性、共融、包容、多元、自由、开放的校园文化。

策略四，促进文化认同、尊重及共融。

除了在正式课程及课堂管理中推行正向教育，“八乡”也注重在学生的日常学习生活中应用不同的正向教育元素以促进学生的文化认同、尊重及共融，增强他们在“八乡”的幸福感。例如，我们学校的穆斯林学生在斋戒月需要定时祷告。我们就会在学校预留时间及空间让这些学生进行祷告，并向来自其他文化背景的学生介绍这一做法的理由。再比如，我们中国人清明节有祭祖、踏青、扫墓等传统习俗，借以表达孝思。尼泊尔人很欣赏我们这种“饮水思源，慎终追远”的传统美德。于是他们效仿中国人清明节的做法，在香港定了一个节日，名叫 Pukka Diwas，来进行纪念先人的活动。而我们在校历中也安排了这个节日为学校的自定义假期来表达对尼泊尔文化的尊重，于是，在文化活动中，尼泊尔舞蹈和中国舞交相辉映，精彩夺目。

以上种种活动，无论是动态还是静态，都是以正向教育的理论（PERMA）

作为依据。而学生在这些活动中全心投入（Engagement），专心致志。透过丰富多彩的本地、国家及国际文化活动，缔造了一个快乐的学习环境，建构了一个互相尊重且安全的学习乐土，从而培养了学生的正向情绪（Positive Emotions），来自不同文化背景的学生之间建立了正向和谐的人际关系（Positive Relationships）。同时，学生也体会到通过自己的努力所获得的成就感（Achievements）。在这些文化活动中，师生齐心协力，有意义（Meaning）地建构起一个和谐、共融、关爱的"八乡"。

"八乡"的"正向"成就

我们借鉴正向心理学的理论，结合本校实际校情，在学校推行有系统的、有"八乡"特色的正向教育，其中包括教师的海内外专业培训、学生的正向教育课程、家长讲座和亲子工作坊。"八乡"的正向教育涵盖了学生、教师、家长在内的所有的持份者，并协助各持份者学习和实践正向教育，以促进学生、教师、家长和学校建立共同的正向理念，塑造正向校园文化，建立和谐校园，感受看得见的幸福感。

而各持份者对"八乡"积极正向的反馈有力地证明了"八乡"正向教育的成功。

在学生方面，学生喜爱上学，喜爱学校生活，学习动机显著提升；学生与学生之间关系良好，相处融洽。

在教师方面，教师团队气氛良好，有团队精神，流失率低；师生关系和谐。

在家长方面，每年报考"八乡"的学生人数稳定增长，这反映了不同地区的家长对我们正向理念的支持。

总的来说，学生、教师、家长同心协力，一起在"八乡"建立了互相尊重、和谐共融的正向文化，大家的幸福感也在不断地攀升。

拥抱古训　筑梦创新

八乡中心小学善于继承传统，懂得发扬自己的特色并勇于创新，探索出了拥有“八乡”特色的“盆菜”理念。我们照顾文化差异，通过构建和谐共融校园的“盆菜”理念，实践印证了费孝通先生在1990年总结的“各美其美，美人之美，美美与共，天下大同”的十六字箴言。

在八乡中心小学，校长和所有教职工上下一心，欣赏、尊重学生文化差异，以开放、包容、接纳的态度致力建立共融校园文化，让不同族裔、不同背景、不同学习需要的学生一起快乐学习，一起正向积极成长，一起迈向丰盛人生。

培育资优（超常）学生的情意教育

香港资优教育学苑院长黄金耀、总监邓沅彪

香港资优教育学苑

香港资优教育学苑成立于2008年，为香港特别行政区政府教育局资助的非营利机构。服务对象为年龄介乎10至18岁的资优学生，学员接近8 000人。学苑的愿景是成为具备有效策略规划的资优教育地区枢纽，致力提供合适课程，以鼓励并培育资优学生，并向教师、家长、其他教育研究人员和香港特别行政区相关机构提供支持。学苑致力确保学员获得合适的学习和发展机会，让他们在学术及非学术的宽广学习范畴中发挥潜能，包括领导才能、创造力及人际社交能力，以照顾他们的社交及情绪发展需要，并培养他们对社会的承担感。

资优学生的情意需要

资优学生是指在某些范畴有优异表现的学生，例如：在某一学科特别强，或在艺术方面特别有天分。这些学生在情意上亦经常表现出一些与众不同的特质，比如说对自己要求很高、对别人的评语特别敏感、有时候会过度激动。因为这些特质，资优学生在情绪及人际关系中容易出现适应上的困难，因此倘能在他们的学习中加入情意教育元素，则有助于促进他们更有效地管理个人情绪，加强自我认识，建立合理的个人期望，适当地管理情绪和提高抗逆能力，并了解个人的社会责任。

资优学生的身心能否健康成长往往受到自身及外界很多因素影响，其中“异步发展”与资优学生的情绪发展有紧密关系。“异步发展”是指资优学生在学术、情绪、身体、社交方面的成长不一致。其智力发展可能比他身体和情感发展更先进。例如：

1. 认知发展大于运动技能发展。一个资优学生可以具备对艺术作品评鉴和比较的审美能力，但他的小肌肉尚未完全发展，故此无法画出像样的图画。

2. 认知发展大于社交技能发展。一个资优学生可以在小学阶段计算高中的数学，但在情感上仍未有高中生的成熟程度，故他也像其他小学生一样，有难以控制个人情绪的时候。他们有大量和丰富的内在情感，但却缺乏情绪应对技巧。这个不同步的发展往往为资优学生带来焦虑和社交挣扎，造成情绪困扰。

课程及服务

香港资优教育学苑为资优学生提供的课程是参照人才培育模式而设计的。

成功地通过提名及甄选过程注册成为学员的学生，可先修读核心课程，了解自己作为资优学生的特质，同时亦接受一些情意教育。学员亦可以自由修读不同领域的增润课程，探索发掘个人的兴趣和能力，然后开始进阶学习掌握进深的知识及相关技能，继而就自己擅长的学科范畴进行专门化的专研学习，并透过师徒计划及研究为本的研习，一步步地朝着专家之路进发，达至卓越。除此之外，学员还可以参加生活技能课程，培养 21 世纪技能，平衡及支援学术课程的学习。

学苑透过为学员提供多元化的机会，包括工作坊、讲课、实验为本的工作坊、专题讲座、服务学习、实地考察、在线学习、海外学习团、本地及国际比赛等，让他们愉快地学习及拓宽视野。

香港资优教育学苑提供的情意教育

除了透过不同类型的课程促进学员发展其潜质外，学苑同时亦会关注他们在情意方面的需要。学苑透过两种方式全方位推展资优学生的情意教育：

1. **渗透式**：在不同的学术课程中渗入情意教育元素，让学生在学习知识的同时，兼顾情意发展。2021 年，我们推出了 8 个课程，超过 200 位资优学生参加。

2. **独立式**：透过举办生活技能课程，关注学生的情意需要。2021 年，学苑进行了 85 个课程，超过 3 000 位资优学生参加。

以下一些课程例子可以加深大家对两种资优学生情意教育模式的了解。

渗透式课程例 1：基因解密

在这个基因解密的课程中，学员们学习遗传学的基本概念，了解 DNA 的构造、特质、功能及所担当的角色。在学习过程中，导师会刻意引领学生意识到基因缺陷对疾病发生的重要作用以及如何维持基因健康，使学生识别出基因工程中的道德和伦理问题，并作出明辨性思考和评估。

渗透式课程例 2：Shall We TED talk?

透过介绍 TED（技术［Technology］、娱乐［Entertainment］、设计［Design］的英文缩写）的概念和背景，提高学生的听力、口语及明辨性思考的技能，为学生提供一个本地化的 TED 平台，让他们自信地进行演讲。透过视觉辅助工具和肢体语言等不同的演讲技巧，培养学生成为 TED 演讲者。课程导师更特别强调培养学生成为有同理心的演讲者，即站在对方的观点去思考问题，增强他们对听众情绪的关注。

独立式课程例 1：新兴体育运动“躲避盘”和“芬兰木棋”

学苑去年引入新兴体育运动“躲避盘”和“芬兰木棋”。这些运动讲求眼界准、脑筋灵活与随机应变，十分适合喜欢思考的资优学生。

透过这些运动课程，学生不但可以锻炼体魄、增进手眼协调、提升专注力，而且在掌握该运动的基本知识、技术和战略后，还有很多机会与队友商讨攻防战略，提升解难能力，培养团队合作精神，实现更有自信的沟通。这些都是我们期望资优学生积极发展的素质。

独立式课程例 2：“人生沙盘推演桌游”

学苑设计独立式的生涯规划、自我认识的课程，让学生领会不同人生角色，认识自己的强项、弱项，学会如何做优先排序。学生在了解自己的个性后，反思个人需要，发掘自己的梦想并为未来制订计划。透过“人生沙盘推演桌游”，模拟自己 20 至 60 岁时的生活，检视各个人生阶段，看看所做的选择会怎样影响自己的生活，怎样做出更好的个人选择。过程中学生也可以学习如何处理冲突、情绪压力和解决问题的能力。

推行资优学生情意教育的成效

学苑的研究部不时会进行一些与情意教育相关的研究。在一个有关情感特征对学生幸福感的重要研究中，我们发现了成长心态的重要性，它跟学生的学习态度和面对逆境的能力有很大关系。在一个关于父母教养方式、成长心态对资优学生的学术自我概念和生活满意度影响的研究中，我们发现成长心态对生活满意度（标准化回归系数［SRC］=0.114）和学术自我概念［SRC］=0.137）具有积极、显著的影响。

在另外一个研究资优学生在线自主学习的课题中，我们发现在自主学习中表现最好的那组学生的成长心态（平均得分=3.65）明显高于学生表现较差的那些组别（平均得分=3.39）。

定量数据的分析显示，学苑的导师能够有效地将情意教育元素渗入到多个学生课程中（并且会越来越多），在学生的预期学习成果评分中获平均分 3.5 分

（最高为 4 分），由此可见课程的成效不俗。在定性数据方面，导师从师徒计划中与学生进行讨论，发现学生的经历对自信、社交能力和接触新群体（例如同侪小区及专业网络）有积极的影响——他们渴望知道更多自己在未来想追求的东西。

结语

作为香港特别行政区其中一间受资助为资优学生提供服务的教育机构，香港资优教育学苑肩负发掘及培育资优学生的使命。学苑上下抓紧每一个机会为学生提供适合的学习经历，促进他们发展潜能，展现资优特质。学苑亦会借助不同的平台，跟教育界的同行交流，务求精益求精，优化学苑的服务，裨益更多资优学生。

以学生为本的情意培养与学习

香港明爱粉岭陈震夏中学校长　何应翰

本校为香港明爱于 1988 年创办的一所天主教中学，我们深愿学生能在信仰和爱中茁壮成长，每个学生均具备勤学、尊重、诚信、珍惜、坚毅、关爱的震夏人素质，具备正面的价值观，乐于学习，愉快成长！

当学生遇上挑战和面对困难考验时，动力和决心可能难以维持，为免失败他们或许会放弃某些学习的机会。部分学生或未掌握自己的人生目标和个人兴趣，欠缺学习动力。因此，本校致力推动情意教育，透过在校园内实践心灵教育，让“静默”融入学习及活动，提升心灵素质，培养学生对生命的尊重，让学生的身、心、灵获得全面成长。

人体右脑的功能是情意发展，左脑的功能是智能发展，我们用了宇宙中人的最强的左、右脑来比喻情意促进智能发展，虽然有点夸张，但试想当学生具备正面的价值观及明确的人生目标，有服侍社群的抱负时，所需要学习的知识又怎会难倒他们呢？

情意教育能提高学生的自我意识、促进自我了解和提升抗逆能力，并勇于接受挑战，故此对提高学生的自我主导学习能力至为重要。

青少年的情意发展可分为五个阶段：

1. 认识及了解自我。
2. 控制及管理情绪。
3. 建立人际关系。
4. 订立人生目标（生涯规划）。

5. 服侍社群（不同阶层的需要）。

让我们分享一个本校情意教育促进学生学习的示例：

本校着重全人教育，除重视学习外更透过推动心灵教育，培育学生身、心、灵健康以配合学生的成长需要，并鼓励学生参与服务小区的活动，成立长者学苑，实践长幼共融。

长者面对的现况是活动空间和院舍培训不足，对于在小区内，许多长者行动不便，甚至由于活动的空间不足，导致日常的运动及活动不足，身体健康程度日渐下降；另一问题是跨代沟通常存隔膜。

透过产品研发，制作出一个让长者自创自建的训练工具（训练记忆力或体适能），促进长者之间的交流和联系，提升他们的社交能力，从而降低孤独感。

配合长者的需要，设计及制作创科护老产品：

1. 透过自创 Microbit（微型电脑开发板，主要用于中小学生编程教育）的程序，配合简易的环保材料，设计出一芯多用的训练工具，优化长者的生活技能训练模式，降低长者患上阿尔茨海默症的机率，并加强数据记录系统的追踪性和效能度。

2. 透过长青共创的技体训练工具，加强长者信心和童心，检视同辈的需要，促进长者之间的交流和联系，提升社交能力发挥和创新精神，贡献小区。

3. 透过 3D 打印技术，呈现长者设计的训练工具，有效修补长青之间的数码隔膜，达到我为人人、人人为我的活力小区。

产品设计以创科护老及绿色教育为核心，辅以培育人文素养及视艺美学元素的 STEAM（代表科学［Science］，技术［Technolog］，工程［Engineering］，艺术［Arts］，数学［Mathematics］）教育计划，推动震夏人 STEAM 产品开发员计划，培养乐龄科技领域的人才。

本校与香港大学合作推行 STEM 教育活动，并协作进行 STEM 公开课，主题为应用 Microbit 研发加强长者活动能力的电动游戏机——产品改进篇。大学的课程专家与本校老师进行共同备课、设计教案、选定中三级作为授课班别，当天参加观课的包括香港大学的课程专家、教育局代表及友校老师，在评课会议中，本校师生不论在讲解、测试产品，讨论及反思方面均有出色的表现，大获好评和赞赏。我们所设计的产品，更荣获香港大学颁发的“STEM 自主企业家卓越奖（中学组）”和北区青年活动委员会之 2018 年优秀小区服务奖，而其中三款产品，更获香港工业总会支持指导学生优化设计及量产，产品于九龙仓“‘学校起动’计划‘趁墟做老板’”展销会中推出。

上述研发创科护老产品的事例显示，当学生具备正面的价值观及明确的人生目标，有服侍社群的抱负时，学习再也不是难事！所以我们深信“情意带动智能发展，有效促进学生学习”！

而相关研究结果亦发现：

1. 按现实理解，学生能否成功很大程度上取决于其情意心态。

2. 资优三环概念中，创造力和工作热忱在决定资优学生能否成功方面，与智力（用智商来衡量）同样重要。

愿我们的校园时刻充满恩典、欢乐、欣赏、朝气、梦想和爱……愿学生健康成长，愉快学习。

翻转未来的全方位学习以成功创造成功

香港爱秩序湾官立小学校长　崔家祥

一、找出学校发展的方向——发掘学生的需要

爱秩序湾官立小学（简称“爱官”）是一所由香港政府开办的学校，学生多数来自基层，部分家长对学生的支持不足，而且有不少有特殊学习需要的学生需要照顾。笔者于2016年9月接任“爱官”校长一职，透过文件、访谈及观察初探学生在学习、成长上的需要。搜集“持份者问卷调查”“情意及社交表现评估套件”（APASO）和“学校表现评量”（KPM）的数据后，笔者发现学生对“整体满足感”及“机会”等副量表的平均数都低于香港常模，“成就感”及“经历”则与香港常模相约，“负面情绪”却比香港常模高。与不同行政组、科组负责老师及家教会代表倾谈后，发现大家对学生的期望不大。

于是，本人每天到课室与五、六年级学生用餐，与他们倾谈，发现他们对生活、学习的体验匮乏，自信不足。艾瑞克森（Erikson）的心理社会发展论指出要养成学生积极好学的心态，这需要培养他们面对课业、与他人互动的各种能力，让他们顺利完成课业或生活中的各项任务，并能在学习中获得成就与能力感，从这些“成功经验”里，学生才会对自己产生信心，愿意持续努力。即使日后遭遇困难，也会依靠自己的能力去面对困境、解决问题。哈佛大学肯尼迪学院的经济学者隆纳·弗格森（Ronald Ferguson）和记者塔莎·罗伯森（Tatsha Robertson）采访超过200位成功者和他们的父母，发现高成就者都有一个共同点：他们都能够将自身潜能发挥到极致，在学习中持续锻炼并随着时间成长。

与各持分者协商后，“爱官”深信每位学生都有自己的潜能，若能加以启发，必定有所成就。“从体验中学习，以成功创造成功”便成了我们的办学理念。

二、“从体验中学习”——多元智能理论的实践

“爱官”以多元智能理论为核心，发展语文、数理逻辑、空间、肢体动觉、音乐、人际、内省、自然八大范畴，每一个学生都拥有某些方面特别突出的智能；而当学生未能在其他方面追上进度时，应积极引导学生运用其强项学习，以强带弱。学校相信不同的学生应有不同的智能组合去发展全人教育。多元智能理论既可以发掘资优学生，进而为他们找到合适的发展机会使其茁壮成长；亦可以扶助有特殊教育需要的学生，采取对他们更合适的方法，以利于照顾个别差异。“爱官”将各学科科主任增至三位，腾出更多人手去统筹与学科有关联的体验活动，与不同的专家合作，借此推动各科的科务发展让教师先跑出课室；随后增设各类课外活动，老师根据自己的专长发展课外活动，增聘专业导师，让活动小组及参与人数倍增，由过往十多组增至现今超过一百组，参与学生由约50%增至约85%。

三、“小学校，大小区”——与社会资源结合，创造多元化的主题活动

从社会系统观点而言，学校是一个典型的“开放的社会系统”，受外部环境的影响且与外部环境相互依赖。虽然在日常运作中学校并不开放，但难以避免地在不同范围内与小区产生联结，如实地考察、转介小区资源、参与小区服务等。国家的小学《道德与法治》教材依据与儿童生活的紧密程度，按照自我—家庭—学校—小区（家乡）—国家—世界的顺序，由近及远地设计了我的健康成长、我的家庭生活、我们的学校生活、我们的小区与公共生活、我们的国家生活、我们共同的世界等六大领域。由此可见，学校与小区建立联结的伙伴关系已是现今社会的趋势，而且学校亦常常邀请家长参与校务运作，也与

小区结合办理不同的活动。美国提出的“学校为小区中心：规划与设计的指南”中（School as Center of Community：A Citizens' Choice Guide for Planning and Design），有六项简单明确的准则，可用于营建适应21世纪需要的学习环境：

1. 强化教学并迎合学习者的需要。

2. 成为小区的中心。

3. 让所有教育有关人员参与规划设计的过程。

4. 提供健康与安全。

5. 使所有可得的资源有效使用。

6. 对于变动中的需要赋予弹性与适应。

笔者认为深入了解小区，积极参与小区工作，善用小区资源，是开拓学习空间的好方法。于是，笔者积极与大学、中学、小学合作，共同推动多元化的学习体验活动，又与区内多间志愿机构合作，以学校为中心点，发展具有小区特色的学习活动并透过服务学习回馈小区，实践“小学校，大小区”的办学理念，创造多元化的主题活动，具体如下：

1. 长幼共融——爱秩序湾官立小学香港妇女基金会耆康中心长者学苑

学校与多个地区志愿团体合作，透过“体验、服务、互动”三个维度，为学生举办多项与长者有关的活动，包括：“跨越时空、尝老体验”活动让学生进行“尝老体验”；四年级学生进行基本服务学习，到附近屋邨探访独居长者；学校又举办“老幼同乐贺新岁”团年饭活动，接待区内200多位长者到校享用“盆菜”，由约80位家长及学生义工一起服务长者；学校举办“教德乐课后支持学习服务”，由长者担任义工导师指导学生。2020年更与志愿团体合办长者学苑，进一步推动跨代共融。

2. 与青年人同行——“东区青年音乐祭”

学校致力推动英文民歌保育，2019年举行民歌会演——“东区民歌系爱官”，让学生、家长及嘉宾为家长、区内长者及友校同学带来悦耳的英文民歌。

其后，学校更与小区中心合办为期两天的“东区青年音乐祭”，透过音乐、舞蹈、艺术，让同学们更好地认识自己的小区，传播正能量。首天“音乐祭”以英文民歌为主题，表演队伍组分享多首悦耳动听的民歌；翌日“音乐祭”移师东区文化广场，多队青年乐队及舞蹈团倾力演出，表达青年心声。喜爱艺术的青年以“海滨”为主题，构思并设置了多个视觉艺术互动区，发挥无限创意，为海滨绘制新景象，鼓励大家进一步认识小区。

3. 推动单车运动 —— 单车同乐日暨小学生单车绕圈赛

“爱官”近年致力推广单车运动，自2017年起举办不少单车交流活动及比赛，联同六所友校合办“2019—2020年度单车同乐日暨小学生单车绕圈赛”的大型单车活动，并得到社会企业及专业机构的全力支持。活动包括骑单车的基本技术指导、道路安全训练、新兴创意运动及运动强度的关注；比赛则有团体性质的“绕圈赛”和个人计时的“齐出发”。至今，超过30所学校，约700位学生参与。

4. MAKER AND STEM ——“爱官”科创杯“明日家居”创新科技挑战赛

学校大力推动STEM及“创客”（Makers）教育，举办了联校比赛，20多所友校出26队学生参赛，以“家居安老”及“节能减废”为主题，以BBC的Microbit为基础，制成原型（Prototype），打造和展示他们心目中的未来生活家居，让学生将编程学习、探究精神及创客教育等技能综合运用出来，为长者及环保生活解决生活上的难题。大会又提供教师及学生培训，专业机构向参赛学校介绍设计思维（Design Thinking）、编程教育（Coding Education）及创客教育（Maker Education）的新趋势，并让师生体验动手做（Learning by Doing）的优点。所有参赛作品亦在中环H6 CONET做公开展览。

5. 推动亲职教育 —— DADSNETWORK@爱官

与志愿机构合作举办亲子工作坊，包括：东金堡学校之旅、亲子摄影班等，笔者更主持“爸爸心曲”与家长分享子女成长的需要，又举办多个网上讲座，如“管教双赢术”之“家长如何做对选校抉择”亲子讲座、“管教双赢术”之

“提升亲子正能量”亲子讲座等。鼓励父母建立亲密的亲子互动关系，帮助父母了解孩子在成长道路上的需要，特别让父亲更有信心和主动地投入父亲的角色，为孩子以至家庭带来正面的影响。

6. 深度认识小区 —— 体验式学习周

每年学校举行为期五天的“体验式学习周”，让学生“由做中学”，从直接体验与实践中学习、观察、反省、总结及领会，发展共通能力。学校以“亲亲小区”为主题，设计配合学生程度的学习活动内容，包括专家讲座、户外参观、街头访问、中国民间艺术制作、编程体验、创意小发明、集体壁画创作等，透过探索、体验活动，学生感受了学习的乐趣，跳出了课本的框架，扩阔了学习的层面，深入认识了小区，从而建立起关心小区的态度。

7. 推动小区环保——十区十校联网《晴天好气候月刊》

“爱官”联同环保团体联系来自不同区域的九间学校，推行环保教育计划，将行动环保与心灵环保意识知识应用到其他学科的学习及日常生活中，一方面，让学生主导学习过程；另一方面，深化学生的环保知识，从而促进参与学校及相关小区的环保意识与友好邻里关系的发展，借以鼓励参与计划的学生、教师、家长和邻里共同营造一个环保且正面积极的小区氛围。

8. 关注气候变化——从活动中观察，关心世界，实践绿色校园

“气候变化”是重要的世界议题。学校打造节能减碳的智能校园，设立多项环保教育设施，包括赏树径、自然教育中心等，培养学生节能减碳的生活态度；又与环保团体举办一系列活动，让学生认识绿色生活的重要性并了解气候变化对物种的影响；老师带领学生到世界各地考察，如到加拿大的哥伦比亚冰原进行考察，近距离了解“气候变化”对人类及生态的影响，到新加坡考察湿地、环保回收中心、水资源中心等，到广州考察湿地，到河源考察水资源，70多位家长与学生到台湾考察废物处理及循环再用设施等，让每个家庭建立节能减碳的绿色生活。

9. 唱民歌学英文——提倡民歌保育，提升学习英语兴趣

自2017年起，“爱官”致力发展英文民歌计划，人员由最初不到10人的民歌小组到现在多个不同的民歌队伍，甚至曾应邀担任多个音乐活动的表演嘉宾，向外界展示英文民歌的价值。学校更制作了12首民歌短片，向全校同学公开播放——民歌曲式有繁有简，歌词内容也由深及浅按年级高低排序。此外，影片还介绍了民歌的创作背景，老师也借此编制网上教材让学生从中学习英文文法。

10. 常识课趣味化——“玩转常识 FUN FUN FUN”

学校与社企合作，在每个年级常识课选取一个具有特色的单元，配以体验活动深化学生所学，并设计多套有趣的校本桌游去提升学生学习兴趣，带领他们进行学习延伸和反思。携手合作“玩转常识 FUN FUN FUN”，让常识课课程更生活化、趣味化，培养了学生热爱小区和放眼世界的胸襟。启动礼还邀请到行政会议非官守议员召集人陈智思先生出席，他与学生现场试玩“那些年爷爷奶奶返过的工”卡牌并参观不同的学习套件，体验学生如何在课堂玩得轻松、学得认真，如何深化知识、扩阔思考，培育正确的价值观。这充分展现了常识课带来的不一样的课程统整概念。

11. 与国内师生交流——四地七校姊妹学校结盟

自2006年，“爱官”分别与六所国内小学，包括深圳翠北实验小学、广州市花都区七星小学、河源市公园东小学、北京市朝阳区黄胄艺术实验小学、北京教育学院附属海淀实验小学及南宁市逸夫小学缔结为姊妹学校，开展四地之间的联谊，学校会带领师生到访姊妹学校，与当地学生一起上课、一起玩耍，亲身体验国内的学习生活，展开探索中华文化的旅程。

四、与专家同行——从小区寻找伙伴，凝聚更大力量

“爱官”透过专家与教师的紧密合作，探讨有效的教学法、课堂实践及体验活动，以提升教学成效，务求做到“若乃人尽其才，悉用其力，以少胜众

者”。专家来自多个界别，主要包括：

大学伙伴有香港中文大学（物理、体育）、香港大学（STEM 及计算思维）、香港教育大学（课堂研究）；专业机构则有教育局课程发展处（课堂研究）、香港青年协会（亲子关系）、东华三院学生服务组（家长教育）、香港融尚坊（跨代共融）、专业导师（体艺发展）、地球拯救队（环保）、香港观鸟会（自然保育）、野 GUIDE（香港生态）、民歌乐队（民歌保育）、专业音乐人（歌唱、作曲）、前港队代表（运动）、科创机构（STEM & MAKER）；中学及小学合作伙伴 100 所，它们来自各区，涵盖官立、津贴、直资等性质。

五、成就与反思

“爱官”各科组都会有大大小小的活动检讨，以检讨成效。体育科曾追踪 84 位学生参与运动后的学业变化，有以下结论：评定为“有进步”评级 41 人，占整体人数的 48. 81%，其中“级名次平均值”有显著上升 11 人，占整体人数的 13. 01%；“维持”评级 4 人，占整体人数的 4. 76%；“继续努力”评级 39 人，占整体人数的 46. 43%，其中“级名次平均值”显著下降有 9 人，占整体人数的 10. 71%。经过随机的访谈，大部分学生认为运动令他们体质有所改善，对自己有更高的要求，对学习有正面的影响。从问卷调查结果中，我们发现学生在“成就感”“经历”的平均数显著高于香港常模；小三、小四及小六的“整体满足感”“机会”高于香港常模；“负面情绪”比香港常模低。学校亦进行了校本的家长问卷调查，查询学生在日常生活的表现及对学习的兴趣等。综合所得，大部分学生都得到比以前更多的满足感并愿意发展自己的才能，持续学习。

综合而言，“从体验中学习，以成功创造成功。”让学生透过多元化的学习体验将所学所想应用出来，提升了他们的学习动机；让学生从体验中发掘自己的潜能，找到了属于自己的终身兴趣；让不同能力的学生在体验活动中获得成功感，实现了自我肯定持续学习，这是一个值得教育界考虑的发展方向。

分论坛七　社会各界的参与

香港赛马会慈善基金有关促进青少年心理健康和社交情绪学习的计划

香港赛马会慈善及社区事务执行总监　张亮

非常荣幸今天参与论坛跟大家做一个简单交流。

我先介绍一下香港赛马会。赛马会是相当独特的一个机构，它在香港已经有超过 130 年的历史。整体机构是以非营利的方式来经营的，也就是说，我们没有股东，但是这个机构盈利的能力非常强，在香港来讲，赛马会是单一最大的交税户。2020 年我们交给政府的税大概是 240 多个亿，占到整体香港特区政府收入的 6%—7%。同时我们也是香港最大的慈善信托基金，2020 年我们的捐赠额达到 45 亿港币，在过去几年也一直维持在 40 亿—45 亿港币的水平。我们的慈善捐赠涵盖的面非常广，青年和教育是我们相当重视的一个方面，同时我们也会关注到长者、复康、家庭、环保和扶贫等，在全球排行榜中，我们都是排在世界前十名，赛马会慈善信托基金每年的捐赠额也是亚洲最大的。

下面我大概跟大家讲一讲今天的主题。先广阔一点来讲，在教育和青年这一块我们的看法，然后再讲一讲在青年、教育这方面的具体情况。在现在这个时代，儿童和青少年要经历三个非常重大的人生挑战，或者是人生转变：第一个是向成年过渡；第二个是慢慢地向工作环境过渡——无论他是中学毕业也好，大学毕业也好，这个都是会发生的；第三个是对于整个人类来讲，我们都在向一个新数码时代过渡。那如何能够帮到我们的青少年？在教育这方面，也包括在人生、智力等方面，我们认为这三方面会有比较大的挑战。

根据各种不同的研究（细节我们就不讲了），我们可以看到，在过去教育其实也经历过一个落后于时代的过程，但是教育工作者也好、社会也好，都慢慢地扭转了这个趋势。现在我们又看到有另外一个新的时代降临，这可能就是数码时代。在这个时候，我们的教育如何能做一个加速，尽快地跨越这个鸿沟，我想这里有很多具体的事情需要我们去想。一个是整体的教育，另外一个是在教育里面，对不同的人群、对有不同资源的学校，如何能够保持一个相对平衡、相对平等的发展态势。这些都是我们作为一个慈善信托基金比较关心的问题。下面我具体讲一讲我们在教育方面比较关注的四个点。

第一个是社交情绪学习（这个待会我会多讲一些）；第二个是照顾学习差异，比如说有自闭症的儿童，如何帮助他们，甚至一些少数族裔——因为香港就有很多巴基斯坦裔、菲律宾裔、尼泊尔裔等少数族裔，他们如何能够经过教育更好地融入社会；第三个是数字素养和科技教育（这里我们其实投放了大量的资源，等会儿可以简单地跟大家讲一讲）；第四个是从学校到工作的过渡，这在很大程度上是一个心理准备、个人准备的工作。

在过去的几年，我们捐赠了27亿——相当大的一个数字，投放在大概90个项目。从教育相关的项目直接受帮助的人大概超过24万人次。我们非常荣幸、也非常开心地可以跟大家分享，我们的许多项目不仅获得了香港ICP的奖金，还获得了国际上的认可。这些项目很多是关于编码教育，甚至是人工智能。另外，我们有一些项目是直接获得了特区政府采纳的，比如一个关于自闭症儿童的项目。在我们的项目里涵盖了大概香港一半的中小学，即大概500所中小学。2021年9月，香港特区政府非常好地把我们的整个项目变成一个恒常化的政策。现在它可以惠及所有的大概1 000所中小学和所有的自闭症儿童。

下面我就用几分钟和大家讲一讲在社交情绪学习方面我们的一些看法和一些项目。

香港青年的心理健康的确是一个相当令人担忧的问题。这个当然有世界大城市的一些共同点，但也有香港的一些特殊情况，也包括这两年的新冠肺炎疫情等因素的影响。我们看到有几个问题是相对突出的：第一，自我心理健康意识相对比较低，非常害怕标签、污名化，所以有的时候他们不愿意出来寻求帮助；第二，支持能力不足，包括照顾者的能力，专业的能力，也包括非常专业（没有社区承托）的能力；第三，是不同的压力源。这些就是我们对问题的一个理解。

那我们如何帮助社会来对抗这个情况呢？在学校相关的项目里，我们大概可以分成五大类。第一是促进校园社交环境以及学校的文化，包括正向教育的一些方法。第二是对于干预模式和实践的创新。这里其实刚才的几位教授还有校长都讲过，我们也非常荣幸地推进了好多项目，在这一过程中我们是希望多一点不同的尝试，然后在尝试以后用一个实证为本的方法，总结出一些经验并加以推广。第三就是培养自我照顾的一些小方法。最后两个就是学生之间的同伴支持和专业发展，包括教师、学校社工和家长。我们认为只有在这三方合作的基础上，问题才能向前推进。

必须要从学校这单一的一个点延伸到社区，延伸到在线。这个也不用多说，我想国家对这方面也非常理解。我们希望青少年上网不是为了打游戏。网上的世界对现在的香港青年人来讲，是和现实世界一样的真实，虚拟也是真实。我们必须在这方面开始投资，加以理解。所以，在这三方面我们觉得是需要互相补足的。

很重要的一点，所有的慈善基金也好，政府也好，最后实际上都是提供服务，而与学生、青少年发生关系的是社区、学校、老师、家长，是他们自己的同学。所以我们在这个过程中，还是希望有大量的合作。我们的项目可能只是一些平台，在这些平台上需要大量的合作，才能去创造一些创新的项目，这个才是有根的创新，才不会昙花一现。

我就分享到这里。希望今后有机会，我们能多多交流，也欢迎大家来我们这里参观。谢谢大家！

从正向教育研习到共建共享

香港北山堂基金行政总裁　江馨平

一、背景

北山堂基金于1985年由已故利荣森博士成立。基金工作主要聚焦于中国传统艺术文化与教育两大领域。

自2012年起，北山堂已开始探讨正向教育（Positive Education）的学说。一直以来，香港学生在学业上承受沉重的压力，已是众所周知的事实。2015年国际学生评估项目（PISA）报告更显示：纵使香港学生学术成绩表现卓越，但他们对生活的满意度，竟然在72个国家中排名倒数第三。这种极端情况的严重程度，已令社会各界不得不正视学生的生活素质、他们对生命价值的看法，以至生活上整体的“幸福感”（wellbeing）。从那时候开始，北山堂积极在香港学界探索推动正向教育的模式和方法。2021年更重新检视过去的工作，并为未来的发展和方向定下坚定和明确的愿景和使命。

愿景：帮助香港学生提升健康与幸福感，在个人及小区层面发掘潜能，发挥所长。

使命：透过具备理论基础及验证的教育实践，开启大众对正向教育的认识、理解与实施，共建社群生态，一同迈向正向教育的丰盛人生。

基金希望透过与其他组织的共同努力，帮助香港学生发挥潜能，拥有更满意、更具意义的人生；为自己以至他人建造一个更好的生活环境和社会。

二、坚守信而有征的科学原则

在推动正向教育的立场上，我们坚持要有坚实的学理依据。当年北山堂参考了正向心理学创始人马丁·沙利曼教授（Martin Seligman）的不少著作，并非常认同他扭转心理学一直以来只从人的缺损看问题的传统。沙利曼教授相信，要让人活得自信、丰盛，总不能每天都在找自己的缺点；相反，应更多从肯定和欣赏的角度来了解自己和别人。这种观念上的转变，成了正向心理学的基础，也成为基金在推动正向教育工作上的重要原则。

三、响应本地需要的设计和策略

除科学理论外，推动的工作必须要有一套可行的具体策略。这些策略必须将理论糅合具体、有效的教学行为，使种种道理和想法得以实践。这些年来，北山堂以沙利曼教授的 PERMA（P 指 Positive emotion 积极情绪，E 指 Engagement 投入，R 指 Relationship 人际关系，M 指 Meaning 意义，A 指 Accomplishment 成就）框架为基础，逐步深入探索香港校本的一些考虑和做法，希望能够发展出具有香港特色，并切合本地学校需要的一套正向教育课程与规划。

在思考具体的推动策略上，我们坚信老师是教育过程中最关键的角色。假若不能从信念、技术上充分装备老师，就算是最好的理念，也不过是纸上谈兵而已。过去几年我们设计了不同的教师培训课程，包括从基本的了解到具体的实践操作，甚至于如何在校内建立具有能量的团队；培训时间也从几天到一年不等。

以课程为例，我们利用一所先导小学为试点，与香港某所大学共同研发出一套一至六年级的正向教育课程，整套教材开放给全港小学免费使用。至目前为止，已有十多所小学正在使用这套教材。

四、提供多元的教师培训

学校目前可以按照自己发展的阶段与需要，派遣老师来北山堂参加不同的课程。在这些课程当中，透过交流与分享让来自不同学校的老师可以彼此认识，更能互相扶持、学习、欣赏，发挥研习圈（learning community）的作用，团结更多的同路人。

为了让教师能应付任教不同情景的学校、不同类型的学生，令教师对教育现场有更全面和立体的了解，自去年开始，北山堂增设正向教育的“导师培训”（Train the Trainer）计划。模式是从我们认识的老师当中，选取部分有潜质和有意愿的做更深层的培训，邀请他们加入北山堂的正向教育推广和培训工作，向更多他校的老师分享自己的实践经验和知识。同时，在培训中物色其他经验丰富的老师，作为其他老师学习的促进者（facilitator）。他们的付出，既有自我提升的作用，亦有将所学回馈别人的意义。从宏观影响上来看，它可以壮大香港正向教育的培训人才。

老师虽然在教育改进过程中担当着不可或缺的角色，但正向教育始终不是一门孤立的科目知识。正向教育的意义和效能，应该体现在人与人之间的生活互动当中。所以除了课程、活动、教学技巧外，学校氛围的营造也是十分重要的。正面、有利的校园环境，不但可以加大推动的力度，更有助于成效的持续发展，而且努力营造起来的气氛，随着感染和渗透慢慢成了校园文化，成为校园师生生活的一种习惯、态度和价值观。因此，北山堂在推动正向教育的工作上，除了之前提及的要以学历为依据、为凭证、为可信之外，我们还坚持基金会要与参加的学校有直接、持续的校本参与，与老师一起同行，共同审视学校的条件和需要，努力改变校内文化，提升学生的幸福感。

五、团结更多的力量

北山堂虽一直以来致力关注正向教育，但我们深信：人的福祉，不是个人能力可及，同样道理，要改善年轻一代的校园生活，也不能单靠学校、老师，更多情况下，我们需要其他专业、资源的协助。所以北山堂一直以来，都希望能联结社会上不同组织、机构，从更宽阔、多元、立体的视野来发展香港的正向教育。

以 2021 年为例，基金会分别与两间办学团体合作，共同在其属校推动正向教育。类似这类由办学团体牵头的合作模式，明显要比只由北山堂向个别学校推介来得有力和快捷。其他合作伙伴，例如，大学可进一步为北山堂在知识和研究方面提供支持和补足，令我们的工作更具专业素质；而一些具有相同理念的计划组织，则可交流彼此心得互通有无，甚或找到更新、更有意义的合作空间，丰富大家的工作。这种协作共赢的合作模式，一直是北山堂在推动正向教育工作上的愿景之一。

六、追求客观、真实的凭证

除重视科学的理论外，北山堂在推动正向教育过程中，亦坚守凭证为本的原则。我们不单从理念上乐见其成，我们更要求在工作的成效方面能够有客观、具体的事实来证明工作的意义。所以在付出努力之余，基金会还必须反躬自问：我们的工作真的有成果吗？学生在幸福感方面真的有转变吗？目前，北山堂正研发一些量度学生幸福感的指标，希望能以量化的方式来反映学校在幸福感方面的变化，并以此作为学校推动正向教育的参照标准。

与此同时，我们亦以访问、拍摄等质化方式记录老师和学生的转变，描述数字以外的真实故事。例如，在接受我们培训的老师当中，就曾有一位老师分享说：她班里原本就有一位连母亲都认定是好吃懒做的男孩。按过去的处理思维，这个孩子一定被认定是不受欢迎的学生；但这位老师讲，在她接触了正向教育的培训后，学会了先整顿自己的情绪和偏见，然后用“性格强项”的理论重新了解和审视这名男孩，不断提醒自己“聆听”的重要性。这位老师最终看到了他的优点，她不但没有放弃、讨厌这位学生，甚至彼此建立了很好的师生关系，学生也在新的师生关系下找到自信，获得认可。像这类真实的故事，都非常值得把它们好好记录下来，既作为鼓励老师的力量，也作为量化统计以外另一些珍贵的成功凭证。

七、共同努力的成绩

我们感恩在过去多年间能与不同的大学教授、学校校长、老师们合作。他们的参与和支持，铺垫了今天香港正向教育的发展基础。据统计以正向教育作为学校发展重点的小学，已由 2013 年占公立小学总数不到 1%的情况，扩大至 2019 年接近 50%；中学方面也在这几年有约 10%的明显增幅。这是香港所有界别为青年人生活满意度所付出努力的成果，也彰显了我们社会的共同心愿和期盼。

八、展望

诚如先前所述，从宏观角度来看，正向教育不应只视为学校的教育，它背后的理念，同样适用于学校、家庭、小区，甚至社会上人与人的交往与相处。正向教育可视为全民的社会教育，一股推动社会变得更好的力量。

北山堂衷心邀请和期盼在未来能有更多的人士和机构，愿意和我们共建、共享正向的教育、正向的社会。一同开拓一条宽阔的道路，一起迈向丰盛的人生。

感讲伙伴学校计划：以全校参与模式推广善意沟通及社交情绪教育

香港感讲伙伴学校共同创办人　郭梓乐（Matthew）　杨思毅（Raymond）

怎样才能让社会变得更美好和谐呢？你也许会回答："从社会文化和价值观着手。"怎样才能建立丰厚的文化底蕴呢？你也许会回答："从教育着手。"怎样才能让教育变得更完善呢？你也许会回答："从学校、家庭中的言传身教中着手。"问到这里，我们可以很确定地知道，学校在现代社会已不再只是为了供应人才，也是为了传承文化，为了让每个人都能追求实现个人幸福。先"诚意、正心、修身"，才能"齐家、治国、平天下"。

为了响应以上的社会和世界需要，自 2018 年开始，"感讲伙伴学校计划"透过一至三年的伙伴合作，与学校携手共建同理心文化，让每个学生都能了解自己、了解他人，建立完备的情感、行为和社交能力，在身心灵上都有更健康和更全面的发展，并拥有合乎个人及社群需要的价值观和品格。至今，"感讲"已与 15 所香港小学建立伙伴学校关系，并一直推陈出新，力求进步。

三个关键要素

计划开展以来，"感讲"发现"伙伴学校计划"卓有成效有赖于三个关键要素，分别是"预防为先""循证实践"（Evidene-based Practice）"全校参与模式"（Whole-school Approach）。

"预防为先"来源于"三层介入模式"（Tiered Intervention Model），正如日常听到的一句"预防胜于治疗"。我们不难想象，如果我们等到孩子在情感或行为上出现困难时才开始介入，除了每个个案所花的资源和时间更多以外，这种“打地鼠”式的介入模式只会让“地鼠”出现得愈来愈多、愈来愈频繁，最终让“槌子”也忙不过来，筋疲力尽。相反，如果在一开始便能把精力集中于系统性预防上，便能事半功倍，也让整个介入模式进入“正向循环”，“地鼠”减少，“槌子”便能把精力放到系统性措施，再进一步减少“地鼠”的出现。当然，要让“预防为先”不会成为一个徒有其名的口号，需要的是学校系统的前瞻性规划、资源的有效配置、人员的培训及领导层的实质支持，这些都是可以透过“感讲伙伴学校计划”为学校提供支持、与学校一起共建的要素。

“感讲”认为，“循证实践”可以基于三条原则，包括：（1）找出计划是否及为何起作用的研究证据。（2）建立有助于理解学校的独特状况和需要的系统知识。（3）了解每所学校的文化、价值观、结构和风险，从而决定如何在学校促进同理心校园文化建设的方法和步骤。由于历史、宗教、社会、地域和经济等因素，香港各学校之间在文化、架构、发展阶段、专注领域等方面不尽相同，因此亦难以透过单一标准方法达到相同效果。“循证实践”能提高资源的有效运用，收集失败和成功经验，从而找出关键行为，并为学校提供可依循的框架及实践方法。“感讲伙伴学校计划”自推行以来，一直尝试回顾与反思每间伙伴学校的实践经验，希望透过对照和归纳，找出更有效用的框架和方法，供其他学校参考运用。

“全校参与模式”是“感讲伙伴学校计划”的核心实践原则。如果要摆脱“头痛医头，脚痛医脚”的浅层模式，必须从系统及文化上做到改变，而这必须要有教师（包括领导层及前线教师）、家长及学生的共同参与才可以实现。香港学校的学生课程时间紧张，教师批改及行政工作繁重，许多家长亦要为生计而奔波，“感讲”与学校、家长一起希望在解决三者的需求及提供资源以外，应思考如何以更有效的新尝试替代（replace）旧有方法，而非只是新增内容，以避免加重学生、教师及家长的负担。

两个核心理论

基于以上三个关键要素，“感讲”选出了两个核心理论作为计划的理论根本，分别是“社交情绪教育”及“善意沟通”。

“社交情绪教育”（Social Emotional Learning）是一个清晰整合的学习阶梯，可以让学生循序渐进地掌握当中的五个能力，包括“自我觉察”（self-awareness）“自我管理”（self-management）“社交认知”（social awareness）“人际关系”（relationship skills）及“负责任决定”（responsible decision making）。

“自我觉察”主要指让孩子了解个人情绪、思想和价值观，以及它们在不同背景下如何影响自己的行为；“自我管理”主要指让孩子学会在不同情况下适当有效地表达自己的情感和思想，并透过行为实现目标；“社交认知”主要指让孩子了解他人的感受和观点，并实现与他人共情、彼此同理的能力；“人际关系”主要指让孩子与不同的个体或社群建立和维持健康并互相支持的关系；“负责任决定”主要指让孩子学会在各种情况下对个人行为和社交互动做出关心和建设性选择的能力。“感讲”与学校透过“支持、建立及联结”三方面的计划实践把“社交情绪教育”五个方面的能力融入其中，为学校营造共学氛围，建立同理心校园文化之基础。

“善意沟通”是由人本心理学家马歇尔·卢森堡（Marshall Rosenberg）提出，主要包含四个步骤，包括“观察”“感受”“需要”和“请求”。

“观察”是客观地说出人们所做的事情，清楚地表达观察结果，而不判断或评估；“感受”是指把自己的感受温和地说出来，帮助对方同理自己；“需要”是指直接说出自己的需求是什么，而非只是提出批评或策略；“请求”是指考虑双方的需要，提出明确、具体的请求；“善意沟通”指透过步骤明确、简单易明的沟通心法，让每个人更有效地表达和理解彼此的感受及需要，促进个人身、心、灵及人际关系的健康。

三个执行方向

下一步便是把“三个关键要素”和“两个核心理论”落地实践，“感讲伙伴学校计划”有三个具体执行方法，分别是“支持”“建立”和“联结”。

支持

“感讲伙伴学校计划”为学校提供符合校本需要的学习工具及配套支持，例如：师生及亲子沟通互动工具，学生社交情绪表现评估，校园氛围布置等。透过适切的工具支持，让教师及家长更有自信和技巧地主动与孩子建立关系，并让师生在校园内可以时刻重温有关信息，达到潜移默化的效果。

建立

“感讲伙伴学校计划”提供培训及课程，建立教师、家长和学生的态度、知识、技能和习惯，例如：学生社交情绪教育课程、教师共同备课会、教师专业发展工作坊及家长工作坊等。课程与工作坊内容经过三年以上的本地化，可为教师和家长提供系统性的框架、内容及资源套，切合本港需要，能有效提升学童社交情绪能力。

联结

“感讲伙伴学校计划”创造联结机会，促进各持份者建立更紧密的联系与归属感，例如：师生班级经营课程与班级经营课程，教师共学小组，亲子善意沟通工作坊，学生社交情绪体验活动。以善意沟通和社交情绪教育为基础，透过班级经营、共学小组内容及工具，提升师生的归属感、安全感和信任感，促进彼此关系。此外，透过体验活动，也可以让学生亲身经历与同学沟通，分工合作，互相表达感受和需要，反思自己的沟通习惯，启发学生认识自己，培养同理心。

总结

“感讲”（JUST FEEL）的宗旨是“先处理心情，再处理事情”（Connection before Solution）。希望我们每个人都能同理自己、同理彼此，如果你也认同“感讲”的理念，欢迎你加入我们，一起为香港营造更好的沟通文化！

回归基本步：集结家校社力量加强品格教育

香港品格教育协会创办人及联席主席马露明（Christine）、
执行总干事梁钰钿（Yvette）

品格教育协会在2016年成立，透过不同的项目和活动，将香港推动为一个重视品格并愿意在品格教育方面投放资源的城市，如积极推广感恩、善良和希望等品格特质。本会主要有三大支柱工作，包括倡导、培训和资源。我们过去曾举办大型推广品格教育的运动，也会安排适合老师、学生和家长的工作坊和教学资源。我们相信，每个小孩都应接受良好的品格教育。所以协会常会举办不收费活动，让更多学校、学生、家长接触有效的品格教育方法。

品格的重要性

中国人常说品学兼优，但这几年我们看到家长或老师都比较侧重学业成绩，变相为学品兼优，这是很错误和危险的想法。如果小孩的价值首先建基于外在的因素“学”，如学业成绩，一旦他们去了更好的学校，面对比他们更优秀的同学，他们便会失去自信。这正是因为他们把自己的身份，建立于更容易被影响的外在因素。相反，内在因素如品格特质，则较难会因为环境而改变。举例来说，如果孩子的品格特质是好奇心强，那不论到哪里，他都会是一个好奇的人。品格永远应该排在最前面。

另外，品格是不可比较的，但学术却很容易比较，容易变为竞争。你总不能说我比你更具创造力，我比你更有同情心。所以，比起分数、学业成绩和职业，品格是更适合去展示我们是谁，是一个怎样的人的特质。

说到品格的重要性，我一定要提一个例子。很多人觉得做医生的都很聪明、很厉害。但如果一个技术很高的医生品格不好，用他的聪明、学识、技术去害人，这也可以很糟糕。医德其实就是这个意思。

最近几年教育界和社会都在说社交和情绪学习（Social Emotional Learning），

有的人觉得它跟品格教育很像，甚至是同一门学问。其实我们协会认为，社交和情绪学习里较多的是学习技能，如自我管理（self-management）能力、自省反思能力（self-reflection）、建立正面关系（positive relationship-building）等，而习得这些技能会引领孩子到终点，这个终点就是一个人的品格。

品格教育的方法

"头心手理论"（Head-Heart-Hand Approach）由著名美国儿童心理学学家米歇尔·博芭（Michelle Borba）提出，它是透过让学生深入理解品格特质（头），再引导他们设身处地用心感受品格特质，例如，当自己没有被尊重会有什么感受（心），在认识和感受品格后，最后让学生在日常生活中实践品格（手）。

机构一直源用"头心手"方法教授品格，而课程也就随不同年龄和发展需要而递增。比如说，教授负责任这个品格特质，对年纪比较小的同学，我们会教他们从自己的物品入手，如要对自己的东西负责任，要收拾好玩具、整理书包；大一点的孩子，我们会教他们对时间负责任；再大一点就是如何对情绪负责任，如生气的时候如何注意身体的变化，又如何让自己冷静下来；高小或初中的学生就会教授要对网上行为负责任。

协会定期入校进行品格教育工作，透过互动与学校合作，每周到学校用他们的成长课或班主任课进行品格教育活动。协会向伙伴学校免费提供品格教育课程并安排导师到校教授品格课，透过整个的品格教育课程，配合体验学习模式，培养学生成为富有同理心、学会了解自己和他人需要并关怀社会的学生，以应变多变的未来。

另外，协会同时与其他教育机构合作，如在香港海洋公园举办两场亲子共学品格教育体验日，让家长与学生共同参与体验活动。过程中家长与学生化身小小探险家，穿梭于极地、海洋和热带雨林间，在学习大自然的知识外，也在游戏中巩固对品格的认识，建立爱护大自然及保育意识。

为了让老师提供品格教育支持，我们也制作了教学资源，里面有围绕一个品格特质的教学材料，可供其他老师和机构参考。

品格教育的工作是漫长的旅程，一路走来，一路学习。在旅程中一直支撑着我们的，正是我们的信念：智慧加上品格，才是教育的真正目的!

分论坛八　教师与校长专业协作和领导

共建知识的学校领导

香港天水围循道卫理小学校长苏炳辉、副校长蔡庆苓

教育局在2003年推行“学校发展与问责架构”，学校借“策划—推行—评估”（PIE）的循环，不断自我完善。教育局更制订了不同的自评工具，让学校掌握利用数据和实证来检视成效，筹划学校发展计划。这些工具的确为学校带来具体的证据，可以帮助学校进行改进。这些政策在整个教育系统来说是有效的，但这种由上而下的方式，亦需配合由下而上的回馈，才能相得益彰。就像这次面对突如其来的新冠肺炎疫情冲击，我们发现一个互信、共建知识的学习型组织，不但让停课成为带动学校改进的契机，同时亦能更有效地照顾停课期间学生的学习和成长需要，让学生在家也能“停课不停乐”。

过去本校一直以来都是以人本主义为首要推动目标，而人本主义在以学生为主体的同时亦会顾及教师的发展，他们专业的成长亦至为重要。这次的疫情不可单靠过往一直由教育局推行的政策，而是要靠一班专业而有热诚的教师，才能在困境中持续优化共建新知识以面对挑战，对此大家都没有先例可循。例如2003年“非典”来袭，学校停课51天，而在这次疫情中，学校已试过全面停课、1/3学生回校、1/2学生回校、返半天课……改变教学时数、方式等多种手段，这的确令教师措手不及。

建立共同语言的重要

在新冠肺炎疫情开始的时候，我们首先要做的是实时应变。在线学习是当

时应对疫情的重要策略，当教育局宣布第一次停课时，我们先审视学生及老师当时使用的学习工具及系统，并应师生的能力及适应程度、家庭环境等不同因素，选择使用哪一个在线学习系统。事实上这些决定是非常校本的，要审视教师本身的信息素养，也要顾及学生现实的环境，同时还要考虑学生的家庭支持程度。要做出决策的时间非常急促，但不要轻看这个讨论过程，这一过程能让教师团队聚焦于学校持份者的学习需要，同时透过协商的过程，建立老师、学生和家长之间的共同语言，创设停课期间的学习系统，这亦是实现“停课不停乐”的重要桥梁。

建立互信互乐的教学文化气氛

在教师进行视频课时，我们没有限制教师使用互动或制作自学影片的媒体，反而开放教师使用方便自己操作的工具。我们相信，在线教与学策略的组织，不管对老师或是学生来说，都是一个全新的经验，这当然也需要一个适应过程，而且我们相信在初期保持开放的态度，让师生多花一点时间适应，就能多建立一些安全感，减少不必要的不安。

在疫情初期，维持学习是我们的首要目标，教师可以使用不同的工具，致力减低停课对学生在学习时遇到的困难，因此，教师们在线教学的策略反而更多样化，更能为学生带来不同的学习体验。有的老师使用简单的简报工具，设计了互动揭牌游戏帮助学生学习生字，亦有老师使用一些教学程序，让每位学生也能在线分享学习心得，这些教学互动小策略，反而更能提升学生参与学习的机会，亦让教师更好地掌握每位学生的学习表现。事实上“情”的建立与联系极为重要，特别在这突如其来的情况下。当然作为学校领导，我们亦要适时把握这次契机，留意和捕捉教学上的“小成功”，透过不同的沟通平台，建立教师间的分享文化，让教师分享这些“小成功”。因此我们成立了“好学·吾学”的教师频道，由信息科技组的同事开始，介绍一些实用、有趣的软件和制作短片的方法，之后鼓励教师们将自己的心得拍成短片，互相分享。

我们明白，教师一方面要制作教材，另一方面亦要在这新常态下学习不少新技能实在不易。因此，我们刻意安排将不同教师使用数码技能的经验制成影片，分享到教师频道中，教师可按需要在频道中“取经”。我们发现在短时间内，此举能迅速提升教师的数码技能。另外，在建立教师自学频道时，我们亦掌握了一些基本共通的原则，例如，短片不可超过 5 分钟，应以简单实例作示范。这可以引发教师提升自我技能的兴趣，让他们有信心、有能力去面对新常态下的工作。

将经验转化为知识

当在线学习运作一段时间后，我们接着为各科制造机会，透过校内一直使用的分享平台，适时分享教师们制作自学影片的心得与经验，这些分享亦可视为行动研究，让教师们在成功的例子中慢慢取得一些制作自学影片的经验，例如，画面出现重要讯息的布置、影片时间的长度等。作为学校的领导层，亦尝试寻找学习动机与自学影片相关的文献，辅助教师的行动研究以及整理学生学习后的表现，例如通过评测的成绩和各学科布置的课业设计作为回馈的证据来进行知识管理并适时在会议中分享，带领科组长持续优化。

以传统单元教学为例，教师一般会先确定单元教学中知识、技能、态度等不同导向的学习目标，并安排学生在学习整个单元后进行评测，以便了解学生的学习进度。但在停课期间的学习中，我们发现部分知识性的学习其实可以安排在线进行，加上自学后的实时评测，学生可实时了解自己的学习进度，其学习动机亦有所提升。而在网课或实体课中，我们可以重点发展学生的情意和技能，还可以按学生的学习情况加深或加广学习内容，以照顾学习的多样性。因此，在疫情后的自评问卷中，学生及家长对停课期间的学习都有正面的回馈。这让我们发现了教学模式的“蓝海”，而这是过往传统教学未能做到的。

既然在疫情下学生及家长对学校教学都表示有正面的回馈，校内教师的成功案例亦可印证教学变革的可行性，作为学校领导亦宜借此契机，与教师一同反思传统面授教学的改进方案，探究更好达到三环评量的策略。我们再根据同事的教学经验和反馈，运用布鲁姆认知分类金字塔（Bloom's Taxonomy）的认知架构来编排在线教学与实体教学的目标，让学生可以在实体教学中有更多学习时间掌握技能应用，体验、培养情意上的正确价值观。所以，第一个要学习的是如何分辨实体教学中的重点，哪些值得在线自学？哪些必须安排在实体教学中实践？而且在线教学对有需要特别学习的学生，似乎亦很有成效，因为学生可以在家通过重复收看巩固所学，这种反复学习的过程，对部分能力不太强的学生来说，是非常重要的学习历程。

重塑学习习惯

除了教学安排外，我们亦重视学生建立良好的学习习惯，我们刻意运用在线平台作为窗口，请家长和学生讨论在疫情期间的生活时间表，时间表内还包括视频班会、做家务、运动、阅读和自学时间，让他们定时检视实践生活时间表的情况。我们深信维持这些学习习惯，对个人成长具有一定的奠基性、持续效应和正面效果，因此，我们积极邀请家长配合。与此同时，学校亦考虑学生的智趣发展，利用网络作为展示的平台让学生参与在线节目、课后活动、跨地域的协作活动。透过各平台的浏览数据、参与作品数量等数据回馈，我们发现即使停课，只要维持良好的学习习惯仍能做到“停课不停乐”，证明了学习知识与情意学习的关系是相辅相成的。因此，即使在重启面授课后，学校仍致力延续家校合作，持续培养学生的学习习惯。当然学生的价值观更是“重中之重”，我们深深感到学生的自律精神，家长对学生的情绪支持，亦与学习效能息息相关。

结语

虽然疫情打乱了不少学校的计划，但同时也为学校改进带来不少契机，作为学校领导，只要把握时机，协调各科组，把相关的经验变为学校行政的规划，就能带领学校各持份者持续进步。以我校策划这次“停课不停乐”的经验为例，在疫情后，我们会把上文提及的“好学·吾学”教师学习频道，重新整理成教师资源库；汲取在线学习和实体教学的策略，推动“混合式教学”使其成为新学年的教学策略发展目标；延续重塑学生学习习惯的计划，与家长共同合力执行，以上这些都成为回归正常面授课堂后的学校改进政策。这亦充分反映了由下而上的教师专业讨论，适时的调整、灵活多变的政策，是香港教育取得成功的重要经验，更体现了教师的专业性。

总的来说，这次疫情的经验让我们发现，即使面对突如其来的状况，一个学习型团队，只要能凝聚我们的持份者，建立互信互乐的文化，将经验转化为知识，将危机变为机遇，进行系统的知识管理，启动整个团队参与，就能在危机中不断强化学校的正能量。

引领线上线下学生价值观教育

香港沪江小学课程统筹主任　罗筱彤

香港沪江小学成立于1987年，是一所香港港岛东区的津贴小学。学校的办学宗旨是秉承沪江大学提供“全人教育”的办学精神，以“信义勤爱”为校训，致力培养学生德、智、体、群、美五育均衡发展，发挥他们的潜能，锻炼学生自学、自律、自尊、自信、自立、自强、承担责任和独立思考的能力，期望能够培育守信义、知勤爱的社会下一代。学校实践全日学制教育的理想，为学生提供优良学习环境，希望引导学生从群体生活中，学习辨别是非、判断善恶、彼此尊重和互相接纳等待人处事的态度，从而建立正确的价值观和积极的人生观。

经济合作与发展组织（OECD）于2015年激活了一项名为“未来的教育与技能2030”的研究计划，当中所制定的通用框架“学习指南针2030”，强调如何利用知识、技能、态度与价值观帮助学生实现在未来环境中的自我航向。沪江小学相信，要培育年轻的新一代有效的学习就是将这四个面向的元素进行丰富的混合。学校课程是学生的整体学习经验，因此，本校的课程不但涵盖教育局香港学校课程架构的学习内容，更重要的是，本校的教师按照学生的能力、需要和兴趣以及沪江小学本身的条件，设计发展出一系列适合校内学生的校本课程，以“多重进路”及课堂内外互相配合的形式丰富学生的学习经历，帮助他们更有效地达成学习目标。

价值观教育是“全人教育”的重要元素，学校通过各个学习领域和学科课程的教学活动以及其他相关的学习经历，培育学生正面的价值观和态度，期望他们能够面对未来的种种挑战。和其他学习领域和学科课程一样，教育局已为推动价值观教育订立框架，着重培育学生十种首要的价值观和态度，包括关爱、诚信、坚毅、责任感、尊重他人、承担精神、国民身份认同、守法、同理心和勤劳。

事实上小学各科涵盖的学习内容既宽且广，学校必须在各方面取得平衡，灵活运用时间，善用空间、环境和资源方能取得更佳的教学效果。良好的课程发展有助于学校开辟更多的学习空间和机会，而对现有的课程进行改革，是校长及课程主任的角色，亦是工作上的一大学问。同时做好课程统整，配合学校自身的条件也相当重要。沪江小学的学生喜爱阅读，也喜爱艺术，因此，我们在推动价值观教育时，就着重利用语文教育与艺术教育这两大学习领域。

从跨课程学习加强生命教育

生命教育是探索生命价值的根本，其中“年老”或“生死”这类议题对小学生来说较抽象亦较敏感。因此，我们将生命教育融入中国语文教育课程，以配合学生不同成长阶段的学习需要，帮助他们建立正确的价值观和态度，正面面对人生中的生与死。我们同时希望学生能够透过学习活动认识自己、接纳与欣赏生命的转变，学会爱惜生命、关怀和珍视他人。

整个学习活动由图画书《香蕉爷爷　香蕉奶奶》出发，学生透过阅读和观察书中香蕉的变化过程，从而了解人类生命的历程：出生、成长、年老，以达到体会生命意义及其存在的价值，进而培养尊重和珍惜自己与他人生命的情怀。教师同时透过不同的阅读策略，例如文本朗读等，通过声情语气体会人物内心想法，加强学生的情意学习。情意学习包括情绪反应、对事情的感受、价值观建立、自我反思等，学生在理解故事的内容后，透过主题讨论及诗歌创作，从自己的经验与情感出发得出结论。我们期望帮助学生多方面了解生命，学会关怀他人、懂得珍惜生命。整个学习活动不是将全新的学习内容放入课程，而是将现有的课程与新的元素有机结合，自然联系。

从跨课程学习加强可持续发展教育

环保是现今文明社会的一大课题，因此，我们将可持续发展教育融入中国语文教育课程，如学生通过深度阅读成长小说《寻水之心》，从主角的经历认识世界，明白珍惜水资源，积极寻找和尊重生命的重要性。除了课堂活动外，我们更为学生安排了体验式学习活动，参观位于天水围的水资源教育中心“水知园”，让他们亲身体验水的循环过程，在游戏中学习，深入了解珍惜水资源的重要性，加强学生学习与生活的联结。新冠肺炎疫情期间，虽然学生回校面授上课的时间少了，但并没有阻碍教师与学生进行相关的学习活动。我校的教师利用科技采用混合学习的教学模式，让学生在线完成部分学习活动，例如，分组讨论和搜集资料等，回到学校再进行更高层次的小组学习，加强整体学习效能。

从艺术到幸福加强同理心教育

疫情大大缩减了学生在学校实体上课的时间，学生少了和老师及同学互动交流的机会，无疑影响了他们健康正常的校园生活。事实上学校不单是学生学习的地方，同时也是学生生活的地方，我们期望沪江小学的学生能够和学校这个地方有更多联结，以提升他们学习的兴趣和动机，令学习变得事半功倍。2021 年是不平凡的一年，学生和老师都经历了前所未有的挑战，而各种转变确实会令师生都感到焦虑不安、压力倍增。因此，当学生和老师可以再次回校上课时，我们便把握机会、创造空间，在课程上加入了一个全新的学习活动“赛马会创新教师力量：我想‘童’行”，将同理心教育融入中国语文教育课程及艺术教育课程。我们期望能够从学生的感受着手，关怀低成就学生的学校归属感，透过重新设计的学习活动提升学生对于学校的活动参与感。我们也同时希望让学生在活动的过程中学习易地而处，学会考虑别人的处境与感受，尊重不同的意见，从而建构和谐关爱的校园。

整个活动分为四个部分，分别是："童"改造、"童"探索、"童"表达和"童"创作。"童"表达内的写作与视觉艺术活动不但可以激发学生的创意，同时可以让学生学会利用不同的形式抒发感受和表达意见，为下一阶段的学习活动做好准备。"童"创作是一个大型的创作活动，活动让学生和老师均以活动参与者的身份一起动手做，他们在过程中互相交流学习，同心协力完成艺术创作。相关的学习经验不但能够培养学生的创造能力、协作能力和沟通能力，更重要的是促进了师生及生生的深层学习，增加了师生间的互信，从而建立平等共融的校园文化。

课程领导是重要的锁匙

总结来说，课程领导是学校发展的一个重要锁匙。

作为领导，我们必须高瞻远瞩，除了掌握教育发展的新趋势外，更需要与校内各学科及功能小组合作，按照学校自身的条件和特点，集合校内教师团队的力量，推动课程和教学变革，为学生提供多样性的学习经历。而随着科技的发展，混合式学习必定会成为日后的大趋势。我们必须重新检视学校现有的学与教的资源，选取合适的课题和教材，整定合适的改革步伐，按部就班规划、执行和检讨，结合在线自主学习和线下面授的优势，共同为学生创造更好的学习体验，提升学与教的效能。我们相信，要培育年轻的下一代，课程统整必须面向未来，将新旧事物有机联结，自然联系！

建基于优势：连接 STEM 及人工智能的正向教育

香港圣公会何明华会督中学校长金伟明、中学教师赵慧怡

建基于优势——联结正向教育的 STEM

正向教育与 STEM（指科学［Science］，技术［Technology］，工程［Egineering］，数学［Mathematics］）教育是近年教育界的热门话题，香港不少学校已积极投放资源推行正向教育及 STEM 教育。香港圣公会何明华会督中学于 2015 年开始重点推动这两项教育项目，现在不论是对外合作或是校内活动，均有优良的成果。透过多元化的活动，令 STEM 教育及正向氛围已植根在校园的每一个角落。

本校正向教育及 STEM 教育发展现况

正向教育方面，香港圣公会何明华会督中学获邀参与香港中文大学及赛马会所举办的“正正得正”正向教育计划，透过教师培训、正向课程、班级经营、环境布置等，让全校同心协力营造正向校园，培养同学的成长思维（Growth Mindset）。而 STEM 教育方面，学校透过跨学科协作推行专题研习，激发学生通过探索进行学习，培养自主学习的心态以及引导和培养学生对科技的热情。同时，本校亦获邀成为“中大赛马会智为未来计划”的先导学校，在初

中引入一套多元化的人工智能课程。

在数年的实行与学习下，本校认为正向教育与 STEM 教育的概念及目的有着不少共同点，可谓相辅相成，它促使我们进一步将 STEM 教育与正向教育融合，以便更有效地帮助学生迎接未来的挑战。

贯通正向教育及 STEM 教育

正向教育是指以探索个人品格强项、培养正面情绪，让学生可以全程投入建立正向关系，学习解难及抗逆力，以坚韧的态度面对困难，从中找到学习意义及成就感，推动个人发展元素与积极面对生活的压力和挑战。STEM 教育培养学生不同的潜能，透过思考及实践强化综合和应用知识与技能的能力，培养他们的创造力、协助力以及解决问题的能力，同时希望学生能将跨学科的知识融会贯通，从而提升学生的创意思维以应对未来社会转变所带来的挑战。正向教育和 STEM 教育对学生的成长有莫大的帮助，而两者概念以及目的不谋而合，均希望令学生能够自主并以自身能力去解决问题积极面对挑战，培育学生的“6C”能力。那么，何谓“6C”？“6C”是加拿大籍教育学家迈克尔·富兰（Michael Fullan）提出的“深度学习”（Deep Learning），而“深度学习”指出学校需培养学生六种核心技能，包括创意（Creativity）、沟通（Communications）、协作（Collaboration）、明辨思维（Critical Thinking）、品格培养（Character）和世界公民（Citizenship）。而正向教育和 STEM 教育与“6C”的学习内容有异曲同工之妙，同样是培育学生课本以外应对未来的技能。

香港圣公会何明华会督中学将正向教育和 STEM 教育进行结合形成四大重点——以人为本、互助合作、积极正向和实验精神，并积极将正向教育和 STEM 教育贯通，开创正向与 STEM 结合的课程活动，以期提升学生学习与面对生活的技能。例如：活动“思·创·好世界”，就是让学生从了解老人在日常生活中会遇上的困难开始，然后思考如何透过应用科技帮助老人去面对生活上的困难。用正向的心态去学习照顾老人，了解他们的日常挑战，设计新科技提升他们的生活素质，这不就是正向教育和 STEM 教育的概念吗？贯通学习，让学生从一连串活动中学习以人为本、互助合作、积极正向和实验精神，以培养学生“6C”技能。

再以本校的“玩·创·随意门”课程为例。本校自行编写了“玩·创·随意门”课程给予中一级学生。课程为期一年，规划分成三个阶段，第一阶段，透过不同媒介或活动，让学生认识自己并彼此欣赏；第二阶段，引导学生留意身边的事物，学习团队精神和关爱别人的正向态度；第三阶段，让学生接触社会，做出探究与行动。这三个阶段由自身出发，至关爱大众、认识社会，进而实现与人建立良好的关系并回馈社会。

第一阶段，学生会参加不同的游戏以了解自己、认识他人并学会团队精神。其中一个游戏，学生会用两分钟时间使用非惯用手画画，其后将画作传给后座或邻座的同学，这位同学同样会以限时两分钟协助第一位同学完成画作，依此类推，一直传给其他同学直至完成画作。最后，将画作给予第一位同学，并了解同学的感受。活动过程中，学生可能会因为担心自己的想法未能传递给同学而忧虑，亦可能会担心自己的想法与别人不同而破坏画作，还可能会因自己的画功不佳而感到不安。然而合作的过程不但可以拉近人与人之间的距离，而且可以体会、理解别人的想法。学生亦可以从中明白一件事可以有万千的解说，事情并无绝对性或是必然性。即使事态与想象相逆，亦需要逆流而动，以正向的角度思考自己、思考人生。

而在其他游戏中，学生需要分组完成任务，让他们从中认识自我的优点与缺点，再以改善自己的缺点并运用自己的优点协助本组完成任务。在分组活动的过程中，学生可以建立群体的概念，学会以人为本，发挥彼此的优点共同协作，并需要共同思考怎么做好这些任务，形成互助精神。

第二阶段，老师会引导学生留意身边的事物，而此次课程会让学生设计课室。同学需要搜集数据、撰写计划书、检讨以及分工，同学在设计课室的过程当中，还需要思考一个怎样的课室才能让自己跟他人有一个最好的学习环境？学生可以了解自己的想法是否可行、有没有需要改进的地方，亦可以令学生知道环境是可以靠自身的努力去改变的，从而培养积极正向的价值观和解决困难的能力。

第三阶段，老师会透过社会的需要，建立学生的同理心。学生扮演记者，采访老师、亲友等，了解大家所关注的社会议题；其后，老师根据学生所选择的议题，安排参观探访或社会服务，让学生有更深刻的感受和体会并鼓励学生做出一个行动响应。

2020 年新冠肺炎疫情在短时间内暴发，让香港市民措手不及，狼狈周章。学生发现路上有许多默默为社会付出的清洁工人未有足够的防疫用具，就主动向老师提出希望可以派发防疫包给他们。由此可见，课程极具成效。联结社会，向社会输出正能量，学生体验到正向教育和 STEM 教育中以人为本、互助合作、积极正向和实验精神。

课程融合正向教育与 STEM 教育，在三个阶段中，进行了各式各样的实验。学生在其中面对了不同的挑战、困难、挫折与失误，让学生正面地经历这些过程，从而学习到“6C”能力。因为体会不是成功才有意义，失败更具意义，所以应学会如何从失败中取得经验推动下一次的进步。

贯通正向教育和 STEM 教育意义

部分学生会抱有定型心态（Fixed mindset），认为自己的能力、才能、环境无法改变，面对挑战时会选择逃避，面对阻碍时会选择放弃，凡事得过且过，不会尽力而为，满是负面的想法。美国斯坦福大学心理学家凯利·麦克高尼戈尔（Kelly McGonigal）曾研究美国斯坦福大学的学生为何比其他大学的学生较容易成功。其中一个原因就是其他大学的学生较斯坦福大学的学生害怕失败、害怕让人知道自己的缺点，希望让人觉得自己的成功是不费吹灰之力并且认为成绩就是一切，她将这些情绪称之为“小鸭症候群”。

要促使学生改善“小鸭症候群”，需要给予学生一些经历与挑战，让他们挑战各种可能性、了解自己不同的面貌，失败只是步向成功的契机，知道自己仍在成长中藏有无限的可能性。因此，在成长的过程中，老师如果可以担任教练，训练他们建立成长型思维，面对挑战时要积极面对，面对阻碍时要坚持，尽力去做好每一件事，相信可以透过自身的能力去取得改变，勇于挑战。同时，营造一个让学生可以讨论、分享、互相了解彼此难题的环境，让他们知道有困难并不是丢脸的事，要懂得接纳自己的不足，展现自己的才能。STEM 教育正是要发挥这样的作用，促进跨学科的研习、强调趣味性、体验性、生活性、合作性等，不局限于常规考试、课本，让学生从不同方面发掘自己的才能，把握自己与人交流的机会，更好地培养自身的创新和实践能力。在一个非习惯性、全新的环境中，给予学生一个学习新事物的机会。

结语

“传道、授业、解惑”不少人误以为是古代教育思想，只为传递儒家思想、解决学生疑问的意思。然而，当中承载的“传道”不只是道理、知识，更是思想的教育，教授学生为人处世和主动学习的道理，建立他们正确的价值观和人格；开发他们的技能，以达“知行合一”，并让他们的技能不脱离生活的“授业”；运用合宜的教学方法，引导学生尝试主动学习“解惑”。这在现今的社会教育中仍然适用，教育除了传授知识，更重要的是培育学生的正面人生观和装备他们迎接未来的技能，为的是学生在未来展翅高飞、发挥所长的同时，仍然怀有以人为本、互助合作、积极正向和实验精神来面对人生的任何挑战。联结 STEM 和正向教育的意义，也正在于此。

附录　论坛总结

新常态下香港教育的启示

中国教育学会副会长、上海市教育学会会长　尹后庆

非常高兴有这样一个学习机会，让我对香港的学校及社会在新常态下所做的一些教育改革举措有一个全面的了解。因为时间关系，我就说得简单一点。

首先，这次会议的主题是“新常态：教育有什么新前沿?”我最重要的感受是我看到了香港在最常见的学校、最常见的问题解决中，进行深入的拓展。我的观点是一个地区也好，一个城市也好，教育的实力在于最常见的学校办学的专业水准，而并不是找几所“牛校”来代表一个地区。因为义务教育要提供优质均衡教育，要让所有的老百姓都能满意，要让所有的学校都办好。所以最常见的学校、最常见的问题，才是我们需要研究的问题。

那么，最常见的学校、最常见的问题，与新常态、新前沿有什么关系呢?简单地说，就是我们今天是不是针对新问题?我们学校的学生一届一届变化，学生到学校里面会遇到许多共同的问题，如年龄、生理特征所带来的问题，学习中间的问题。在当前新的时代背景下，这些问题的反映有它自己的特征，所以我们是不是抓住了普遍问题中有时代特征的关键问题?是不是倡导新理念去解决这些问题?是不是能够采用各种新技术去解决这些问题?今天听到香港的这些学校和三组论坛的探讨内容，我感觉有不少新的体会。比如说我们大家都关注社会情绪问题，关注学生的心理问题，尤其是学生的心理问题，在每个年代都是存在的，但在今天它又有自己的特殊之处。

例如，我们抓共情、同理，抓学生的孤独、躁动和社会情感态度，这些问题就是当下时代有特点的问题。那么针对这些问题我们大家要采取什么办法?

我感觉很多学校都是在讲这个问题。

如果从新问题的角度，其实我们今天的学习都是关注今天的学生。比如说学校的教育面对新冠肺炎疫情需要充分利用信息技术，线上线下结合，停课不停学。那么，怎么更好地做好线上线下这个情境下的教育就是一种针对性问题，而且对怎么采用新技术，也提出了新的理念。

同时，要把知识的学习同学生的整个身心发展结合起来。比如说学校教育要面对所有的学生是不是有兴趣学习，是不是能够持续地保持专注力。今天我们这几所学校提出的知识学习，其实都有了一种新的境界。什么境界呢？就是是否能够打通知识学习、概念理解、视野拓展、思考判断、情感情意发展之间的界限。假如说这些都是符合规律的，经过实践证明这些做法也都是正确的，接下来就应考虑如何把它规范好，让它成为我们教育的新常态。所以，我感觉在最常见的学校，解决最常见的问题，是最能够体现新常态、新前沿的。

香港的八乡中心小学、明爱粉岭陈震夏中学和爱秩序湾官立小学，都是很普通的公立学校。他们面对新问题所提出的一些措施，我感觉是非常好的，非常有启发。

其次，在整个教育的思考过程中间，始终坚持的教育导向，就是教育本源的回归。我一直关注这个问题，为什么呢？大家都知道我们现在进行“双减”，除了学校教育以外一个很重要的社会背景就是家长对教育的关注和期望。他们关注和期望的是孩子能进什么好学校，进什么大学，然后有个好工作。但是，如果我们一味追求形式上的教育过程，就会忽略一个孩子的精神成长，就是人到哪里去了的问题。所以回归教育本源非常重要。我今天听到的讨论，都体现了人的发展在教育中有很重要的位置。从这个角度出发去思考问题，去采取措施，这也是我今天非常深的一个印象。

最后就是关于社会参与，让我非常感兴趣。今天我们几个赛马会的基金会也在关注社交情绪，关注孩子的心理健康。北山堂做的也是正向心理学所做的事情，是非常有效的。还有两个老师、郭梓乐、杨思毅，他们曾经是老师，跟孩子们有过交往，所以他们现在做的事情是学校家庭的沟通文化，简言之，就是希望能够通过社交情绪的调节，去解决他们做老师时候曾经面对的沟通问题。我感觉这是非常值得我们关注的。现在这两个老师虽然是在一个非营利社会机构，但是他们的教育视角始终还是体现了回归教育本源，体现了追求教育的本质。现在进行“双减”，孩子从培训机构重新回归到学校里面来，学校的资源不足啊。最近我们也在联系一些科技企业和社会非营利机构——社会上的资源非常多。我们怎么把社会资源应用到学校里面？今天我看到香港这些社会机构对教育的关注，对教育的支持，从中我是可以得到启发的。

以上就是新常态下香港教育对我的启示。我总结为三条：

一是在最常见的学校解决最常见的问题，能够体现我们的新常态、新前沿。二是坚守教育本源，育人为本。三是积极利用社会力量。社会的参与有利于教育的同向发展，有助于我们共同来认识教育对人发展的意义，这也是教育生态的共建问题。

架起香港与内地的教育交流之桥

中国教育三十人论坛成员、中国陶行知研究会会长、新教育实验发起人　朱永新

这次会议开得非常成功。我是抱着学习和好奇的心态，想了解香港的教育同仁在思考些什么，做些什么。这次看了视频、听了会议以后，还是感到很有收获的。

第一，香港教育界同仁的语言问题。大家的普通话都讲得很好，很不容易。因为过去跟香港的朋友交流，语言还是很大的障碍，现在看来香港教育同仁的普通话都讲得很好。

我发现专业的教育语汇还是有一些不太一致，今后我们的交流慢慢要做一些对应的问题。但是，总体上我们能懂，比如香港叫“资优教育”，内地叫“天才教育”；香港叫“资讯”，内地叫“信息”等。类似这样的教育词汇还不少，今后可以做一些统一的工作，进一步进行交流。

第二，香港的大学教授们，从程介明先生开始，到罗陆慧英老师、陈嘉琪老师等，都非常注重跟一线的中小学教师深入对话、研究、指导，这点也给我很深刻的印象。我一直认为，教育研究者和实践者之间还没有形成真正的对话和沟通机制，教育理论进不了学校，一线教师看不懂教育理论的问题仍然比较严重。这不仅仅是中国的问题，整个世界都有这个问题。所以，非常需要建立起沟通教育研究者与实践者的桥梁，需要这样一种直接的参与、指导，让一线的老师能够了解教育的一些理念。而一线老师今天表现出来的专业性，也让我有很深刻的印象，他们都是在我们几位老师直接的指导下，在做教育的改革，做学校的变革。

第三，香港教育界注重利用社会教育资源。刚刚我们有个老师介绍说，在社会资源的问题上，香港地区的社会跟学校的互动比较紧密，这一方面在我们内地可能还是非常不够的。无论是企业还是社会组织，怎样才能更好地参与到学校的变革中去是一个有待探索的大课题，比如无论是今天发言介绍的赛马会，还是教育基金会，包括年轻人做志愿者，怎么参与到教育里面去，这一点内地还有很多要继续学习的地方。

第四，是关于“资优教育”的问题。我刚刚跟程老师说了，我对这个问题还是比较感兴趣。今年我们做了一个比较深入的调查，就是按照百分之一的天才儿童（率）来算的话，中国至少有一百万天才儿童。但是这些天才儿童几乎没有得到相应的指导，只有少数进入了像北京八中、科大少年班这样的学校，所占比例非常之少，大部分资优儿童没有得到特别的关心和关照。全国只有一千人都不到的规模。而香港的“资优教育”的体系相对比较完善，是值得我们学习的。

我们一直也在呼吁，怎么把这个体系建立起来。个性化的公平，差异化的公平，才是真正意义上的公平，现在我们往往是“一刀切”的公平。其实，每个人都不一样，他有不同的需要。我注意到香港有三千多名学生参加资优教育，开设了 85 门课程，这些对我们还是很有启发的。在内地，我们也想能够把真正的资优系统向前推进。

当然，除了资优儿童以外，还有特殊教育的问题，这个我就不详细说了。

第五，就是对于社会问题的关注。我注意到，这次会议上有些学校关注气候变化的问题。昨天我在讲我们面临的新形势的时候，还有一个很重要的背景问题没有展开，那就是气候变化。气候变化对教育带来的影响其实也是不可低估的。前段时间，在另外一个关于“碳达峰”“碳中和”的会议上，我对气候变化和教育的关系做了一个分析，我个人认为它的意义不亚于元宇宙，也不亚于我昨天讲的其他几个问题。我看到这次的发言中，有些学校还专门组织学生到加拿大调研，关注气候变化的问题，这可以让学生对社会问题、对人类命运产生思考。总之，环境教育与情意教育或者说社会情感教育等，都是很重要的问题。因为社会情感不是就情感来培养情感，它是就我们的社会问题，人类面临的这样那样的一些问题来培养，所以我觉得要特别关注。

今天的几个题目也非常好，既照顾到学生的多样性，也有社会各界的参与和教师与校长的专业化指导，对我们内地的教育很有启发。在香港和内地的教育交流方面，这次论坛做了一个很好的探索。

在这里，我们非常感谢程介明、罗陆慧英和陈嘉琪三位老师的专业引领和支持。我们也期待内地与香港有更多的交流，我们共同成长，共同进步。我也愿意能够有机会再去香港学习。

返璞归真：按照专业良心，做真正的教育

世界教育前沿论坛主席、香港大学原副校长、中国教育三十人论坛成员　程介明

刚才朱永新老师说在三位港大教授的引领下，其实不是我们引领学校，而是学校在引领我们，我们从学校教育汲取了很多营养。

大家说到情意教育、社会情绪教育，其实这也是时代的需要。以前的教育是工业社会的办法，就是工业生产的模式。刚才尹后庆老师和朱永新老师都说到“一刀切”，就是大家不断地追求学历。幼儿园要进好的小学，小学要进好的中学，中学要进好的大学。每个学生都给他一个可望可及的阶梯，你就朝这条路走就是了。

现在不行了，最近内地谈“躺平”。当然是比较负面的，但我总觉得也是一种正面的警醒，他不玩你这个“游戏”啦！将来在社会上其实最需要的不是学历，有些学生在学校学的东西高考一完就抛掉了。

我大学学的是数学，你问我大学数学学了些什么，有些课程名目我都说不出来。但是情感情意是永久的、长远的。现在每个学生都需要不断地去寻找新的方向、新的兴趣，我不希望他们走那种平步青云的台阶，这样他们就可以不断面对不同的人、不同的人群。情意的成熟是时代的需要。

以前那种“一纸文凭、一技傍身、一帆风顺、一劳永逸、从一而终”的前路，现在越来越少了。我们都在按照我们的专业良心，做真正的教育工作，就是返璞归真，逐渐减少学历的纠缠，回归真正的学习。我们论坛的话题在这里开了一个新头。昨天经济合作与发展组织（OECD）特蕾西·伯恩斯（Tracy Burns）的题目很重要——回到未来（Back to the Future），就是向前走，回到我们的根本。

第四届世界教育前沿论坛嘉宾名单

石　岚　世界教育前沿论坛秘书长、中国教育三十人论坛执行秘书长

马国川　中国教育三十人论坛秘书长

谭力海　深圳市神经科学研究院院长

（以下按演讲顺序排序）

朱永新　中国教育三十人论坛成员、中国陶行知研究会会长、新教育实验发起人

董　奇　北京师范大学校长

苏国辉　中国科学院院士、暨南大学粤港澳中枢神经再生研究院院长、香港大学医学院讲座教授

芭芭拉·敏思（Barbara Means）

《人是如何学习的Ⅱ》（*How People Learn* Ⅱ）的主要作者

特蕾西·伯恩斯（Tracey Burns）

经济合作与发展组织（OECD）教育研究和创新中心高级分析师

李湄珍　香港大学脑与认知科学国家重点实验室主任

索尼娅·利文斯通（Sonia Livingstone）

伦敦政治经济学院媒体与传播系社会心理学教授

杨东平　中国教育三十人论坛成员、国家教育咨询委员会委员、21世纪教育研究院理事长

程介明　中国教育三十人论坛成员、世界教育前沿论坛主席、香港大学原

副校长

薛　贵　北京师范大学认知神经科学与学习国家重点实验室教授

王乐京　深圳谦润认知科技有限公司董事长，深圳教育装备行业协会常务副会长，前沿产业基金合伙人

张　硕　西安丝路类脑科学研究院研究员，北京复数健康科技有限公司联合创始人、CEO

贾少微　深圳市科爱脑科学研究院院长，北京大学医学部教授

王　素　中国教育科学研究院未来学校实验室主任

曹培杰　中国教育科学研究院副研究员

祁　彧　山东省潍坊未来实验学校校长

杨志祥　湖南省泸溪县思源实验学校校长

郭其俊　深圳市福田区教科院院长

张平福　电子科技大学实验中学校长

袁　野　中国教育科学研究院博士后

康建朝　中国教育科学研究院博士

陶　沙　北京师范大学认知神经科学与学习国家重点实验室教授

张文新　山东师范大学教授、党委副书记

白学军　天津师范大学教授、副校长

罗　劲　首都师范大学教授

秦绍正　北京师范大学认知神经科学与学习国家重点实验室教授

张　静　华东师范大学副教授

曹坚红　上海市静安区教育学院“做中学”研究所副所长

郑太年　华东师范大学教育学部教授

夏雪梅　上海市教育科学研究院研究员

张　丰　浙江省教育厅教研室研究员

徐光涛 杭州师范大学副教授

庞舒勤 江苏省扬州市梅岭小学副校长

赵　楠 上海青浦兰生复旦学校科研室主任

罗才军 浙江省杭州市卖鱼桥小学教育集团党委书记、总校长

曹晓澜 深圳市华南师范大学附属龙岗大运学校党支部书记、校长

刘义兵 甘肃省陇南市宕昌县兴化乡磁子坝小学校长

邢天骄 深圳国际预科学院 NuVu X 未来高中校长、蔚来教育创始人、PBLWorks 中国主理人

罗陆慧英 香港大学教育学院教授

陈嘉琪 香港大学教育学院教授

黎婉姗 香港八乡中心小学校长

邓镜河 香港八乡中心小学副校长

杜国权 香港八乡中心小学课程主任

黄金耀 香港资优教育学苑院长

邓沅厰 香港资优教育学苑总监

何应翰 香港明爱粉岭陈震夏中学校长

崔家祥 香港爱秩序湾官立小学校长

张　亮 香港赛马会慈善及社区事务执行总监

江馨平 香港北山堂基金行政总裁

郭梓乐 （Matthew）香港感讲伙伴学校共同创办人

杨思毅 （Raymond）香港感讲伙伴学校共同创办人

马露明 （Christine）香港品格教育协会创办人及联席主席

梁钰钿 （Yvette）香港品格教育协会执行总干事

苏炳辉 香港天水围循道卫理小学校长

蔡庆苓 香港天水围循道卫理小学副校长

罗筱彤 香港沪江小学课程统筹主任

金伟明 香港圣公会何明华会督中学校长

赵慧怡 香港圣公会何明华会督中学教师

尹后庆 中国教育学会副会长、上海市教育学会会长